마음건강수업

Wellbeing In The Primary Classroom

The Updated Guide To Teaching Happiness And Positive Mental Health
Second Edition by Adrian Bethune

copyright ⓒ Adrian Bethune 2023

All rights reserved.
Korean translation rights ⓒ ERICK 2024

This translation of Wellbeing In The Primary Classroom:
The Updated Guide To Teaching Happiness And Positive Mental Health,
Second Edition is published by arrangement with Bloomsbury Publishing Plc.
through Amo Agency.

이 책의 한국어판 저작권은 AMO 에이전시를 통해 저작권자와 독점 계약한 〈교육을바꾸는사람들〉에 있습니다.
저작권법에 의해 한국 내에서 보호를 받는 저작물이므로 무단 전재와 무단 복제를 금합니다.

학생과 교사의 행복한 성장을 돕는 최신 안내서

마음건강수업

에이드리언 베튠 지음 | 장현주, 송수정 옮김

교육을바꾸는사람들

이 책의 저자 에이드리언(Adrian)이 내게 개정판의 서문을 써 줄 의향이 있는지 물었을 때, 처음에는 '왜 개정판이 필요한 거지?'라는 생각이 들었다. (물론, 부탁 받은 것 자체로 더없이 기뻤다.) 나는 이 책의 초판을 정말로 좋아하고 2018년에 출간되었을 때부터 꾸준히 추천해왔다. 초판의 내용이 매우 포괄적이고 흠잡을 데 없었고, 초등학교 공동체의 필요를 아주잘 충족시켜주었기 때문에 개정판이 무엇을 더 내놓을 수 있을지 의문이었다. 그러나 원고를 읽자마자 나는 에이드리언의 아이디어와 접근 방식에 다시 한 번 매료되었고 이 책의 가능성을 보았다. 초판 이후 그 몇 년 사이에 많은 변화가 있었고, 개정판은 이에 발맞춰 오늘날 교실에 기쁨, 행복, 웰빙 (wellbeing)을 여러 형태로 선사할 수 있을 것이다.

팬데믹 동안 갑작스럽게 작동을 멈췄던 우리 사회는 정상을 되찾기 위해 애쓰고 있지만 여전히 혼란스럽고 미래는 불확실하다. 사회가 변했고, 아이들이 변했고, 교사들은 육체적, 정신적으로 지쳐 있다. 영국아동협회(The Children's Society)에서 발간한 「2022아동행복보고서(The Good Childhood Report 2022)」에 따르면 아이들의 행복도는 2022년에 더 낮아졌으며 가장 큰 요인은 학교라고 한다.

모든 것이 절망적으로 느껴질 수 있다. 하지만 에이드리언이 이 책의 제3장에서 가르치듯이, 긍정적인 면에 초점을 맞추어 보자. 팬데믹 초기, 세상이 멈춰버린 듯하고 아무도 어떻게 해야 할지 몰랐을 때, 우리가 유일하게 의지할 수 있었던 것은 학교였다. 사람들이 위험을 피해 집에 숨어들 때도 학교는 계속해서 열려 있었다. 때로는 일부만, 때로는 원격으로만 열려 있기도 했지만, 대다수 사람들과 달리 교사들은 일을 그만두고 떠나는 법이 없었다. 학교는 학습 장소일뿐만 아니라 음식, 의복, 조언, 사랑, 안정, 돌봄 등 중요한 가치를 제공하며 지역사회의 안전한 중심지가 되었다. 팬데믹 초기 몇 달 동안 그 최악의 상황 속에서 학교에 아름다운 변화가 일어난 것이다. 이는 학교 나름의 자구책이기도 했다. 당시에는 무엇을 해야 할지 아무도 몰랐기 때문에 영국교육기준청(Ofsted)의 요구사항이나 아이들의 평가 시기를 고려할 필요 없이 그저 그 상황에서 최선을 다해야 했다. 자원은 제한되어 있고 지침이라곤 없었기 때문에 스스로 옳다고 생각하는 대로 하기만 하면 되었다.

교사들은 놀라울 정도로 잘해냈다. 팬데믹 기간 동안 학교가 우선시한 것들, 즉 연결, 돌봄, 호기심, 평온은 아이들이 당시에(사실은 항상) 필요로 했던 것들이었다. 에이드리언의 책은 이 점을 간파하고, 현 세대의 아이들이 역경을 극복하고 강한 어른으로 성장할 수 있도록 이 중요한 요소들을 어떻게 하면 일상에서 자연스럽게 실천할 수 있는지 보여준다. 이 책은 아이들이 최고로 행복한 삶을 살 수 있도록 양육해야 하는 '이유'와 '방법'을 속속들이 안내하는 멋진 여정이며, 이를 통해 아이들은 학교에서는 물론 학교를 졸업해서도 성공적인 삶을 살 수 있을 것이다.

개정판이 필요한 이유는 우리가 초판이 쓰였을 때와는 아주 다른 세계에서 살고 있기 때문이다. 학교의 우선순위가 바뀌었고 현재의 초등학생들은 직전의 학생들과 뚜렷하게 다르다. 우리가 아이들을 가르치는 능력도 교사 각자의 경험에 따라 변화했다. 이 책은 놀라운 아이디어로 가득 찬 멋진 책이다. 읽는 내내 많은 메모를 했고, 내용을 곱씹으며 깊이 생각해야 했기 때문에 읽는 데 오랜 시간이 걸렸다. 이 책은 수업에 바로 사용할 수 있는 해법을 제시해줄 뿐만 아니라 교사 스스로 이 책의 아이디어를 좀 더 발전시켜 자기만의 독창적인 것으로 만들고자 할 때도 좋은 발판이 된다. 이 멋진 여정을 시작하는 것만으로도 설레고, 과연 우리 아이들에게 어떤 영향을 미칠지 사뭇 궁금해질 것이다.

사실 나는 매우 논리적으로 사고하고 행동하는 편인데 이것은 내가 가진 자폐스펙트럼 장애의 특출한 능력인 것 같다. 이러한 특성은 체계적이지 않은 저자의 책을 읽을 때 나를 힘들게 하는 요인이기도 하다. 다행히 에이드리언의 책을 읽을 때는 이런 문제가 전혀 없었다. 이 책은 좋은 아이디어를 손쉽게 찾아보고 그때그때 필요할 때마다 거듭 참고하려는 사람들에게 귀한 선물이 될 것이다.

각 장은 특정 주제를 다루며 그것이 왜 중요한지 그 '이유'로 시작한다. 저자는 이 책에서 소개하는 실천 전략이나 학습 방법이 왜 아이들의 학습 시간을 할애할 만한 가치가 있는지 탄탄한 이론과 연구를 토대로 설명한다. 이는 이 책의 방법론에 확신을 갖지 못하는 사람들을 설득할 수 있는 충분한 근거가 되며, 여러분은 교수 방법 및 내용을 올바로 선택하고 있다는 확신을 갖게 될 것이다. 뒤처진 학습 따라잡기와 학습격차 줄이기에 관해 논의가 무성한 상황 속에서는 이를 의심하기 쉽다. 솔직히 말해서, 이 책에서 다루는 여러 주제를 가능한 한 많이 일상적 학교문화의 표준으로 통합시킬 수 있다면, 학교는 모든 아이가 신나게 다니고, 교사들도 기쁘게 가르치고,

가정에서도 적극적으로 참여하는 곳으로 바뀔 것이다. 이러한 변화로 격차는 자연스럽게 줄어들 것이다.

각설하고, 책의 구성에 대해 소개하자면 '왜(이론 속으로)' 다음에 '어떻게(실행 속으로)'가 나오는데 이 부분은 정말 좋다. 이론이 흥미롭긴 해도, 시간에 쫓기는 교사들에게는 수업에 바로 활용할 수 있는 정확한 방법이 필요하다. 교사는 오늘 배운 내용을 토대로 내일 당장 어떤 변화를 줄 수 있는지 알아야 한다. 이 책은 이에 관해 충분한 지침을 주며 전 세계의 학교에서 보내온 수십 건의 사례 연구를 통해 실제 현장에서 실행되는 모습에 대한 아이디어와 영감을 공유한다. 각각의 사례를 접할 때마다 내 마음은 아이들을 위한 멋진 환경을 조성한 놀라운 어른들에 대한 따뜻한 감동과 감사로 충만했다. 그리고 더 많은 사람들이 이들을 따라 할 것이라는 기대로 흥분되었다. 그들이 할 수 있다면, 여러분도 할 수 있지 않겠는가?

나는 이 책을 정말 좋아한다. 여러분도 그러길 바란다. 이 책은 여러분이 가르치고 돌보는 아이들에게 변화를 일으키고자 할 때 최고의 무기가될 것이다. 이 책에서 제시하는 아이디어를 활용하면, 혼자서든 팀의 일원으로든 많은 아이들의 삶에 의미 있는 변화를 가져올 수 있다.

작은 변화부터 시작해보라. 내일도 다음 날에도 또 그 다음 날에도 충분히 실천할 수 있을 것 같은 아주 작은 변화야말로 가장 큰 차이를 만들어내는 변화가 되곤 한다. 자기 자신도 인식하지 못할 만큼 큰 영향을 미칠 것이며 여러분이 쏟아붓는 열정은 아이들의 평생에 걸쳐 영향을 줄 것이다. 이 어려운 시기를 겪으며 여러분이 해낸 모든 일에 헤아릴 수 없는 감사를 표하며, 날마다 우리 공동체를 위한 지속적인 노력에도 깊은 감사를 드린다. 그리고 이러한 노력을 더욱 잘할 수 있도록 유용한 도구를 제공해준 에이드리언에게 깊은 감사의 말을 전한다.

푸키 나이트스미스 (Dr. Pooky Knightsmith)[*]

---

[*] 킹스칼리지런던 정신의학연구소에서 소아정신건강 박사학위를 받았다. 여러 권의 저서가 있으며 영국소아청소년정신건강연합의 의장을 역임했다. 자폐스펙트럼 장애, 거식증, 우울증, 불안을 극복하고 성공적인 삶을 살아가고 있다.

아이들이 행복한 삶을 살도록 돕고 싶다면,
부모든 교사든 먼저 그들 스스로 행복이 최고의 가치임을 믿어야 한다.

| 탈 벤 샤하르(Tal Ben Shahar) |

정신적인 시련이 나를 행복과 웰빙에 관한 책을 쓰도록 이끌었다고 하면 아이러니하다고 할 수도 있지만 실제로 그랬다. 2008년 당시 나는 음악계에서의 좋은 일자리, 좋아하는 친구들과의 모임, 진지한 연애, 그리고 생애 처음으로 구매한 런던의 집까지 소유한(물론 전체를 감당하긴 어려워서 공동 소유로 구입하긴 했지만), 꽤나 행복하고 만족스러운 상태였다. 그러나 그 해 세계적인 금융위기라는 예기치 않은 사건이 발생했고 나는 주택 담보 대출을 받은 것에 불안감을 느끼기 시작했다. 일자리를 잃으면 어쩌나 하는 걱정이 되면서 불안한 감정이 나를 지배하기 시작했다. 얼마 지나지 않아 일상이 무너져 내리며 잠을 제대로 자지 못했고, 점점 식욕을 잃고 체중이 줄었다. 온갖 부정적인 생각들이 끝없이 머릿속을 휘감았다. 불과 몇 달 사이에 연인과 헤어지고 친한 친구와의 사이도 틀어지고 말았다. 이후로 철저히 혼자 지내며 외로움과 우울증에 시달렸다.

　역설적이게도, 지금 그 당시를 돌아보면 오히려 감사한 마음을 갖게 된다. 그때가 내 삶에서 가장 어두웠던 시기였는데도 말이다. 무엇보다 고마웠던 것은 그 힘들었던 시기를 함께 견뎌준 가족과 친구들(특히, 어느 늦은 밤 내가 갑자기 전화를 걸어 울음을 터트렸을 때 곧바로 집으로 달려와 준, 사랑하는 친구 조!)이다. 구체적이고 실질적인 조언을 통해 내가 스스로 극복할 수 있도록 도와주신 많은 분들-정신적으로 힘들었던 자신의 경험을 솔직하게 공유해준 동료들과, 편견 없이 내 이야기를 들어준 상담사들-께 감사드린다. 가장 감사한 것은, (갓 부모가 되어 잠을 못 이루던 그 날들만큼이나) 내 삶에서 가장 힘들었던 바로 그 시기가 나를 현재의 나로 이끌어 주었다는 사실이다. 지금 나는 행복한 가정을 이루고, 학생들을 가르치고, 웰빙에 관해 글도 쓰고 강연도 하는 삶을 살고 있다.

이후 나는 심리학자들이 '역경 후 성장(adversarial growth)'이라고 부르는-때로는 '외상 후 성장(post-traumatic growth)'이라고도 하는-것에 대해 알게 되었다. 이 현상은 사람들이 삶에서 극도의 스트레스와 고통을 겪을 때, 흔히 회복탄력성(resilience)이라고 하는 것처럼 단순히 회복하여 이전 상태로 돌아가는 것에 그치지 않고, 역경을 통해 실제로 성장하여 더 앞으로 나아가는 것을 뜻한다. 일반적으로 역경은 다음과 같은 방식으로 성장을 도울 수 있다.

- 자신이 생각했던 것보다 더 강하다는 것을 깨닫게 되면서 자아 개념 (self-concept)이 달라진다.
- 타인(주로 자신이 어려움을 극복하도록 도움을 줬던 사람들)과의 관계가 이전보다 강화된다.
- 사고관점(mindset)이나 가치관의 변화를 경험하며, 현재에 더 집중하고 감사하게 되고, 타인의 고통에 대해 더 공감하게 된다.

이 모든 것은 내게도 해당된다. 나는 신체적, 정신적 건강보다 더 중요한 것은 없음을 절실히 깨달았다. 신체적, 정신직 건깅은 내가 세상을 바라보는 렌즈이자 매 순간 내가 세상을 살아가는 방식에 영향을 미치기 때문이다. 자격증, 수상 실적, 포상, 상금, 돈, 그 무엇도 건강보다 중요한 것은 없다. 신체적, 정신적 건강은 탈 벤 샤하르(Tal Ben-Shahar)가 말한 '최고의 가치'이다. 탈 벤 샤하르 관련 내용은 뒤에 더 나온다.

'역경 후 성장'에 대해 아는 것은 정말 중요하다. 잠시 현재의 삶과 최근 몇 년 동안 주변에서 무슨 일이 일어났었는지 되돌아보라. 내가 이 글을 쓰고 있는 시점에서는 코로나바이러스감염증-19(약칭 코로나19)의 세계적인 대유행, 우크라이나-러시아 간 전쟁 발발, 기후변화, 영국의 물가 상승 등이 주요 이슈다. 이러한 문제들은 금방 해결되거나 사라지지 않는다. 그러나 적절한 능력과 태도, 주변의 지원만 있다면 우리는 이 문제들을 어찌할 수 없는 재앙으로 보지 않고 오히려 우리를 성장시켜줄 도전으로 볼 수도 있는 것이다. 인류는 상상할 수 없는 수많은 어려움을 극복하며 지금에 이르렀고 그 역사를 면면히 이어왔다. 우리가 동료 교사와 아이들에게 전해줄 메시지는 바로, 우리 또한 이와 다르지 않고 우리도 충분히 그렇게 할 수 있다는 것이다.

처음 이 책의 초판을 썼던 때를 돌아보면, 그 생각지도 못한 기회가 나로서는 엄청난 행운이자 크나큰 영광이었다. 나는 이전에 책을 쓴 적이 없었을 뿐더러 내게 그럴 만한 역량이 있다고도 생각하지 않았고, 교사들이 내가 쓴 책을 과연 읽을지, 좋게 평가할지 전혀 자신이 없었다. 그랬기에 초

판에 대한 긍정적 반응에 무척이나 놀랐고 여러 교사들이 책에 나온 아이
디어를 실천하고 있다며 이메일과 트윗을 보내주었을 때 뛸 듯이 기뻤다.
이 개정판은 '웰빙학(science of wellbeing)'에 대한 최신 증거와 연구를 참고
하여 보완한 것으로, '디지털 웰빙'과 '자연 속의 치유'라는 두 장을 새로 추
가했다. '행복교실 이야기'에 나온 글은 교사들이 실제 자신의 교실 이야기
를 보내온 것들이다.

초판과 마찬가지로 이 개정판 또한 교실에서의 행복을 증진시키는 실용
적인 안내서가 되기를 바란다. 여기 실린 아이디어들은 탄탄한 연구를 통
해 그 효과가 검증되었을 뿐만 아니라 수많은 교사들이 실제 교실에서 시
도해본 것들이다. 이 책의 내용은 모두에게 획일적으로 적용할 수 있는 게
아니기 때문에 각자 학교, 학급, 개별 아이에 맞게 조정해서 사용해야 한다.
효과적인 아이디어가 있는가 하면 그렇지 않은 것도 있을 것이다. 중요한 것
은 실제로 해보는 것이다(바로 아래에 나오는 소피의 예처럼 말이다). 그러
지 않으면 어떤 것도 변하지 않으며, 우리는 이전과 같이 고장난 시스템 속
에 여전히 남아있게 될 것이다.

육아휴직에서 복귀하고 나서 한 가지 분명하게 깨달은 게 있어요. 어른이고
아이고 할 것 없이 우리 학교의 모두에게 뭔가 문제가 있다는 것을요. 학교
의 '성과'에만 너무 집중하다 보니 그것이 구성원들의 행복과 웰빙에 어떤 영
향을 미치는지에 대해서는 미처 생각지 못한 것이죠. 이런 문제의식을 다함
께 공유한 후 기존의 접근 방식을 바꿔야 한다는 데 의견 일치를 보았지만,

사실 그것은 아찔할 정도로 힘든 막막한 과제였어요. 어디서부터 시작해야 할지 모르겠더군요. 그때 이 색을 보게 됐어요. 이 책이 우리 학교에 어떻게 긍정적인 영향을 미쳤는지 그 예를 한 가지만 콕 집어 말하기는 힘들어요. 그 정도로 이 책은 정말 많은 영향을 줬습니다. 이 책 덕분에 저는 변화의 첫 발을 내딛었고 그 기틀을 마련할 수 있었어요. 또 학교 전체의 웰빙을 깊이 고민하고 발전시킬 유용한 실천 방법들도 알게 되었어요.

　　　　　　　　　　　　　　　　 - 소피 통 스미스, 런던 북부지역 초등학교 교사

랠프 월도 에머슨(Ralph Waldo Emerson)의 말 중에서 내가 무척 좋아하는 것이 있다. 이 말은 교사로서 나의 교육적 실천뿐만 아니라 삶 전반에 큰 영향을 주었다. 바로 이 말이다. "지나치게 소심하거나 조심하지 않아도 된다. 모든 삶은 실험이다. 더 많이 실험할수록 더 나아질 것이다." 이 책은 교실에서 새로운 아이디어를 대담하게 시도해보고 실험할 수 있도록 안내하고 초대하는 역할을 할 것이다. 당신이 걸어갈 행복한 교육의 여정에 행운과 성공이 함께하기를 기원한다.

　　　　　　　　　　　　　　　　　　　　　 에이드리언 베튠

오늘날의 교육이 시대에 뒤쳐지고 본래의 목적에 부합하지 않는다고 말하는 이들이 많다. 나 또한 그 의견에 동의한다. 현재의 학교 시스템은 19세기 산업혁명 시기에 만들어진 것으로 그 시대에 살아남고 성공하는 데 필수적인 능력을 습득하도록 설계되었다. 아이들은 학교에서 읽기, 쓰기, 셈하기와 같은 기술적인 능력을 배웠다. 이러한 능력은 오늘날에도 중요하지만, 아이들이 살고 있는 세상이 그 당시와 엄청나게 달라졌음에도 불구하고 학교 시스템은 여전히 그대로이다. 세상은 빠르게 변화하고 있다. 그동안 우리는 아이들의 머릿속을 지식으로 가득 채우는 데 열중하느라 그들의 마음에 대해서는 잊고 지냈다. 나는 지식기반 교육과정을 지지하는 입장이지만, 현재 우리가 가르치는 지식이 과연 아이들이 균형잡히고 만족스러운 삶을 살기 위해 필요한 것인지에 대해서는 의문이다.

고부담 시험과 극도로 협소한-예컨대, 초등학교에서는 영어와 수학만을 국가 수준 평가로 다루는 것과 같은-교육과정에서는 모든 아이들에게 매년 일정 수준에 도달할 수 있도록 꾸준히 학업 성취도를 높이는 것이 요구된다. 이는 학생과 교사에게 커다란 압박이 될 뿐만 아니라 교육의 활력을 약화시킨다. 수 로피(Sue Roffey) 교수의 말처럼 "불안과 우울에 시달리며 삶에 아무런 의미가 없다고 느끼는 청소년들에게 '탁월한 성적'이 무슨 소용이 있겠는가?"(Grenville-Cleave et al, 2021, p.38) 나는 학교가 지금보다는 훨씬 더 나아질 수 있다고 믿는다. 학교는 자기 발견의 공간이자 놀라움과 경이로움의 공간이다. 학교는 아이들을 바르게 키워내고 각자의 고유한 개성을 가치있게 여기며 존중해야 한다. 아이들 자신이 가진 엄청난 잠재력을 발견하고 세상에 긍정적인 영향을 미칠 수 있다는 사실을 깨닫도록 학교가 도와야 한다. 이를 실현하는 방법의 하나로, 나는 학교에서 행복과 웰빙에 대해서 가르쳐야 한다고 믿는데, 이는 교사들에게도 이롭다. 행복과 웰빙의 기술을 가르치는 것은 교육에 인간성을 되찾아준다. 다시 말해서 교사들은 미래 세대를 가르치는 일에 대한 열정을 되찾게 되고, 아이들의 삶을 변화시키고자 하는 교육 본래의 의미와 목적을 회복하게 된다.

행복과 웰빙

행복이란 과연 무엇이고 어떻게 얻을 수 있는지에 대한 논의는 수천 년 전부터 이어져 왔다. 행복이 무엇을 의미하는지는 사람마다 차이가 있다. 예를 들어 나는 아이들과 함께 뭔가를 하는 것에서 교사로서의 기쁨과 의미를 발견한다. 하지만 누군가에게는 매일 아이들과 함께 뭔가를 해야 한다는 생각 자체가 악몽일 수 있다. 연구에 의하면 대다수 사람들이 공통적으로 행복을 느끼는 몇몇 주제가 있다고 한다. 탄탄한 사회적 유대감을 형성하는 것, 그리고 개인을 넘어서 더 큰 목표나 가치에 기여하는 것이 이에 속한다. 심리학자들은 행복에 관해 다룰 때 단순히 '행복'이라는 말보다는 '주관적 웰빙'이니 '심리적 웰빙'이니 하는 전문 용어를 선호한다. 주관적 웰빙은 자신의 전반적인 삶 또는 삶의 특정 측면(건강, 대인관계, 직업 등)이 얼마나 순조롭게 진행되는지에 대한 개인적 평가이다. 주관적 웰빙을 측정하는 데 주로 사용되는 두 가지 척도는 삶의 만족도와 긍정적/부정적 감정의 경험이다. 이에 반해 심리적 웰빙은 삶의 의미, 목적, 참여에 대한 인식과 관련이 있다. 심리적 웰빙을 추구하면 당장은 즐거움이나 긍정적 감정을 느끼지 못할 수 있지만 장기적으로는 성취감과 깊은 충족감을 느낄 수 있다. 웰빙의 이러한 두 가지 측면, 주관적 및 심리적 웰빙의 수준이 높을 때 '전반적으로 만족스럽고 행복한 삶'이라고 정의를 내리기도 한다(The Children's Society, 2022, p.6).

이 책에서 사용한 행복의 정의는 '즐거움과 목적의식을 오랜 시간에 걸쳐 지속적으로 경험하는 것'(Dolan, 2015)으로 폴 돌란(Paul Dolan) 교수의 정의를 차용했다. 여기서 즐거움이란 긍정적인 감정(기쁨, 평화, 사랑, 호기심, 재미)을 경험하거나 자신이 즐기는 일을 하는 것을 뜻하고, 목적은 자신에게 중요하고 의미 있는 활동에 시간을 할애하는 것을 뜻한다(여기서 중요한 점은 그 활동이 당장에는 즐겁지 않을 수 있다는 것이다!). 분명히 말해두지만 나는 이 책에서 '행복'과 '웰빙'이라는 용어를 같은 뜻으로 사용하고 있다.

먼저 밝혀둘 점은 이 책에서 집중적으로 다루고 있는 행복이 항상 기분 좋은 상태를 뜻하는 건 아니라는 것이다. 그건 비현실적이다. 항상 좋은 기분을 느끼려고 하면 오히려 행복감을 덜 느낄 수 있다. 그것은 달성할 수 없는 목표이기 때문이다. 살아가면서 누구나 상실, 엄청난 슬픔, 불안, 외로움을 경험한다. 이런 감정들은 삶의 난관에 대한 정상적인 반응으로 우리의 성장에 도움이 된다. 삶의 역경을 헤쳐나가다 보면 점점 더 지혜로워지기 마련이다. 역경이 없다면 행복한 삶의 핵심 조건인 회복탄력성(resilience)을 키울 수 없다.

따라서 행복에는 긍정적인 감정뿐만 아니라 모든 감정이 포함된다. 연구에 따르면 분노와 같은 부정적 감정조차도, 그 순간 그 감정을 느끼고자 했다면 행복감을 줄 수 있다(Tamir et al., 2017). 이 연구를 이끈 마야 타미르(Maya Tamir) 박사는 "행복은 단순히 기쁨을 느끼고 고통을 피하는 것 그 이상이다. 행복은 의미있고 가치있는 경험에서 나오며, 자신이 그렇게 느끼는 것이 온당하다고 생각하는 감정도 포함된다."라고 말했다(American Psychological Association, 2017).

중요한 사실은 행복을 위해서는 꾸준한 노력이 필요하다는 것이다. 행복은 도달한다고 해서 그걸로 끝인 목적지가 아니다. 한 달간 헬스장에 다닌 후 체력이 좋아졌다고 해서 그것만 믿고 평생 동안 쉬고 있을 수는 없듯이 행복도 마찬가지다. 행복으로의 여정은 우리의 복잡다단하고도 자질구레한 삶 내내 계속된다.

행복을 가르칠 수 있는가

예전에는 행복 수준이 태어날 때부터 이미 결정되어 있고 성인이 된 이후에는 거의 달라지지 않는다고들 여겼다. 개인의 타고난 성향은 정해져 있고, 좋은 일이 일어나든 나쁜 일이 일어나든 간에, 결국 행복 수준은 원래 정해진 설정점으로 돌아간다, 이것이 바로 '설정점 이론(set point theory)'이다(Lykken & Tellegen, 1996). 복권 당첨이나 하반신 마비 등의 극단적인 사건을 겪은 후에도 그 사람들의 행복 수준은 다시 설정점으로 돌아왔다는 사례 연구들이 이를 뒷받침한다(Brickman et al., 1978).

유전적 요인과 초기 양육환경이 중요한 역할을 하는 것은 사실이다. 그러나 최근 연구들은 장기적으로 웰빙이나 행복의 수준을 높이기 위해, 말하자면 행복의 '설정점'을 높이기 위해, 우리가 할 수 있는 일들이 많다는 사실을 보여주고 있다. 심리학 교수 소냐 류보머스키(Sonja Lyubomirsky)는 태어나자마자 각각 다른 부모와 환경에서 자란 일란성 쌍둥이에 대한 연구(Lyubomirsky et al., 2005)를 통해 유전적 요인이 우리의 행복 수준에 어떤 역할을 하는지 살펴보았다. 만약 유전자가 우리의 행복 수준을 태어날 때부터 결정하게 된다면 유전적으로 거의 동일한 이 쌍둥이들은 서로 같은 수준으로 행복해야 했을 것이다. 하지만 실상은 그렇지 않았다. 류보머스키의 연구 결과 유전자가 결정할 수 있는 행복 수준의 최대치는 50퍼센트 정도였다.

류보머스키의 연구에서 알게 된 또다른 사실은, 먹거리와 안전한 주거 공간 같은 기본적인 삶의 조건들이 충족된 상태라면, 성별이나 인종, 거주지 등 타고난 환경은 사람들이 생각하는 것보다 행복에 영향을 덜 미친다는 것이다. 환경적 요인들이 행복 수준에 미치는 영향은 평균 10퍼센트 정도로 비교적 비중이 적었는데, 그 이유는 사람들이 환경적 요인에 쉽게 '적응'해 버리기 때문이다. 적응이란 새로운 상황이나 물건(예를 들면 사는 집이나 새로 구입한 자동차)에 익숙해지는 현상으로, 처음 느꼈던 기쁨이나 실망감 등은 시간이 지나면서 사라지고 결국 행복 수준이 '설정점'으로 돌아가게 된다.

특히 이 연구에서 흥미로운 결과는 참가자들의 행복 수준의 40퍼센트를 결정짓는 요인으로 그들의 선택과 행동이 꼽혔다는 것이다. 류보머스키는 행복 수준이 매우 높은 사람들을 모니터링하여 행복 수준을 높이고 유지하는 데 도움이 되는 의도적 활동과 전략을 찾아냈다(Sheldon & Lyubomirsky, 2007). 행복한 사람들의 삶과 행동, 사고를 면밀히 조사하면 공통으로 발견할 수 있는 특징들이 있다. 다음은 행복한 사람들의 보편적인 특징이다.

- 친구나 가족과 개인적으로 친밀한 관계를 수립하고 유지하는 데 많은 노력을 기울인다.
- 자신이 가진 것에 대해 감사하는 마음이 크다.
- 타인에게 도움을 주려는 이타심이 강하다.
- 미래를 상상할 때 낙관적인 관점을 갖는다.

- 현재를 중요하게 여기고 만족해 한다.
- 규칙적인 운동을 한다.
- 삶의 목표가 분명하다.

류보머스키 등의 연구가 제시하는 바는 확실하다. 행복은 가르칠 수 있고 더 행복해지는 법을 배울 수도 있다는 것이다. 비교적 근래에 나온 이 새로운 심리학 연구 분야를 긍정심리학(positive psychology) 또는 웰빙학(science of wellbeing)이라고 한다(Seligman & Csikszentmihalyi, 2000). 전통적인 심리학은 질병이나 불행 등 사람들이 '문제'라 여기는 것들에 초점을 두지만 긍정심리학은 어떻게 하면 삶을 풍요롭게 할 수 있는가, 행복하고 의미있는 삶에 기여하는 것은 무엇인가 등을 연구한다. 간단히 말하면 웰빙학은 삶을 가치 있게 만드는 요소를 학문적으로 연구하는 것이라 할 수 있다(Peterson et al., 2008).

실제로 웰빙을 다룬 다수의 교육과정이 학교에서 시행되어 긍정적인 결과를 내놓고 있다. 알레한드로 아들러(Alejandro Adler) 박사는 대규모의 무작위 대조실험을 기획하여, 거의 8천여 명의 학생을 대상으로 웰빙 교육과정의 결과를 측정한 바 있다. 결과는 명확했다. 웰빙에 관한 개입(intervention)을 도입한 학교는 학생들의 웰빙 수준이 상당히 높았으며, 이후 실시된 국가수준 표준화시험에서도 월등히 좋은 성적을 보여주었다(Adler, 2016). 내가 예전에 공동 참여하여 개발한 '행복의 씨앗(The Seeds of Happiness)'이라는 교육과정은 아이들과 교사들에게 웰빙의 과학을 가르치기 위한 것으로, 이 책에서도 그와 관련된 내용을 많이 다루고 있다. 최근 케임브리지대학교 교육대학의 션 캘러드(Sean Callard)가 이를 시범연구에서 활용했는데, 이 과정에 참여한 아이들은 대조군과 비교하여 웰빙 수준과 학습 태도가 눈에 띄게 향상되었다(Callard, 2022). 이 과정에 참여한 한 아이는 이렇게 말했다. "행복의 씨앗 덕분에 수업 시간이 아주 흥미진진해졌어요. 전에는 별로 좋아하지 않았던 수업인데도 말이에요."

어쩌면 행복은 일종의 스킬이라고 볼 수 있다. 연습하고, 숙련하고, 다듬어나가야 할 스킬 말이다. 달라이 라마(Dalai Lama)는 말한다. "행복은 이미 정해진 것이 아닙니다. 당신의 행동에서 비롯됩니다." 그러니 아이들에게 가르쳐야 할 스킬로 독서, 글쓰기, 수학 외에 행복을 위한 스킬을 추가해봄직하다. 이 책은 이러한 스킬을 더 자세히 살펴보고, 아이들에게 어떻게 이를 가르쳐야 할지 안내한다.

행복의 키는 내적 동기부여에 있다

심리학자들은 오랫동안 인간을 행동하게 만드는 원동력을 생물학적 요소(식량을 얻거나, 물을 찾거나, 파트너를 구하는 것) 또는 외부적 요인(보상을 얻거나, 처벌을 피하는 것)에서 찾아왔다. 그러나 에드워드 데시(Edward Deci)와 리처드 라이언(Richard Ryan)은 이러한 기존 관점에 도전하여 새로운 연구(Ryan & Deci, 2000)를 내놓았다. 이것이 바로 유명한 자기결성이론(self-determination theory)으로 우리가 어떤 행동을 하는 이유가 보상을 받거나 처벌을 피하려는 것이 아니라, 스스로에게 이롭기 때문이라는 것이다. 이 연구는 동기부여가 내면의 '자기결정적' 힘, 즉 개인적 성장이나 자기 발전의 욕구 같은 것에 의해 주도될 때, 자아존중감은 높아지고 불안이나 우울은 감소한다는 것을 알려주었다.

내적 동기부여를 높이는 세 가지 핵심요인은 다음과 같다.

- 관계성 : 주변 사람들과 유대감과 소속감을 느끼는 것
- 유능감 : 목표를 달성할 만한 지식과 스킬을 갖고 있다고 느끼는 것 (자신이 향상되며 발전하고 있다고 스스로 느껴야 함)
- 자율성 : 자신의 행동에 대해 자율성을 가지고 있으며 자신이 운명의 주인이라고 느끼는 것

위에서 언급한 세 항목이 행복에 미치는 중요성은 어느 정도일까? 헬싱키대학교의 프랭크 마르텔라(Frank Martela)는 유럽 29개국에서 4만 5천 명 이상의 성인을 대상으로 대규모 연구를 진행했다. 연구 결과 사람들이 느끼는 삶의 만족도와 의미, 목적은 관계성, 유능감, 자율성과 밀접한 관련이 있다는 것이 밝혀졌다(Martela et al., 2022). 독자들도 이 책을 읽어가다 보면 수많은 연구와 핵심 이론들에는 이 세 가지 요인이 깔려 있다는 것을 알게 될 것이다.

학교에서 행복을 가르쳐야 하는 이유

긍정심리학을 통해 더 행복해지는 법을 배울 수 있음을 알게 된 것은 분명 좋은 일이다. 하지만 행복해지는 법을 굳이 학교에서 가르쳐야 하는 이유는 무엇일까? 학교는 학업적 성취를 목표로 공부하는 곳이지, 감사히 여기거나 사려 깊게 행동하는 방법을 배우는 곳은 아니지 않은가? 관계절이나 조동사, 가정법을 배울 시간에, 각자 겪은 행복한 경험이나 긍정적 경험에 대해 말해보자면서 아이들의 귀중한 시간을 낭비할 필요가 있을까? 학교에서 행복을 가르친다고 하면 때때로 그 중요성을 이해하지 못하는 사람들의 시선과 비웃음을 감수해야 한다. 하지만 학교에서 행복을 가르쳐야 하는 데는 몇 가지 중요한 근거가 있다.

웰빙이 학업 성취도에 미치는 영향

학생들의 학업 성과를 향상시키기 원하는 학교라면 무엇보다 먼저 학생들의 행복과 웰빙에 집중해야 한다. 웰빙 수준이 높은 학생들일수록 학업적으로 더 나은 성과를 낸다는 것은 굳이 언급할 필요도 없는 사실이다(Gutman & Vorhaus, 2012). 학생의 사회정서적 스킬 향상을 위한 프로그램을 도입함으로써 학생들의 행동이 개선되었을 뿐만 아니라 학업 성취도가 11퍼센트 향상되었다는 연구 보고도 있다(Durlak et al., 2011).

2014년에 영국공중보건국(Public Health England, PHE)에서는 「학생의 건강과 웰빙, 그리고 성취도 사이의 관계(The link between pupil health and wellbeing and attainment)」라는 제목의 보고서를 발표했는데, 학교가 성취도를 높이기 원한나면 특히 학생의 웰빙에 더 큰 중점을 두어야 한다고 주장했다. 2020년에는 옥스퍼드대학교 에이리얼 린도르프(Ariel Lindorff) 박사가 10년간의 연구 결과를 분석해 학생의 웰빙이 학업 성취도 및 학업 외의 성과들과 어떤 관련이 있는지를 조사했다. 린도르프가 내린 결론은 다음과 같다. "'학교 전체적 접근(whole-school approaches)'으로 웰빙을 증진하는 것은 학업 성취도를 향상시킬 뿐만 아니라 여러 면에서 폭넓은 교육적 성과를 이끌어낸다는 것을 뒷받침하는 강력한 증거가 있다. 여기서 말하는 교육적 성과에는 정신건강 증진, 자아존중감(self-esteem)과 자기효능감(self-efficacy) 향상, 동기부여 향상, 행동 개선, 중도 탈락률 감소 등이 포함된다."(Oxford Impact, 2020) 반면에 웰빙 수준이 낮으면 저조한 학업 성과로 이어져, 정서나 행동에서 어려움을 겪는 학생들은 학교에서 소외되거나 졸업 자격을 갖추지 못한 채 학교를 떠나게 될 가능성이 크다(Parry-Langdon, 2008).

아이들과 교사들의 정신건강 악화

2018년 이후로 영국의 아이들과 교사들의 정신건강 및 웰빙은 계속 악화되고 있다. 영국국립건강서비스(National Health Service, NHS) 자료에 의하면 6세부터 16세까지의 아이들 중에서 정신건강에 문제가 있는 것으로 보이는 비율이 2017년에는 9명 중 1명 꼴이었으나, 2021년에는 6명 중 1명으로 증가했다. 이는 상당히 큰 폭의 증가이다. 영국아동협회의 「2021

아동행복보고서(The Good Childhood Report 2021)」를 보면, 아이들의 생활 전반과 친구, 외모, 학교와 관련된 행복 수준이 2018~2019년의 조사 결과, 이 조사의 시작 시점인 2009~2010년과 비교하여 현저히 떨어졌다는 것을 알 수 있다(The Children's Society, 2021a). 또한 2020년에는 영국 아이들이 유럽에서 가장 불행한 어린이들 중 하나로 생각될 만큼 삶의 만족도와 목적의식에 있어서 낮은 점수를 받았다고 보고했다(The Children's Society, 2021b).

교사들의 경우도 비관적이다. 교사 웰빙 지수를 측정한 최근 데이터에 따르면 교사들의 77퍼센트가 업무로 인해 심리적, 신체적 이상 증세를 겪고 있다. 72퍼센트는 스트레스를 느끼고 있으며, 과반수 이상의 교사가 정신건강과 웰빙에 문제를 느껴 교직을 떠날 것을 심각하게 고려한 적이 있다(Scanlan & Savill-Smith, 2021). 교사라는 직업의 중도이탈률은 심각한 수준이다. 정부 자료에 따르면 교사들 중 거의 3분의 1이 교원자격을 취득한 지 5년 이내에 교직을 떠나고 있다(이 문제는 초판 발간 때와 비교해도 별로 개선되지 않았다). 교사가 느끼는 스트레스는 학생들에게도 나쁜 영향을 끼친다. 번아웃된 교사는 학생들을 열정적으로 가르치고 돌볼 수 없게 되므로 학생들의 성취도도 떨어지게 된다(Black, 2001).

코로나19가 남긴 교훈

2020년에 시작된 코로나19의 대유행은 이미 문제 수준에 있었던 아이들과 교사들의 웰빙을 더욱 악화시킨 것이 확실하다. 대유행으로 시스템이 멈추었던 이 기간 동안 영국의 학교들은 핵심 업무를 수행하는 근로자들의 자녀와 취약계층 아이들을 돌보는 업무를 삼냥하느라 문을 열고 있었다. 문제는 이러한 돌봄이 아무런 보호장구나 장비 없이, 또는 최소한의 장비만으로 이루어졌다는 것이다. 나는 이 기간 동안 학교에 갈 때마다 불안감에 시달렸다. 바이러스가 전염될까 봐, 그리고 가족에게 그 바이러스가 옮겨갈까 봐 내내 두려웠고 백신이 나올 때까지 두려움을 벗어나지 못했다. 대유행기의 정점에서는 누구나 그랬겠지만 특히 슈퍼마켓, 병원, 대중교통, 학교 같은 최전방에서 일하는 사람들에게는 극도의 공포가 치솟았다. 하지만 이런 두려움과 불확실성에도 불구하고 코로나19가 모든 사람의 웰빙을 악화시켰다고만 볼 수는 없는 측면이 있다.

케임브리지대학교와 옥스퍼드대학교에서 진행한 흥미로운 연구(Soneson et al., 2022)가 있는데, 옥스웰학생조사(OxWell Student Survey)라는 대규모 조사에서 연구자들은 1만 7천 명의 학생 및 부모들과의 면담을 통해 자료를 수집했다. 연구 결과 대략 학생 3명 중 1명은 코로나19 유행 이전과 같은 수준의 정신적 웰빙 상태를 유지하고 있었다. 다른 1명은 이전보다 악화되었고, 나머지 1명은 오히려 이전보다 더 나아졌다는 결과를 보였다. 케임브리지대학교 정신의학과의 엠마 소니슨(Emma Soneson)은 이를 두고 다음과 같이 설명한다. "코로나19의 대유행이 초중고 학생들의 삶에 부정적 영향만 끼쳤다고 말하는 것은 지나친 일반화일 수 있습니다. 실제로 2020년에 시행된 국가적 봉쇄조치(2020년 초에 영국은 코로나19의 확산을 막기 위해 단계적인 봉쇄와 이동 제한 조치를 실시했고, 이때 학교를 비롯한 여러 시설이 상당 기간 동안 문을 닫았음-옮긴이) 기간 동안 오히려 이전보다 웰빙 수준이 높아졌다고 느낀 학생들도 상당수였습니다."(University of Cambridge Research, 2022)

상당수의 아이들이 이 시기에 웰빙 수준이 높아졌다고 느낀 이유는 무엇일까? 그렇게 느낀 학생들의 경우 다른 학생들과 비교할 때, 학교 내 괴롭힘이나 소외감이 줄어들고, 친구나 가족과의 관계, 학업 관리가 개선되었다고 응답했다. 또 수면시간과 운동시간이 이전보다 늘어난 것도 관련이 있었다.

어떤 사건도 사람들에게 영향을 미치는 방식이 다 똑같지는 않다. 최악의 상황에서도 대다수 아이들과 어른들은 적절히 대처했고, 어떤 이들은 이전보다 더 괜찮아졌다. 연구자들 사이에 쓰이는 '봉쇄조치의 교훈'이라는 말에서 알 수 있듯이 우리는 위기로부터도 배울 수 있다. 학습과 웰빙이란 측면에서 아이들에게 무엇이 효과적인지 알아내기 위해 우리는 아이들의 얘기에 더 귀를 기울여야 한다.

▎교육의 목적과 인생의 목적은 다르지 않다

대부분의 부모들은 자녀가 행복하게 사는 것을 그 무엇보다 바란다. 실제로 한 온라인 설문조사(YouGov polls)에서 대다수 학부모들은 자녀의 행복을 학업 성적보다 더 중요하게 생각하고, 따라서 행복이 학교 선택에서 가장 우선적으로 고려할 사항이라고 답했다(Youth Sport Trust, 2021). 우리 어른들도 스스로에게 바라는 것이 무엇인지 생각해보면 이와 마찬가지일 것이다. 사실 모든 인간은 행복해지기를 바란다. 인종, 성별, 나이 등에 관계없이, 모두가 행복이란 목표를 향해 노력하고 있다. 철학자 데이비드 흄(David Hume)은 '인간이 이룩한 모든 업적은 궁극적으로 행복을 달성하기 위한 것이다. 이를 위해 예술이 창작되고, 과학이 육성되고, 법률이 제정되고, 사회가 형성되었다.'라고 말한다(Hume, 1826, p.167).

우리 모두가 행복을 원하고, 행복해지는 법을 배울 수 있다는 사실을 이해했다면, 이제 학교는 아이들에게 행복한 삶을 살기 위한 스킬을 가르쳐야 마땅하다. 이것이야말로 바로 교육의 목적이어야 하지 않을까. 아이의 행복은 학업 성적 이상의 더 크고 중요한 의미가 있다. 이를 뒷받침하는 연구 결과도 있다. 런던경제대학(London School of Economics)의 한 종단 연구에서는 유년기부터 성인기까지 사람들을 추적 관찰하여, 어린 시절의 어떤 요인들이 성인기의 행복을 가장 잘 예측하는 지표인지 조사했다. 그 결과 성인의 삶의 만족도와 관련된 가장 강력한 예측 요인은 바로 정서적 건강이었고, 지적 발달은 관련성이 가장 낮은 것으로 나타났다(Layard et al., 2013, p.2). 본질적으로 어릴 때 학교에서 몇 점짜리 성적을 받는가로 성인이 되었을 때의 행복도를 예측하기는 어렵다는 의미다. 세계 여러 나라를 대상으로 15세 학생들의 수학, 과학, 읽기 능력을 평가하는 국제학업성취도평가(PISA, Programme for International Student Assessment)는 학생의 웰빙에 관한 데이터를 최초로 수집하기 시작했는

데, 그곳에서 발표한 조사 결과도 이와 별반 다르지 않다. '학생들의 삶에 대한 만족도는 우수한 성적을 받은 학생들이 평균 수준의 성적을 받은 학생들보다 약간 높은 정도였다. 학습 시간과 삶의 만족도 간에는 관련성이 발견되지 않았다.'(OECD, 2017)

어린시절의 정서적 건강이 행복한 성인이 되는 데 중요한 역할을 한다면, 초등학교와 초등학교 교사들이 그들의 삶에서 실제로 중요한 영향력을 갖는다고 말할 수 있을까? 답은 확실하게 '그렇다'이다. 『The Origins of Happiness(행복의 근원)』에서 앤드류 클라크(Andrew Clark)와 동료들이 그 증거를 제시하고 있다. 여기 따르면 '초등학교와 중학교는 아이들의 정서적 웰빙에 매우 큰 영향을 미치며…. 초등학교와 초등학교 교사들의 영향은 향후 5년 이상 지속된다.'(Clark et al., 2018, pp.192~193) 나는 우리의 교육 시스템이 오랜 기간 동안 잘못된 길을 걸어왔다고 생각한다. 학업 성적 데이터에 집착하느라 우리는 교육이 실제로 어떤 목적을 가져야 하는지 잊어버리고 있으며, 학교의 의미와 즐거움을 상당 부분 잃어가고 있다. 학교에서 행복과 웰빙을 가르침으로써 우리는 아이들에게 더 많은 것을 가르칠 수 있다. 학습을 좋아하는 법, 집중하며 열심히 노력하는 법, 자기 자신과 주변 사람을 돌보는 법, 삶의 어려움에 대처하는 법, 그리고 자신의 잠재력을 최대한 실현하는 법까지 말이다. 이러한 노력은 가르침에 더 큰 의미와 목적을 더하며, 교사의 웰빙까지 향상시킨다.

웰빙교육에 대한 요구

학교 현장에 새로운 변화가 일고 있음을 느낄 수 있다. 시험과 학업 성적 위주의 학교 교육의 폐해가 분명히 드러나면서 아이들, 교사, 학부모들 모두 학교 교육의 중심에 웰빙이 더 많이 자리해야 한다고 요구하고 있다. 2020년에 시작된 '웰스쿨(Well Schools)'은 변화를 위한 새로운 움직임이다. 웰스쿨은 웰빙을 교육과정의 핵심에 두는 학교들이 함께 모여 서로 지원하고 협력하며 실천 경험을 공유하는 데 중점을 둔, 학교 기반의 자발적 움직임으로 유스스포츠트러스트(Youth Sport Trust)와 부파재단(Bupa Foundation)이 지원한다. 교육 시스템의 변화를 원한다면 그 변화를 우리 스스로 일으켜야 한다는 것, 이것이 웰스쿨 전체를 관통하는 전제다. 나는 영광스럽게도 웰스쿨 이사회의 부의장직을 맡아 훌륭한 여러 교사들, 학생 대표들과 함께 일하고 있으며, 의장직은 리사 파더즈(Lisa Fathers)와 벤 레빈슨(Ben Levinson)이 맡고 있다. 학교의 변화를 위한 웰스쿨의 이러한 노력에 많은 교사들이 관심과 지지를 보내 주기를 바란다.

영국 의료 및 보건정책을 총괄하는 의료 총책임자도 웰스쿨에 대한 명확한 입장을 밝히고 있다. "학교에서 신체적, 정신적 건강을 증진하는 일은 학생들의 성취와 성공을 강화하고 그것이 다시 그들의 웰빙에 이바지하는 선순환을 만들어내어, 학생들의 삶을 풍요롭게 하고 잠재력을 최대한 발휘할 수 있게 한다."(Public Health England, 2014, p.5)

이 책의 활용법

이 책에서는 긍정심리학과 행동과학, 신경과학 분야의 개념을 다루며, 각 장은 크게 이론과 실행의 두 파트로 이루어진다.

이론 속으로 ｜ 최신 연구와 근거를 바탕으로 대두되는 이론들을 소개하며, 이 이론들이 사람들의 행복과 웰빙 수준에 어떤 영향을 미치는지 보여준다. 여기에서는 "이 방법은 왜 필요한가?"라는 질문에 대한 답과 함께, 이를 실행하기 위해 학교의 교장이나 운영위원들을 설득해야 할 때 필요한 근거도 제시해준다.

실행 속으로 ｜ 이론을 실제로 교실에서 적용할 수 있도록 실질적인 방법을 제시한다. 이 방법들은 대부분 내가 직접 가르쳐본 경험에서 나왔지만 일부 다른 교사들로부터 얻은 것도 있다. 이를 통해 "어떻게 해야 하는가?"라는 질문에 대한 답을 찾을 수 있을 것이다. 독자 여러분도 이 방법들을 자신의 삶에 어떻게 적용할 수 있는지 고려해 볼 만한 가치가 있다. '행복교실 이야기'에 제시된 사례들은 교사들의 실제 경험으로부터 나온 것들이지만, 아이들의 정보 보호를 위해 모두 가명을 썼음을 밝혀둔다.

이 책은 처음부터 순서대로 읽어도 되고, 특별히 관심 있는 주제가 있다면 앞부분을 건너뛰고 수업에서 그 아이디어를 먼저 시도해봐도 좋다. 하지만 4장, 5장, 6장은 함께 묶어서 읽을 것을 추천한다. 이 장들은 공통적으로 아이들에게 학습 방법과 잠재력을 최대한 발휘하는 법을 가르치는 것을 다루고 있다.

각 장마다 필요한 관련 자료는 큐알코드를 수록하여 해당 사이트를 방문하거나 직접 다운로드할 수 있도록 했다. 이를 통해 해당 주제에 대한 교육과 학습 효과가 더욱 향상될 것이다.

어떤 새로운 아이디어든 교실에서 제대로 적용하려면 아이들에게 맞게 조정하고 시간을 투자하여 체득시킬 필요가 있다. 예를 들어 마음챙김을 위한 명상을 도입할 경우, 처음부터 즉각적이고 극적인 결과를 기대하지 말아야 한다. 활동을 제대로 익히고 이해하기 위한 시간을 아이들과 함께 갖도록 한다. 무엇보다 새로운 변화를 시도할 때는 호기심을 갖고 실험적인 태도로 임해야 한다.

이 책의 목표는 초등학교 교사들이 행복을 교실의 중심에 두도록 이론과 방법을 제공하고, 행동할 수 있는 계기를 마련해 주는 데 있다. 이 장 첫 부분에 인용한 탈 벤 샤하르의 말에서 알 수 있듯이, 아이들이 더 행복한 삶을 살기를 바란다면 가르치는 교사가 먼저 행복이 가장 중요한 가치라는-벤 샤하르의 말을 빌리자면 '최고의 가치'라는-믿음을 가져야 한다. 교육 시스템이 바뀌기를 그저 기다릴 수도 있고 우리 스스로 변화를 주도하여 시작할 수도 있다. 어떤 결과가 나올지는 알 수 없지만 선택은 우리의 몫이다.

1장

부족교실 만들기

이 장에서는 심리학 교수 루이스 코졸리노(Louis Cozolino)의 연구를 살펴보기로 한다. 코졸리노는 '부족교실(tribal classroom)'이란 개념을 만들어, 어린 학생들의 '원시적인 사회적 본능(primitive social instincts)'에 접근해야 한다고 주장한다. 그에 따르면 원시적인 사회적 본능은 학생들의 행복과 학습 능력에 강력한 영향을 미친다.

모두가 함께 전진한다면 성공은 자연스럽게 따라올 것이다.

| 헨리 포드(Henry Ford) |

| 부족의 기원에 대한 이해

'부족교실'이 무엇인지 살펴보기 전 먼저 부족이란 것의 역사부터 이해할 필요가 있다. 루이스 코졸리노(Louis Cozolino)는 생물종으로서의 인간이 실제로 부족으로 살았던 과거로부터 벗어나 진화한 지는 그다지 오래되지 않았다고 말한다. 현생 인류는 지난 10만 년간, 또는 그 이상의 기간 동안 사냥이나 채집을 주로 하는 50~75명 정도 규모의 부족으로 살아왔다. 이러한 소규모 공동체는 음식과 자원을 얻기 위해 채집을 했고, 가족 관계, 의식(ritual), 생존을 위한 협력의 필요에 따라 유지되었다 (Richerson & Boyd, 1998). 부족 집단은 협력, 평등, 공정성, 유대감의 가치를 기반으로 형성되었고, 의사 결정은 민주적으로 이루어졌으며, 책임을 공유했다. 그러다 5천~1만 년 전 즈음에 이르러서야 서구문화권은 농업 및 산업 기반 사회로 이동하게 되었다. 1만 년이라고 하면 매우 오랜 시간처럼 보이겠지만 생물학적 진화 관점에서 보면 나노 초, 즉 1억분의 1초 정도에 불과하다.

산업화된 현대 사회에서 사람들은 마을이나 도시 등 이전보다 더 큰 집단을 이루어 산다. 현대 사회는 개인주의나 경쟁 같은 가치를 기반으로 하고 더 많은 계급이 존재하며(현대 학교만 보더라도 최고 경영자, 부경영자, 경영총괄 담당자, 교장, 교감 등이 있다) 강제적인 규칙들도 있다. 코졸리노는 현대 문화가 인간의 기본적인 사회적 본능, 나아가 인간의 신경생물학적 특징과도 어긋나며, 이로 인해 우리에게 스트레스, 불안, 불행을 초래한다고 보았다.

본질적으로 인간이라는 종은 부족 중심적이며, 부족을 이루고 살 때 최고의 기능을 발휘하고 가장 행복할 수 있다. 따라서 '부족교실'을 통해 학생들의 핵심적인 신체적, 정서적 요구에 부응할 수 있다고 보는 것이다. 코졸리노는 '부족교실을 만들고 애착관계를 통해 학생들의 원시적인 사회적 본능을 일깨울 수 있는 교사는 어떤 어려운 교육 여건에서도 좋은 성과를 거둘 수 있다.'고 단언한다(Cozolino, 2013, p.24). 아이들은 부족교실의 일원이라는 느낌을 받을 때 말그대로 뇌 스위치가 켜진다.

부족교실

그러면 부족교실이란 정확히 무엇일까? 코졸리노는 부족교실에 민주적 리더십, 협력, 팀워크, 평등, 공정성, 신뢰, 끈끈한 인간관계 같은 부족의 특성이 잘 구현되어 있다고 본다. 부족 내의 모든 사람은 가치를 존중받고 각자의 역할이 있다. 부족은 본질적으로 하나의 큰 가족이며, 교실에서 이런 가족같은 분위기를 조성할 수 있다면 아이들의 삶이 풍요로워질 수 있다고 보는 것이다. 코졸리노의 설명에 의하면 부족교실의 교사는 학생에게 사랑과 보호를 제공하는 부모가 되고, 이는 학생들이 서로를 돌보고 지지하는 형제자매 같은 관계가 되도록 이끈다(Cozolino, 2013, p.245). 이처럼 가족적인 환경에서 교사와 학생은 안정적인 애착을 형성하게 되며, 이런 긍정적 관계는 유대감을 높이고 행복 호르몬인 옥시토신의 분비를 촉진한다. 따라서 부족교실의 환경을 형성하는 데 있어서 교사의 역할이 매우 중요하다. 교사는 마치 부족의 장로처럼 현명하고 경험이 풍부하며 용감하고 공정해야 할 것이다.

우리가 가르치는 학생들 중에는 스트레스가 심한 가정 환경에서 자라는 아이들이 많다. 그래서 부족교실은 평온하고 안전한 환경을 조성하는 것을 목적으로 한다. 조롱이나 창피를 주는 것은 부족교실에서 있을 수 없는 일이지만 가벼운 농담이나 유머는 장려한다. 교사가 적절히 유머를 사용하면 수업 중에 학생들이 스트레스를 받고 긴장할 수 밖에 없는 상황에서도 분위기를 완화시킬 수 있다. 또 부족교실은 놀이를 적극 활용한다. 연구에 따르면 탐험과 놀이는 본연적 학습(natural learning, 인간이 본능적으로 경험하고 배우는 방식으로 지식과 스킬을 습득하는 것-옮긴이)의 핵심이자 뇌가 새로운 학습과 경험에 따라 성장하고 변화하는 능력을 뜻하는 신경가소성(neuroplasticity)에도 필수적이다. 놀이는 '행복 호르몬'이라 불리는 도파민, 세로토닌, 엔도르핀의 분비를 활성화하며 웰빙을 향상시키고, 학습을 도와주며, 사회적 유대를 강화한다(Cozolino, 2013).

소속감

소속감은 부족교실의 핵심이다. 부족의 지도자로서 교사의 역할은 아이들이 자신보다 큰 무언가에 속해 있다는 느낌을 갖도록 돕는 것이다. 소속감을 느낄 때 아이들은 좀더 거리낌없이 탐험하고 모험을 감행할 수 있다. 학교에 대한 소속감이 학습의 기본 요소라는 것을 보여주는 연구는 이미 오래 전에 있었다(Ryan & Powelson, 1991). 유니버시티칼리지 런던(University College London, UCL)에서 수행한 최근 연구(2020)는 소속감을 느끼는 학생들이 행복과 자신감을 더 많이 느끼는 경향이 있다-이전 연구에서 입증되었듯이 학업적으로도 더 나은 성과를 내는 것은 물론이다-는 것을 보여주었다. UCL 교육연구소의 캐서린 라일리(Kathryn Riley) 교수는 이 연구 결과를 다음과 같이 설명한다. '학습을 즐겁게 만드는 요인들은 많다. 이 연구는 관계에 중점을 두고, 연구의 목적에 맞는 개입을 시도했다. 연구에서 밝혀진 바는 학교 전체를 대상으로 목적에 맞는 개입을 시행하면 모든 학생이 학교를 친근하게 느끼고 학교에 소속감을 느끼게 하는 데 도움이 된다는 것이다'(UCL IOE, 2020).

대니얼 코일(Daniel Coyle)은 높은 성과를 내는 집단에서도 소속감이 핵심적인 요소 중 하나라고 말한다. 저서 『The Culture Code(컬처 코드)』(2018)에서 그는 사람들이 안전하다고 느끼고, 주변 사람들과 연결되어 있으며, 미래를 함께한다고 느껴야 소속감을 가질 수 있다고 말한다. 또 물리적인 거리 좁히기, 스킨십, 유머, 예의 등 사람들에게 소속감을 일깨워주는 '소속 신호(belonging cue)'를 지속적으로 업데이트하고 강화하는 것이 중요하다는 점도 강조한다. 다시 밀 하면 소속감을 유지하고 기우는 일은 지속적으로 이루어져야 한다는 것이다.

스토리텔링

이야기와 스토리텔링(storytelling, 이야기 들려주기) 또한 부족교실의 핵심적 특징이다. 스토리텔링은 역사적으로 오랜 진화를 거쳐 우리 안에 본성처럼 자리잡고 있다. 부족사회에서 스토리텔링은 기억을 저장하고, 감정을 조절하며, 사회적 결속을 강화하는 역할을 담당했다(Cozolino, 2013). 분명 스토리텔링은 과거 조상들에게처럼 오늘날의 아이들에게도 큰 의미가 있다. 이야기는 아이들의 감정 어휘를 풍부하게 하고, 등장인물이 겪은 도덕적 딜레마를 통해 교훈을 얻게 해준다. 아이들은 자신의 이야기를 쓰거나 들려주면서 스스로를 표현하고 주변 세계를 이해하는 능력을 키우게 된다.

최근의 한 연구는 이야기가 아이들의 건강과 웰빙에 미치는 영향을 잘 보여주고 있다(Brockington et al., 2021). 스토리텔링이 중환자실에서 치료받는 아이들의 신체적, 심리적 건강에 어떤 효과가 있는지를 조사한 연구였다. 한 차례의 스토리텔링 세션을 가진 중환자실 아이들은 대조군 집단의 아이들과 비교할 때 긍정 호르몬인 옥시토신 수치 및 긍정적인 감정이 증가했으며, 스트레스 호르몬인 코르티솔 수치와 통증은 감소했다. 중환자실 아이들이 단 한 차례의 스토리텔링 세션을 경험한 것만으로 이런 결과가 나타났다는 사실은 정말 놀라웠다! 상상해 보라. 교실에서 매일 스토리텔링이 진행된다면 아이들의 행복에 어떤 영향을 미치게 될까.

사회적 뇌

심리학자와 신경과학자들 사이에서는 인간이 사회적 뇌(social brain)를 갖고 있다는 견해가 보편적으로 받아들여진다. 이 말은 뇌가 양육과 사회적 관계에 의해 형성된다는 것, 즉 성장하면서 양육자 및 다른 사람들과의 관계 속에서 받게 되는 영향이 우리 뇌의 형성에 중요하게 관여한다는 뜻이다. 실제로 뇌에는 다른 사람들의 감정이나 행동에 반응하여 활성화되는 특정 부위가 있는데, 예를 들어 편도체(amygdala)가 그러하다(Ratey, 2003)(편도체에 대해서는 2장과 3장에서 자세히 다룬다). 신경생리학자인 자코모 리졸라티(Giacomo Rizzolatti)의 거울뉴런(mirror neurons) 발견은 사회적 뇌 이론을 뒷받침해 준다. 거울뉴런은 우리가 어떤 행동을 실행할 때뿐만 아니라 다른 사람이 어떤 행동을 실행하는 것을 목격할 때도 활성화되며, 그래서 우리가 관찰한 것을 모방하는 데 관여하는 것으로 여겨진다. 또 거울뉴런은 다른 사람들과 공감하여 그들이 느끼는 감정을 공유하는 능력과도 부분적으로 관련이 있다. 예를 들어 누군가 농담을 듣고 웃는 것을 보면, 우리는 그 농담을 직접 듣지 않더라도 따라서 웃고 싶은 충동을 느낀다. 또 누군가 머리를 부딪치는 걸 보면 우리도 자기 머리를 잡고 '아야!' 하고 반응할 수 있다. 이로 보아 우리의 뇌는 다른 사람들과의 상호작용에 반응하여 변화하는 것이 분명하다.

인간의 진화에 관한 역사를 들여다보면 우리가 왜 이런 뇌를 갖게 됐는지 이해할 수 있다. 원시 영장류들이 점점 더 큰 사회 집단을 이루고 살게 되면서 그들의 뇌는 더욱 더 커지고 복잡해졌다. 사회 집단이 커짐에 따라 더 헌신적인 육아가 이루어지고 뇌에 대한 도전과 자극도 커져 뇌가 더욱 잘 성장할 수 있었다(Dunbar, 1992). 이렇게 성장한 뇌를 기반으로 우리의 언어능력, 문제해결능력 및 복잡한 사고능력이 발달한 것이다. 오늘날 우리의 뇌는 수십만 년 동안 인류를 키워낸 사회 집단과 부족에 의해 성장하고 형성된 것이다.

결국 아이들을 어떻게 양육하느냐가 아이들에게 명시적으로 무엇을 가르치느냐보다 더 큰 영향력을 갖는다는 것을 알 수 있다. 심리학 교수 앨리슨 고프닉(Alison Gopnik)은 '아이들은 실제로 양육자가 의식적으로 보여주는 행동에서보다 그들의 무의식적인 사소한 행동에서 더 많은 것을 배운다.'라고 말한다(Gopnik, 2016, p.90). 부족교실을 만들 때 명심할 점은 아이들에게 그들이 본받을 만한 좋은 예를 제공해야 한다는 것이다. 또 부족의 분위기가 아이들의 뇌 발달과 행복에 매우 중요하다는 것도 새겨두어야 한다. 부족의 지도자로서 교사들은 부족원들의 삶에 지대한 영향을 미칠 수 있다.

애착기반 교수법

심리학자들은 사랑을 '애착'이라고 표현하곤 한다. '사랑'이라는 말에 비해 문제가 덜하고 측정이 쉬울 것 같은 느낌을 주어서 그런 것 같다. 어쨌든 애착심리학자들은 아이들이 자신의 양육자(이 실험에서는 주로 엄마)에 대해 어떻게 느끼는지를 연구하기 위해 한 살짜리 아이들을 양육자와 분리하여 낯선 사람과 한 방에 둔 뒤 다시 만나게 했다. 이때 아이들이 보이는 반응에 따라 일반적으로 다음과 같은 네 가지 애착 유형으로 구분한다.

- 안정형 애착
- 회피형 애착
- 불안형 애착
- 혼란형 애착

안정형 애착 유형 아이들은 양육자가 떠나면 불안해하고 양육자를 다시 만나면 기쁨을 표현한다. 회피형 애착 유형 아이들은 양육자가 떠날 때 외면하고 양육자가 돌아왔을 때도 모호한 반응을 보인다. 불안형 애착 유형 아이들은 양육자와 분리될 때 몹시 불안해하고, 양육자가 다시 돌아왔을 때도 불안이 쉽게 가시지 않는다. 혼란형 애착 유형 아이들은 빙빙 돌거나 바닥에 쓰러지는 등 이상한 행동을 보이곤 한다. 이 유형의 아이들은 부모가 겁먹은 모습을 보이거나 아이들을 겁먹게 만드는 행동을 하는 경우가 많은데, 그 결과 아이에게 감정적 혼란이 생기고 대처 능력이나 신체운동 기능에까지 혼란을 초래한다. 회피형 애착 유형 아이들은 혼자 남겨졌을 때 겉으로는 그다지 불안해 보이지 않고 별 문제가 없어 보인다. 하지만 심박수를 모니터링해 보면 실은 매우 불안한 상태인데도 자신의 감정을 숨기는 법을 학습한 것이라는 점에서 심리학자들은 우려를 표한다.

애착 유형은 아이들의 웰빙과 학습 능력, 행동에 큰 영향을 준다는 점에서 중요하다. 애착 유형은 대체로 성인기까지 이어지고 미래의 대인관계를 형성하게 된다. 애착 관계가 불안정한 아이들이 보이는 행동은 불안과 두려움의 표현인 경우가 많다. 그래서 표면적으로는 반항이나 나쁜 행동으로 보이는 것들이 실제로는 감정적 어려움에 대처하는 그들 나름대로의 방식이며 감정 조절 능력이 부족하다는 것을 의미한다(Cozolino, 2013). 교실에는 이렇게 다양한 애착 유형의 아이들(과 교사들)이 모여있다. 다행히 부족교실은 모든 아이들이 지지와 안전을 느낄 수 있는 안정적인 기반을 만들어줄 수 있다. 코졸리노는 "아이들은 보호받고 있으며 타인과 연결되어 있다고 느낄 때 학습이 가장 잘 이루어진다. 애착기반 교수법의 목표는 모든 아이들이 나약하고, 두렵고, 가치없다고 느끼는 마음을 벗어나 보호받고 있고, 안전하고, 존중받는다고 느끼게 하는 데 있고… 학습은 이 상태에서 최적화된다."라고 말한다(2013, p.241) 그런 의미에서 부족교실은 아이들에게 안정적인 애착을 형성하는 데 필수적이다. 부족교실을 통해 강화된 긍정적이고 끈끈한 관계가 아이들이 안전하고, 보살핌을 받는다고 느끼게 해주기 때문이다.

아동기 부정적 경험

안정감과 사랑이 부족한 가정에서 자라거나, 어린 나이에 심각한 트라우마나 역경을 경험한 아이들은 일반적으로 불안정한 애착 양상을 갖게 되어 그 결과 더 안 좋은 상황을 겪을 수 있다. 아동기 부정적 경험(adverse childhood experiences, ACEs)으로는 가정 내 폭력, 약물 남용, 부모의 이혼, 빈곤 등이 있다. ACEs는 학업성취도 저하, 건강을 해치는 행위, 청소년기의 반사회적 행동이나 범죄 행동을 초래하고, 정신질환으로 이어질 가능성이 매우 높다. ACEs를 겪은 아이들은 특히 미래에 대한 전망이 암담해질 수 있다.

그러나 고무적인 연구 결과도 있는데, 영국의 뱅거대학교(Bangor University)와 웨일스 공중보건국(Public Health Wales)의 협력으로 진행된 공동연구에서는, 여러 형태의 ACEs에 직면한 아이들의 회복탄력성을 높이는 데 어떤 보호 요인(protective factor, 위험 요인으로부터 보호하고 완충해주는 요인-옮긴이)이 도움이 됐는지를 조사했다(Hughes et al., 2018). 그들이 발견한 사실은 특정한 보호 요인을 가진 아이들의 경우 정신질환으로 발전할 위험이 절반 이상 줄어들었으며, 이들 보호 요인은 그 아이들에게 스트레스를 막는 든든한 완충제 역할을 해주었다는 것이다. 주요 보호 요인으로는 다음과 같은 것들이 있다.

- 적어도 한 명 이상의 안전하고 신뢰할 수 있는 어른이 있는 것
- 지지해주는 친구들이 있는 것
- 스포츠 활동에 꾸준히 참여하는 것

위에 열거한 것들은 모두 학교에서 아이들에게 정기적으로 제공하는 것들이자 부족교실의 핵심이다. 이는 도움이 필요한 위기의 아이들에게 학교가 지원의 원천으로 얼마나 큰 역할을 할 수 있는지 보여준다.

세계적인 정신분석학자이자 성격장애 연구의 전문가인 피터 포나기(Peter Fonagy) 박사도 이 점을 강조했다. 트라우마와 불우한 경험에 시달리며 학습에 손을 놓은 아이들을 위해 교사들이 무엇을 할 수 있는지 물었을 때, 포나기 박사는 이렇게 대답했다. "교사가 아마추어 상담사나 심리치료사가 되려고 하는 것은 아무 소용이 없습니다. 아이가 정신적으로 건강하지 않다고 해도 교사는 그것을 치료하기 위한 사람이 아닙니다. 그것은 교사의 역할이 아닙니다."(Fonagy, in Amass, 2022) 대신 그는 교사가 할 수 있는 최선은 차분하게 대응하고 경청해주며 체계가 잘 잡힌 교실을 만들어 유대감을 형성하고 희망과 행복, 낙관주의를 함양할 수 있도록 하는 것이라고 강조했다. 마지막으로 포나기 박사는 매우 희망적인 조언을 덧붙였는데, 우리 모두가 기억해야 할 내용이기도 하다. "학교

가 제 기능을 하는 것만으로도 사실상 아이들이 스스로 마음을 다잡는데 도움이 됩니다. 교사는 자신의 직분을 다하는 것만으로도 충분합니다."(In Amass, 2022)

긍정적 관계

부족교실을 만드는 것은 궁극적으로 교육에 관여하는 어른과 아이들 간에, 그리고 아이들 서로간에 긍정적 관계를 다지고 이에 장기적으로 투자하는 것이다. 긍정적 관계는 신뢰, 정직, 지지, 친절, 사랑, 우정, 협력을 기반으로 한다. 긍정적 관계는 인간이란 생물종이 생존하는 데 핵심적인 부분이자 부족의 근간을 이룬다. 19세기 후반 인간 진화에 대해 연구한 찰스 다윈(Charles Darwin)은, '최상의 공감능력을 가진 구성원 수가 가장 많은 공동체가 가장 번성하고 가장 많은 자손을 길러낼 것'이라 말했다(Darwin, 1871, p.163). 아이들과의 긍정적 관계 증진을 위해서는 칭찬과 비판을 어느 정도의 비율로 해야 할지에 대해 신중해야 한다. 관계 분야의 권위자인 존 가트맨(John Gottman)의 연구에 따르면, 바람직한 관계에서는 긍정적 상호작용(칭찬)과 부정적 상호작용(비판)의 비율이 평균 5대 1 정도다(Gottman, 1994). 아동교육및심리연구소(Institute of Child Education and Psychology, ICEP)에 따르면 아이들의 경우에는 조금 더 높은 비율, 즉 긍정적 상호작용 7~8회에 부정적 상호작용 1회 정도가 적절하다고 한다(ICEP, Module 2, p.13).

긍징직 관계는 인간으로서 우리 종의 생존에 도움을 주기도 하지만 우리 건강에도 긍정적인 영향을 미치고, 수명을 연장시켜 주는 역할도 한다. 자신을 지지해 주는 이들과 함께 있는 것만으로도 혈압과 스트레스 호르몬 배출을 낮춰 질병 발생 위험을 줄이고 건강에 좋은 영향을 준다(Cozolino, 2013). 긍정적 관계는 우리 뇌에서 행복과 관련된 호르몬인 옥시토신 분비를 촉진한다. 옥시토신은 '사랑 호르몬' 또는 '보살핌과 친구 맺기 호르몬'으로도 불리는데, 아이와 보호자 간의 안정적인 애착 형성에 중요한 역할을 한다. 출산할 때 산모의 몸에서는 옥시토신이 대거 분비되어 신생아와의 유대감 형성을 돕고 젖이 원활히 돌도록 한다. 이 호르몬은 신뢰와 공감 수준을 높이고 불안 수준을 낮추는 데 도움을 준다. 옥시토신을 투여받은 사람은 다른 사람을 신뢰하고 협력하려는 경향이 높아진다는 연구도 있다(Gopnik, 2016). 긍정적 관계가 사회적 뇌 발달과 인류의 조상인 부족의 생존에 핵심적인 역할을 해온 것은 의심의 여지가 없으며, 오늘날의 부족교실에도 마찬가지로 중요하다.

많은 훌륭한 교사들이 부족교실이란 개념을 알지 못하면서도 이미 이를 교실에 자연스럽게 구현하며 만들어가고 있다. 교사들이 이처럼 부족교실을 만들 수 있는 것은 우리의 유전자에 자연스럽게 녹아들어 있는 본능적인 이유 때문이다. 이들에게서는 교실에 소속감을 조성하는 것이 당연하고도 자연스럽게 느껴진다. 내가 제안하려는 것은 좋은 교수법의 부산물로서가 아니라, 애초에 의식적이고 의도적인 계획 하에 부족교실을 도입하자는 것이다. 코졸리노의 제안을 염두에 두고 여러분의 학교에 부족교실을 만들 수 있는 몇 가지 방법을 소개한다.

팀 깃발 만들기

교실에서 팀 감각을 키우면 아이들의 부족 본능을 이끌어내는 데 효과적이다. 다음은 팀 깃발을 만들어 이를 실행하는 방법이다.

• 새 학년을 시작할 때 새로운 반 학생들에게 좋은 팀이 되려면 무엇이 필요한지 생각해 보도록 한다(이것이 바로 당신이 만드는 부족교실의

형태(version)가 된다). 몇 가지 아이디어를 논의해보고, 실제 가장 성공적인 팀 중 하나, 예를 들면 TeamGB(Team Great Britain이 줄임말로 올림픽 및 기타 국제 스포츠 대회에서 영국을 대표하는 다양한 선수들로 구성됨-옮긴이)를 골라 그에 관한 영상을 보여준다. TeamGB는 성별을 불문하고 영감을 주는 롤 모델로 가득차 있으며 문화적으로 다양하다. TeamGB 동영상은 유튜브에서 여러 개 볼 수 있는데, 내가 가장 좋아하는 영상은 이것 QR 1-01 이다.

- 영상을 보고 나서 좋은 팀을 이루기 위해서 어떤 요소들이 필요한지 학생들의 의견을 듣는다. 일반적으로 팀워크, 우정, 친절, 노력, 사랑, 신뢰, 정직, 인내, 회복탄력성 등의 의견이 나온다.

- 아이들이 말한 것들을 칠판에 적고, 학생들에게 우리 역시 TeamGB와 마찬가지로 하나의 팀이라고 알려준다. '우리는 이제 팀○○○ 입니다'라고 자랑스럽게 선언하게 한다. 내가 이전에 사용한 팀 이름으로는 팀 피카소, 팀 모네, 팀 2학년, 팀 4학년 초록 등이 있다.

- 훌륭한 팀에는 팀 깃발이 필요하다고 말하고 팀원들이 직접 만들 것이라고 말해준다. 칠판에 적혀 있는 것들 중에서 각자 중요하다고 생각하는 것을 하나 선택하여 종이에 크게 쓴 다음, 색을 칠하고 패턴으로 채우게 한다. 가능한 한 눈에 띄게 만드는 것이 좋다. 이것들이 모여 팀을 대표하는 팀 깃발이 되는 것이다.

- '사랑'이나 '팀워크' 같은 것은 한 명 이상 선택해도 문제가 되지 않는다. 그러나 '친절'의 경우 선택한 아이들이 너무 많다면(물론 친절은 많

을수록 좋지만) 다른 것을 선택하도록 유도한다. 아이들이 각자 깃발에서 자신이 맡은 부분을 마무리하면 모두 모아 연결한다. 커다랗고 눈에 확 들어오는, 독특한 팀 깃발이 완성될 것이다.

팀 깃발은 시작에 불과하지만 가족이 된 새로운 팀의 가치를 대변하며, 각 부족의 정체성을 나타낸다. 말하자면 '단합의 상징'이다. 수업을 할 때 항상 팀 이름과 팀 깃발을 언급하고, 아이들의 주의를 끌고 싶을 때는 '자, 팀 모네 여러분, 들어보세요!'라고 말한다. 이렇게 함으로써 모든 팀원들에게 그들이 자신보다 큰 무언가의 일부이자 그것에 소속되어 있음을 일깨워줄 수 있다. 나는 부적절한 행동이 무엇인지를 알려줄 때, 또 내가 제시하고 싶은 긍정적인 가치와 행동을 강화할 때도 팀 깃발을 이용한다. 팀 깃발은 1년 내내 교실에 전시되며 우리가 내세우는 가치를 상징하고, 모든 구성원들이 팀의 성공에 기여하고 있음을 보여준다.

┃ 행 복 교 실 이 야 기 ┃

"선생님, 저건 뭐죠?"
용기를 내어 먼저 물어본 아이는 이리스였다. 가을 학기 첫날이었고 새로운 2학년 반은 긴장과 설렘으로 가득했다. 이리스는 내 책상 한켠에 앉아 있는, 어쩐지 슬픈 표정의 기린 봉제인형을 가리켰다.

"이건 제레미예요. 내 생각에는 제레미가 우리 팀에 합류하고 싶어 하는 것 같은데, 이떡할까요? 제레미를 우리 팀 미스코트로 삼을까요?"

나의 물음에 열광적인 반응이 쏟아졌다. 왠지 슬퍼보이는 기린 봉제인형에게 아이들이 이렇게 반응할 것이라 예상하지는 못했지만 나도 덩달아 기분이 들떴다. 1학년 때 학교생활이 다소 어수선했던 이유로 아이들은 정서적으로 불안한 상태였다. 옆에 있는 친구들을 사귈 준비도, 팀을 이룰 스킬을 배울 기회도 없었다. 내가 기린 봉제인형을 아이들에게 소개한 까닭은 학교에서 에이드리언(이 책의 저자)의 조언을 받아들여 새로운 학년을 시작하면서 팀 가치를 구축하기로 한 판단 때문이었다.

얼마 안 가 제레미는 우리 반의 영웅이자, 편안함을 주는 담요, 그리고 아이들의 관계를 끈끈히 이어주는 접착제가 되었다. 활기차고 시끄러운 2학년 반에서 제레미는 중요한 순간마다 우리와 함께하는 존재가 되었다. 달리기 시간에 아이들은 제레미를 자기들 사이에 두고 함께 달렸다. 팀 사진과 첫 체험학습을 함께했으며, 생일파티 때는 주목받기 부끄러워하는 아이를 대신해줬다. 이야기의 주인공이 되어주었고, 크리스마스에는 아이들이 직접 만든 선물을 받았으며, 제레미가 사라졌을 때(세탁기로 보내졌던 것이었다!)에는 실종 포스터가 만들어지기도 했다. 우리 팀 깃발의 중심에는 제레미가 있었다. 팀 문화에서 중요한 역할은 교사가 맡고 있지만 보조자의 역할도 중요하다. 제레미는 훌륭한 보조자가 되어주었고, 내가 상상도 하지 못한 방식으로 학생들 간에 공감과 회복탄력성, 강점을 이끌어낼 수 있게 해주었다. 코로나19로 학교가 봉쇄되었을 때

나는 매일 제레미의 모험을 활용해서 아이들의 기분을 북돋우고 즐겁게 해주었다. 아이들이 이 기간 동안 있었던 경험담을 제레미에게 써보낸 편지들은 아이들 최고의 글쓰기였다. 4학년이 되어 이 반을 다시 맡게 되었을 때 아이들은 제레미를 품에 안고 반가워했다. 아이들은 이제 더는 제레미의 지지가 필요없을 만큼 훌쩍 자랐지만, 이따금 기운이 빠질 때면 제레미의 목에 팔을 감고 교실 한켠에 앉아 책을 읽으며 편안하고 행복해하는 모습을 볼 수 있었다.

- 케이트 채드윅, 성 에반스 초등학교 교사

긍정적인 인사와 하루 마무리

부족교실에서 가족적인 느낌을 조성하고 싶다면, 따뜻하고 긍정적인 인사로 하루를 시작하고, 일과를 마무리할 때도 애정어린 인사를 하는 것이 정말 중요하다. 매일 꾸준히 '소속 신호'를 강화할 수 있는 인사법을 소개한다. 여러분도 아침에 학생들에게 이렇게 인사해보면 어떨까?

● 교실 문앞에서 미소로 학생들을 맞이하고, 이름을 불러 주며 인사를 나눠보라. 미소는 전염성이 있어서 하루를 시작할 때 부족 전체에 긍정의 기운을 전파할 수 있다. 또한 미소는 아이들에게 안전하고 신뢰할 수 있다는 신호로 와 닿는다. 이름을 불러주는 것은 개별 부족 구성원과

연결되는 강력한 방법이고, 그들에게 자신들이 주목받고 있으며 중요한 존재라는 신호를 전달한다.

● 악수나 하이파이브, 또는 주먹인사(fist-bump, 하이파이브와 비슷하게 주먹을 맞대는 제스처-옮긴이) 등을 섞어서 인사해보라(초등학교 교사라면 아이들과 재미있게 노는 것도 가능하니까!). 스킨십은 정말로 큰 힘을 가진다. 행복 호르몬인 옥시토신을 기억하는가? 이 호르몬은 손을 맞대는 것을 통해서도 분비될 수 있어서, 이런 방식으로 인사를 하면 학생들은 옥시토신이 분비되어 평온하고 안전하며 연결된 느낌을 갖게 될 것이다. 아침에 나누는 긍정적인 인사는 그날의 분위기를 결정하는 중요한 역할을 한다.

하루의 마무리 또한 중요하다. 특히 힘든 하루를 보낸 부족원들이 있다면 더더욱 그렇다. 하루가 부정적으로 마무리되면, 전체적으로 긍정적인 날이었다고 해도 그날은 '안 좋았던 날'로 기억되기 마련이다. 반면 정점-마무리 이론(peak-end theory)에 따르면, 마무리가 긍정적일 경우 평균적으로 보통이거나 때로 부정적일지라도 대체로 긍정적이라고 평가하게 된다(Kahneman et al., 1993). 다음에 소개하는 방법들을 통해 하루를 긍정적으로 마무리해보자.

● 일과 마지막에 멋진 이야기를 한두 장 읽어준다. 부족의 이미지로 가장 먼저 떠오르는 것이 모닥불 주위에 모여 있는 모습이지 않을까? 그

러니 이야기를 읽어줄 때는 항상 학생들을 한 곳으로 모이게 한다. 가장 흥미진진한 지점에서 이야기가 끝나면 학생들은 그다음에 무슨 일이 일어날지 궁금해하며 다음 이야기 시간을 기대하게 될 것이다.

- 하루의 마무리로 라이브 공연 영상이나 재미난 시 구연을 보여주는 것도 좋다(개인적으로 나는 마이클 로젠 작가의 것을 좋아한다). 이는 긍정적인 감정을 불러일으켜, 하루를 기분 좋게 마무리할 수 있다.

- 그날 잘못된 행동을 한 부족원이 있다면, 팀 깃발의 의미와 거기 담긴 가치를 다시 한번 상기시키고, 그럼에도 내일은 새롭게 다시 시작할 수 있다는 것을 알려줄 필요가 있다. 아이의 어깨를 토닥이며 그날 그 아이가 잘한 긍정적인 행동도 언급하여, 자신이 관심 받고 있으며 자신의 하루가 온전히 나빴던 것만은 아니라는 사실을 깨닫도록 해주는 것이 중요하다. 당신이 그 아이에게 기대를 갖고 있고, 아울러 그 아이가 당신의 기대에 부응할 능력이 있음도 알고 있다는 사실을 알려주는 것이다. 그렇게 하면 잘못에 대해 긍정적인 방식으로 훈육을 하는 것이 가능하다.

사회적 스킬 가르치기

부족 내에는 종종 잘못된 선택을 하거나 반 아이들과 어울리기 힘들어하는 아이들이 있게 마련이다. 가장 중요한 것은 이 아이들을 포기하지 않는 것이다. 그렇다. 그들은 교사에게서 많은 시간을 빼앗고, 교사로 하여

금 감정 버튼을 누르게 만든다. 올바른 선택을 하도록 지속적으로 설득하고 격려하며 상기시켜도 어느새 같은 실수를 반복하고는 한다. "가장 많은 사랑이 필요한 아이들이 가장 사랑받지 못하는 방식으로 사랑을 구한다."는 말이 있다. 대부분 이 아이들은 돌봄과 양육이 부족하거나 삶의 긍정적인 롤 모델이 없는 경우가 많다. 그래서 부족교실에 제대로 적응하기 위한 사회적 스킬을 개발하는 데 도움을 받지 못한 것이다.

이 아이들이 제대로 길을 찾고 부족의 일원으로서 소속감을 느낄 수 있도록 돕는 것이 부사절 사용법을 가르치는 것보다 그들의 삶에 더 중요하고 유용할 것이다. 이런 어려움을 겪는 아이들의 경우에는 직접적인 방식으로 사회적 스킬을 가르치는 것이 도움이 된다(Ratey, 2003). 다음 방법들을 시도해보기 바란다.

- 매주 일정 시간 학급에서 카드게임이나 보드게임을 하도록 한다. 모든 아이들이 순서를 지키고, 활동을 함께하며, 남의 말을 경청하고 대응하는 스킬을 배우고 익힐 수 있다. 뿐만 아니라 멋지게 승리하고 패배하는 법도 배우게 된다. 게임은 인지능력 발달에도 탁월한 효과가 있다. 규칙을 익히면서 동시에 상대를 이길 전략을 개발해야 하기 때문이다.
- 연극이나 역할극을 활용하여 다양한 사회적 상황을 연기해보도록 한다. 운동장에서 다른 아이들에게 게임을 같이 하자고 예의바르게 부탁하는 법, 또 다른 아이가 나에게 못되게 굴 경우 대처하는 법을 배울 수 있다. 역할극을 통해 다양한 사회적 상황을 접하고 각각 그에 맞게 반응

하는 방법을 연습함으로써 아이들의 뇌는 장차 그 같은 상황에서 어떻게 대처해야 할지를 학습하게 된다.

● 하루를 마무리하는 시간에 아이들에게 이야기를 읽어줄 때, 이야기 속 등장인물들이 처한 사회적 상황, 즉 그들이 겪고 있는 문제나 딜레마에 대해 함께 얘기를 나눠보도록 한다. 아이들에게 등장인물의 입장이 되어 스스로 "그 상황에서 너라면 어떻게 할 거니?"라고 물어보도록 한다. 아이들로 하여금 다른 사람의 관점이 되어보도록 하는 것은 매우 중요한 사회적 스킬인 공감능력을 발달시키는 데 핵심적인 역할을 한다.

유머와 게임

성공적인 부족교실을 만들려면 학교에서의 일상에 적절한 재미와 웃음을 녹여내는 것이 중요하다. 교사 스스로 너무 심각해지지 않는 게 좋다. 아이들과 함께 웃고, 자신을 위해서도 많이 웃을 기회를 찾는 것이 중요하다. 수업시간 내내 아이들을 웃기거나 농담을 하라는 말이 아니다. 유머 감각은 당신이 따뜻한 인간이라는 것을 보여주고, 아이들과 함께 웃는 가운데 모두를 포용하여 하나로 묶어 주는 힘이 있다. 다음에서 제시하는 세 가지 게임을 교실에서 시도해보자.

● 거짓말을 찾아라 : 이 게임은 서로를 알아가는 데 안성맞춤인 게임

으로 학년 초에 시도하면 좋다. 교사와 학생들은 자기 자신에 대한 거짓말 두 가지와 진실 하나를 종이에 적는다. 거짓말은 '나는 도널드 트럼프가 그려진 옷을 입고 달에 간 적이 있다.'와 같이 누가 봐도 뻔한 거짓말이 아니어야 한다. 학생들이 각자 자신에 대한 세 가지 '사실'을 읽어주면, 교사는 어떤 것이 거짓말인지 알아맞혀야 한다. 교사가 틀릴 경우에는 학급에 1점이, 교사가 맞힐 경우에는 교사에게 1점이 주어진다. 그 다음에는 학생들이 교사의 거짓말을 알아맞힌다. 이 게임은 많은 웃음을 선사하며 부족원들에 대해 많은 것을 알 수 있는 좋은 방법이다. 또 누가 거짓말을 그럴듯하게 잘하는지 파악할 수 있으며, 이를 통해 통찰력을 키울 수 있다. 이 게임은 연중 어느 때나 할 수 있지만 아이들이 서로를 잘 알게 될수록 서로를 속이기가 더 어려워질 것이다.

● 허그(hug) 전달 : 이 게임은 6세 아이들을 가르칠 때 만든 것으로 나는 여기에 '허그 전달'이라는 이름을 붙였다. 아이들은 눈을 감고 둥글게 원을 그리며 앉는다. 교사가 한 아이의 어깨에 손을 대면 그 아이는 옆에 있는 아이를 껴안는다. 이런 식으로 계속 허그가 전달되고, 처음 시작한 아이까지 차례가 돌아오면 그 아이는 '그만!'이라고 외친다. 그러면 아이들은 허그를 맨 처음 전달한 사람을 알아맞혀야 한다. 이 게임은 난이도가 높진 않지만 서로 안아주는 가운데 옥시토신 분비가 자극될 뿐만 아니라 아이들이 서로 껴안아 주는 것을 재미있어 하기에 만들게 되었다. 허그를 기대하는 아이들이 온 얼굴에 환한 미소를 띠고, 누군가 자신을 안아줄 때 킬킬거리며 웃는 모습은 정말 보기 흐뭇했다. 아이들은 종종,

수학수업 시작 전 같은 때 이 게임을 하자고 조르곤 했다. 일정이 바쁜 주의 마무리로 진행하기 좋은 게임이다.

● 바운스 버즈 : '피즈 버즈(Fizz buzz)'라는 수학게임을 내 식으로 변형시킨 것으로, 아이들과 함께 즐겨하는 또다른 인기 게임이다. 아이들은 원을 그리며 서서 크고 가벼운 탱탱볼을 가지고 게임을 시작한다. 원을 따라 공을 전달하며 아이들은 '하나'부터 시작해 순서대로 숫자를 말한다. 그러다 5의 배수에 도달하면 숫자를 말하는 대신 공을 한 번 튕기며 '바운스!'라고 외치고 옆 사람에게 공을 전달한다. 이어서 계속 숫자를 세다 10의 배수에 도달하면 숫자를 말하는 대신 공을 두 번 튕기며 '바운스 버즈!'라고 외친다. 만약 공을 튕기지 않거나, '바운스' 또는 '바운스 버즈'라고 말하는 대신 숫자를 말하는 식으로 실수를 하면, 원 밖으로 나가서 앉는다. 아이들이 게임에 익숙해지면 게임을 조금 더 어렵게 만들어볼 수 있다. 원을 따라 공을 무작위로 전달하도록 할 수 있는데(이때는 공을 잘못 전달하거나 떨어뜨리면 탈락이다), 바로 옆 사람에게는 공을 전달하지 못하게 하거나, 방금 전 자신에게 공을 던진 사람에게는 다시 던지지 못하게 하는 등의 규칙을 도입할 수 있다. 5의 배수 대신 3이나 6의 배수를 도입하여 게임을 변형하는 것도 가능하다.

'슈퍼스피드 바운스 버즈'로 단계를 올릴 수도 있다. 이때 아이들은 공을 잡아 다른 사람에게 아주 빠르게 전달하며 숫자나 '바운스 (버즈)'를 말해야 한다. 게임은 다섯 명이 남아 있을 때 끝날 수도 있고 한 명의 우승자가 남을 때까지 진행될 수도 있다. 이 게임의 장점은 빠르고 치열하며 재미있다는 것이다. 게임을 통해 아이들의 수학적 스킬 외에 던지기, 잡기, 신체조정 스킬 등이 향상된다. 또 이 게임은 수학을 뛰어나게 잘하지 못해도, 또 던지기나 잡기를 잘하지 못해도 누구나 승자가 될 수 있다는 장점이 있다. 만약 이 게임에 유난히 뛰어난 아이가 있다면 그 아이에게는 한 손을 뒤로 숨기고 한 손으로만 플레이하게 할 수도 있을 것이다.

유머와 게임은 중간중간 활력을 불어넣는 좋은 방법이다. 부족을 활기차게 만들어주고, 사기를 높이며 스트레스나 긴장을 줄여준다. 모든 교사가 자신의 교수법에 이러한 요소를 추가하기를 추천한다.

숙박 체험 및 야외 활동

아이들 내면의 부족 성향을 끌어내기에 적합한 또다른 방법으로 숙박 체험이 있다. 자연으로 둘러싸인 야외에서 많은 시간을 보내는 것으로, 카누나 암벽 등반, 요새 만들기(den building, 자연 속에서 나뭇가지, 잎사귀, 돌등의 자연 재료를 사용하여 작은 피난처나 보호소를 만드는 활동-옮긴이), 길찾기 활동(Orienteering, 지도와 나침반을 사용하여 지정된 지점들을 찾아가는 야외 활동으로, 주로 산악지나 숲 등 자연 환경에서 진행됨-옮긴이), 팀 단합대회 같은 다양한 야외 활동을 통해 진행된다.

이런 활동은 부족을 하나로 뭉치게 하고, 안락지대(comfort zone, 개인이 편안하고 익숙하게 느끼는 환경-옮긴이)를 벗어나 새로운 도전을 시도하게 만드는 이상적인 방법이다(안락지대에 대한 자세한 내용은 5장에서 다룬다). 이 체험을 통해 아이들은 왕성하게 신체 활동을 하고, 자연과 가까워질 뿐만 아니라 기존과 다른 새로운 방식으로 학습할 수 있게 된다. 아이들은 이런 체험에서 스스로에 대해 많은 것을 배우고, 이전까지 몰랐던 자신의 재능이나 내적 자원을 발견한다. 나도 그 전에는 미처 몰랐던 아이들의 새로운 면을 보게 된 적이 많다. 교실에서는 학업과 행동에서 어려움을 겪었던 아이들이 이 같은 여행에서 빛을 발하는 모습을 종종 볼 수 있다. 근처 개울로 연어를 잡으러 가겠다며 행진하고 있는 팀 모네 아이들의 모습을 떠올려보라. 나는 숙박 체험을 강력히 지지하며, 지금까지 진행한 체험들도 모두 즐거웠다.

만약 아이들이 이런 숙박 체험을 하기에 너무 어리거나-내가 인솔한 가장 어린 학급은 9세 반이었다- 예산상의 이유 등으로 숙박이 어려운 상황이라면, 당일치기로 야외 활동을 하는 것도 대안이 될 수 있다. 숲에서 로프 나무타기 체험이나, 그물망이나 짚와이어 같은 장애물을 통과하며 코스를 완주하는 체험을 할 수도 있다. 중요한 것은 아이들을 야외로 이끌어내어 그들의 사냥과 채집의 본성을 되살리는 것이다. 겁나는 장애물을 함께 헤쳐나가는 경험을 공유하면서 아이들은 부족 정신을 키우게 될 것이다.

아이들의 관점에서 부족교실은 어떤 느낌일까

나에게 연락해 온 교사 중 네덜란드에 있는 영국 국제학교의 교사 라이애넌 필립스 비앙코가 있다. 그녀는 자기 반 아이들의 팀 감각을 키우기 위해 많은 노력을 기울이고 있다. 아이들은 팀의 가치를 담은 팀 깃발을 만들고 매일 그 가치를 실천하려 노력한다. 그녀는 자신이 맡은 반의 아홉 살 아이가 쓴 글을 보내왔다. "사람들은 교실(class)이라고 하면 학교 안에 아이들이 모여 있는 방을 떠올려요. 하지만 내가 생각하는 우리 교실에는 그것보다 훨씬 더 많은 것이 있어요. 우리 반 아이들은 특별한 유대감이 있어요. 우린 서로 믿고 서로 도우며 함께 배워요. 서로에게 도움을 요청할 수 있다는 것도 알고 있죠. 우리 교실은 분명 아이들이 모여 있는 방 그 이상의 것이에요." 이 글이 부족교실에 속해 있는 아이들의 느낌을 완벽하게 표현했다고 생각한다.

- 인간은 본능적으로 부족의 성향을 가진 종이다. 우리 선조들은 가족적인 유대관계, 협력, 결속을 기반으로 한 부족 공동체로 살았다. 우리 또한 여전히 과거의 부족 공동체에 깊이 뿌리를 두고 있다.

- 부족교실은 아이들의 원시적인 사회적 본능을 활용하여 안전하고 보호받을 수 있는 학습 환경을 조성한다. 부족교실에서 아이들은 소속감을 느끼고, 위험을 감수하며 새로운 것을 시도하는 놀이와 탐험을 할 수 있다. 이는 학습을 위한 뇌를 활성화시키고 웰빙을 증진한다.

- 아동기 부정적 경험은 아이들의 웰빙과 학습능력을 저하시킬 수 있다. 그러나 믿을 수 있는 어른, 친구들의 지지, 꾸준한 스포츠 활동을 통해 회복탄력성을 키우고 정신건강이 악화되는 것을 예방할 수 있다.

- 교실에 부족 감각을 발전시키기 위해 좋은 팀의 가치와 특성에 대해 얘기를 나눈다. 각자의 팀 깃발을 만들고, 좋은 팀이 될 수 있도록 노력한다.

- 긍정적인 인사로 하루를 시작하고 마무리한다. 문제 행동이 있는 아이가 있다 해도 그 행동에 대처하는 방법을 찾아, 그 아이에게도 높은 기대와 관심을 가지고 있음을 보여주도록 한다.

- 일부 아이들의 경우 사회적 스킬을 직접적인 방식으로 가르쳐야 할 수도 있지만, 궁극적으로 가장 좋은 가르침은 원하는 행동을 모델로 제시하는 것이다. 교사가 부족의 지도자로서 보여주는 모범을 부족원들은 따를 것이다.

- 게임을 더 많이 활용하면 아이들과 즐겁게 놀면서 부족을 활기차게 만들고 하루를 유쾌하게 보낼 수 있다. 또 학교 일과 중에 발생하는 스트레스나 긴장을 줄이는 데도 도움이 될 것이다.

- 시간과 예산이 허용된다면 아이들 내면의 부족 성향을 이끌어낼 수 있도록 숙박 체험 기회를 갖도록 한다. 최소한 야외 활동만이라도 자주 하고 자연과 소통하도록 한다.

2장
마음챙김

최근 학교, 일터, 그리고 비즈니스에서 마음챙김 개입(mindfulness interventions)이 급증하는 추세다. 하지만 마음챙김이 실제로 이러한 기대에 부응하고 있는가? 이 장에서는 마음챙김이 무엇인지, 학생들에게 어떤 도움을 줄 수 있는지 알아보고, 교실에 도입할 수 있는 마음챙김의 진정한 실천 방안을 살펴본다.

만약 세상의 모든 여덟 살 어린이들에게 명상을 가르친다면

한 세대 안에 세계에서 폭력을 없앨 수 있을 것이다.

| 달라이 라마(Dalai Lama) |

서구사회에서 마음챙김의 기원

1970년대 후반 메사추세츠 의과대학의 진보적 의사 존 카밧-진(Jon Kabat-Zinn)은 만성 통증과 질병, 스트레스를 겪고 있는 환자들을 새로운 방법으로 치료하려는 실험을 하고 있었다. 현대 의학으로는 그 환자들이 겪는 극심한 고통을 줄여줄 방법이 없는 상태였다. 카밧-진이 개발한 'MBSR(Mindfulness Based Stress Reduction, 마음챙김 기반 스트레스 완화)'라는 8주 과정의 치료법은 환자들이 명상을 하며 마음챙김을 실천하고, 완전히 새로운 방식으로 자신의 생각, 감정, 신체 감각에 주의를 집중하는 것이었다. 놀랍게도 이 치료법은 환자들에게서 상당한 정도의 긍정적 효과를 거두었고, 환자들은 마침내 건강을 어느 정도 회복하고 마음의 평화를 얻게 되었다. 본래 마음챙김은 2500년 전 불교의 교리 및 아시아의 전통적인 명상으로부터 비롯되었지만 카밧-진의 MBSR 과정은 종교와 전혀 무관한 것이었고, 이후 서구사회에서 마음챙김 기반의 강의 및 개입(intervention)이 폭발적으로 증가하는 계기가 되었다. 여기에서 나온 변형된 치료법 중 하나가 재발성 우울증을 겪는 사람들을 치료하기 위한 'MBCT(Mindfulness Based Cognitive Therapy, 마음챙김 기반 인지

치료)'이다.

MBSR과 MBCT가 오늘날 서구사회에서 주류 문화로 인식되고 거부감 없이 받아들여지게 된 것은 초월적 명상가나 영적인 수행자가 아닌 의사와 과학자들에 의해 의학 분야에 도입된 영향이 크다. MBSR 과정은 이제 전 세계적으로 다양한 임상시험과 연구의 대상이 되고 있다. 옥스퍼드대학교는 2008년부터 마음챙김을 가르치고 연구하기 위해 별도의 기관인 옥스퍼드 마인드풀 센터(Oxford Mindfulness Centre)를 설립했다. 영국보건의료연구원(National Institute of Health and Care Excellence, NICE)에서는 2004년에 우울증 환자를 치료하기 위해 MBCT를 권장한 바 있는데, 2009년부터는 권장사항에서 상향조정되어 현재는 '주요 우선순위'로 지정된 상태이다. 심지어 영국 의회 내에는 마음챙김에 초점을 두고 운영되는 전문그룹(Mindfulness All Party Parliamentary Group, MAPPG)까지 있을 정도다. 2014년에 설립된 이곳은 마음챙김의 근거와 최선의 실행 방안들을 검토하고 이를 바탕으로 정책을 결정하는 역할을 해오고 있다. 국가적, 국제적으로 많은 시간과 노력, 자금이 마음챙김에 투입되고 있는 상황을 놓고 볼 때, 이제 마음챙김은 문화적 주류로 확고히 자리잡았으며 잠시 지나치는 유행이 아니라 오랫동안 함께할 문화적 현상임이 분명하다.

마음챙김이란

마음챙김은 최근 교육 분야에서도 많은 관심을 받고 주류로 자리잡아가고 있다. 그러나 일부 마음챙김 수행자들은 이런 현상에 우려를 표한다. 이른바 맥마인드풀니스(Mcmindfulness, 자본주의와 영합해 상품으로 전락한 마음챙김을 비유적으로 표현한 것-옮긴이)가 양산되고, 제대로 된 훈련이나 배경에 대한 이해가 부족한 교사들에 의해 그런 것들이 쉬운 해결책으로 도입되고 있다는 것이다. 교사들이 수업에서 명상을 가르치는 것은 좋지만 정작 마음챙김이 무엇인지는 제대로 알지 못한다는 비판을 받고 있다.

마음챙김에 대한 간결하면서도 가장 좋은 정의는 2015년에 MAPPG에서 낸 보고서인 「마음챙김의 나라, 영국(Mindful Nation UK)」에서 찾아볼 수 있는데, 그 내용은 다음과 같다.

> 마음챙김이란 지금 이 순간 마음, 몸, 외부 환경에서 일어나는 것에 대하여 온화하고도 호기심 어린 태도로 주의를 기울이는 것으로, 주로 간단한 일련의 명상 수행을 통해 이루어진다. 명상을 통해 내면의 사고, 감정, 행동 패턴에 대해 더 깊이 인식하고, 공감(compassion)의 마음과 발전된 스킬로 사고, 감정, 행동을 다스리는 역량을 키우는 것이다. 이는 삶에서 맞닥뜨리는 어려움에 대처하고 대응하는 데 있어서 선택의 폭을 넓히고 역량을 키워주어, 웰빙과 정신건강을 증진하고 자신과 타인을 배려하는 삶을 살도록 해준다(MAPPG, 2015, p.13).

간단히 말하면 마음챙김이란 '지금, 여기서 일어나고 있는 것을 인식하는 일'이다. '마음을 챙긴다(be mindful)'는 것은 릭 핸슨(Rick Hanson)에 의하면 '주의를 잘 조절하는 일, 즉 주의를 원하는 곳에 두고, 원하는 만큼 머무르게 하며, 다른 곳으로 옮기고 싶을 때 그렇게 할 수 있는 것'이다(Hanson, 2009, p.177). 쉽게 할 수 있는 일이라고 생각할지 모르지만, 사실 우리 마음은 우리가 원하는 곳에만 머물지 않는다. 과거의 기억을 끌어올리기도 하고, 미래로 성급히 이동하기도 하며, 가끔은 바로 지금 일어나는 것도 제대로 받아들이지도 못한다. 이렇게 볼 때 마음챙김이란 주의 및 감정을 조절하는 부위를 강화하는 일종의 뇌훈련이라고도 말할 수 있다.

자동조종과 마음의 방황

우리에게는 습관을 통해 일상의 삶에서 많은 부분을 자동으로 수행하는 놀라운 능력이 있다. 만약 반복을 통해 자연스레 익히는 이 능력이 없다면, 우리는 매일 아침마다 어떻게 옷을 입는지 기억해내려고 애써야 할 것이다. 자동조종(autopilot) 모드가 되면 차를 운전하거나 음식을 먹는 일을 '자동으로' 수행하면서 마음은 자유롭게 다른 것들에 대해 생각할 수 있다(쉬는 시간에 아직 준비하지 못한 다음 수업에 대해서 생각하는 것처럼 말이다). 그러나 자동조종 모드에만 너무 기대다 보면, 바로 지금 내가 무슨 일을 하고 있고 내 주변에서 어떤 일이 일어나고 있는지 제대로 인식하지 못한 채 인생 대부분을 살아가게 되고 만다. 감사를 전하는 학생들의 미소나 기분 좋은 여름날 미풍처럼, 작지만 삶을 풍요롭게 만드는 많은 순간들을 놓칠 수 있다.

자동조종 상태에서 우리는 종종 '마음의 방황(mind-wandering)' 상태를 겪는다. 이는 우리가 지금 하고 있는 일에 집중하지 못하는 상태를 말한다. 하버드대학교의 심리학자 매튜 킬링스워스(Matthew Killingsworth)와 다니엘 길버트(Daniel Gilbert)가 수행한 연구 결과, 사람들은 평균적으로 깨어 있는 시간의 약 47퍼센트를 마음의 방황 상태로 보내고 있다(Killingsworth & Gilbert, 2010). 중요한 것은 이러한 방황 상태가 우리의 정신을 고갈시키고 행복 수준을 저하시킨다는 사실이다. '사람의 마음은 방황하고 있으며, 방황하는 마음은 불행하다.'(p.932) 여러 연구에서 마음챙김 명상은 이같은 마음의 방황 상태를 해결하는 데 효과적이라는 사실을 보여주고 있다. 마음챙김 명상은 뇌의 특정 부위를 강화함으로써 지금 이 순간에 집중하게 하고 주의조절 능력을 키운다.

마음챙김 명상의 효과

마음챙김에 관한 가장 흥미로운 사실 중 하나는 마음챙김이 우리 뇌를 실질적으로 변화시킬 수 있다는 것이다. 신경과학자들은 자기공명영상(MRI) 및 뇌전도(EGG) 검사 등을 통해 마음챙김 명상을 할 때 뇌에서 무슨 일이 일어나는지 살펴보았다. 이 분야의 저명한 연구자 중 한 명인 리처드 데이비슨(Richard Davidson) 교수는 화를 내거나 상처받고 걱정, 우울 등에 빠져 있는 사람의 뇌를 관찰한 결과 뇌의 오른쪽 전전두피질(prefrontal cortex)이 활성화되는 것, 즉 이 부분의 뉴런들이 발화된다는 것을 발견했다. 반면 긍정적인 기분일 때, 즉 기쁨이나 열정을 느낄 때나 명랑할 때는 왼쪽 전전두피질이 더 활발하게 활성화되었다(Davidson, 2004).

데이비슨과 카밧-진은 생명공학 종사자들을 대상으로 8주간 MBSR 과정에 참여하게 한 다음 그들의 뇌에 어떤 변화가 일어났는지 관찰하는 협력 연구를 수행했다(Davidson et al., 2003). 결과는 놀라웠는데, 대조군과 비교할 때 실험 참가자들의 왼쪽 전전두피질 쪽의 활성화가 상당 수준 증가했고, 참가자들도 행복도가 올라가고 스트레스가 훨씬 감소했다고 답했다. 또한 이들에게 독감 예방접종을 실시한 결과, MBSR 과정 참가자들의 혈액 내 항체가 대조군에 비해 훨씬 더 많이 증가한 것으로 나타났다. 이는 예상하지 못했던 반응이었다.

투쟁-도피 반응

뇌에는 편도체(amygdala)라고 부르는 작지만 강력한 기능을 담당하는 부위가 있다. 위험을 감지하거나 불안, 두려움을 느끼면 편도체가 활성화되어 위험에 맞서 싸우거나 또는 도망가도록 준비시킨다. 편도체는 인간의 뇌에 보존된 '원시적' 부분으로, 사냥과 채집으로 살아가던 시대에 생존을 위해 중요한 역할을 담당했지만(자세한 내용은 3장에서 설명한다), 동시에 위험을 인식하는 방식이 너무 단순할 수도 있음을 뜻한다. 예를 들어 사나운 개가 공격하려고 할 때 느끼는 실제 위험과 마감기한이 다가온다는 생각에서 비롯되는 가상의 위험 간의 차이를 편도체는 구별하지 않는 것이다. 그래서 두 가지 경우에 똑같은 방식으로 대처함으로써 몸을 스트레스 반응 상태로 준비시키는데, 이것을 '투쟁-도피 반응(fight or flight response)'이라고 한다.

이 스트레스 반응의 작동 방식은 다음과 같다. 편도체는 위험을 감지하면 몸의 다른 부분들로 신호를 보내 '맞서 싸우거나 도망치도록' 준비시킨다. 즉 심장 박동이 빨라져 근육으로 더 많은 혈액과 산소가 공급된다. 부신(adrenal gland, 좌우 콩팥 위에 자리한 내분비기관-옮긴이)에서는 스트레스 호르몬인 코르티솔(cortisol)을 혈액으로 분비하는데, 이는 우리 몸을 극도로 예민하게 만든다. 이 상태에서는 면역체계가 제대로 기능하지 못하고, 학습능력에 지장이 생기며, 편안히 휴식을 취할 수 없게 된다. 심리치료사 수 거하트(Sue Gerhardt)는 코르티솔의 이러한 기능을 두고 마치 신체기관을 향해 "친구들아, 지금 당장 하고 있는 일을 모두 멈춰! 비상상황이야! 하찮은 감기 따위와 싸울 때가 아냐! 새로운 경로를 학습하거나 연결하는 데 시간 낭비하지 마! 긴장하라고! 지금은 이 문제에 온 주의를 집중해야 해!"라고 외치는 것 같다고 말한다(Gerhardt, 2014, pp.61-62). 실제 위험 상황에서 이는 우리가 위험에서 탈출하고 생존할 수 있게 해주는 매우 효과적인 기제다. 위험이 사라지면 몸은 다시 정상 상태로 돌아가고, 과도하게 분비된 코르티솔은 몸으로 다시 흡수되며 빨라졌던 심장 박동이 정상화되고 생각도 명료해진다. 하지만 매번 그렇게 되는 것은 아니다. 만약 위험을 느껴 스트레스를 받는 상황이 계속될 경우, 스트레스 반응이 지속되어 코르티솔의 분비도 계속된다. 과도하게 또는 불필요하게 분비된 코르티솔은 뇌와 신체에 손상을 끼칠 수 있고 심할 경우 뇌세포를 파괴하기도 한다(Davidson & Begley, 2012).

가정이나 학교 생활의 일상적인 스트레스 때문에 많은 학생들이 대부분 시간을 '투쟁-도피 반응' 모드로 생활하고 있다. 숙제를 안 해서 벌 받을 것을 걱정하고, 수학 시험을 앞두고 시험 준비를 제대로 못해서 낙제할까 봐 걱정하는 상태가 지속된다면 이 학생들의 편도체는 실제로 생존에 위험한 상황이 아님에도 활성화되어 있을 것이다. 이토록 예민한 긴장 상태가 오래 지속되면 사람은 기진맥진하게 된다. 더 자주 병에 걸리고, 학습에 어려움을 겪으며, 삶에서 맞닥뜨리는 역경에 대응할 내적 자원이 부족하다고 느낄 수 있다. 여기서 조심하지 않으면 극도의 불안과 우울을 겪게 된다.

불안, 우울, 그리고 마음챙김

그렇다고 상황이 아주 비관적인 것만은 아니다. 최근의 많은 연구들은 마음챙김이 우리가 일상생활에서 점점 더 증가하는 스트레스를 관리하는데 실제로 도움이 된다는 것을 보여주고 있다.

마음챙김 기반 개입 분야의 선도적 전문가인 영국의 마크 윌리엄스(Mark Williams) 교수는 MBCT를 개발한 세 명의 과학자 중 한 명이다. 앞에서 소개했듯이 MBCT는 카밧-진의 MBSR 과정을 활용하여 불안과 우울증을 겪는 환자들을 치료하는 방법이다. 윌리엄스와 동료들은 MBCT가 우울증에 걸릴 확률을 크게 줄여 준다고 보고했다(Williams & Penman, 2011). 특히 인상적인 점은 이전에 세 번 이상의 우울증 발작을 겪은 사람들에게서도 재발 가능성이 40~50퍼센트 가까이 낮아졌다는 것이다. 또다른 연구에서는 우울증 환자들을 대상으로 항우울제 복용을 중단하고 8주간 MBCT 과정에 참여하도록 했는데, 이들은 항우울제를 계속 복용한 집단과 비교할 때 비슷하거나 더 나은 결과를 보여주었다.

마음챙김은 어떻게 스트레스, 불안, 우울증 개선에 이처럼 긍정적인 영향을 미치는 걸까? 그것은 규칙적으로 명상을 할 때 일어나는 뇌의 물리적 변화와 주로 관련이 있다. 앞에서 언급한 실험에서 알 수 있듯이 마음챙김 명상을 하면 부정적인 생각 및 감정을 처리하는 오른쪽 전전두피질의 활성화가 감소한다. 부정적인 생각이나 걱정이 스트레스 반응을 유발하는 원인이 된다면, 그런 생각을 덜할수록 '투쟁-도피' 기제로 반응할 가능성도 그만큼 줄어들 것이다. 또한 데이비슨은 마음챙김이 뇌에서 새로운 신경 연결을 촉진하여 스트레스에 대한 대응 방식을 바꿀 수 있다고 보았다. 스트레스 상황에서 뇌의 전전두피질로부터 편도체로 전달되는 스트레스 신호가 줄어들기 때문이다(Davidson & Begley, 2012). 실제로 숙련된 명상 수행자의 경우 전반적으로 편도체 활동이 줄어들었다는 연구 결과도 있다. 이러한 변화는 시간이 지날수록 우리의 회복탄력성을 높이고, 스트레스에 압도되지 않고 그에 적절히 대처하는 능력을 높일 수 있다.

아동 및 청소년 대상 마음챙김 연구

앞에서 언급한 연구들과 관련하여 주의할 점이 있는데 이 연구들 모두가 성인을 대상으로 진행되었다는 점이다. 그러나 성인 대상의 연구에서와 마찬가지로 아동 및 청소년 대상의 연구에서도 마음챙김이 긍정적인 영향을 미친다는 연구 결과가 점점 더 많이 보고되고 있다.

한 연구에서는 다양한 정신건강 문제를 지닌 4세에서 18세까지 102명을 대상으로 8주간의 MBSR 과정을 실시했다. 참가자들은 불안, 우울, 스트레스 증상이 상당히 감소하고 자아존중감과 수면의 질이 향상되었다. 3개월간 이 과정을 수행한 아이들은 그렇지 않은 아이들에 비해 불안과 우울 수준이 뚜렷이 개선되었다(MAPPG, 2015). 마음챙김과 관련해 '연습은 진전을 가져온다'는 말은 정말로 맞는 말이다. 또다른 연구는 2013년에 윌렘 쿠이켄(Willem Kuyken) 교수가 진행한 것으로, 십대 청소년들을 대상으로 마인드풀니스 인 스쿨즈 프로젝트(Mindfulness in Schools Project, MISP, 마음챙김 교육을 활성화하기 위해 2009년에 영국에서 설립된 비영리단체-옮긴이)에서 개발한 마음챙김 개입 과정에 참여하게 했다. 그는 이 과정을 수료한 청소년들의 우울증과 스트레스 수준이 현저히 낮아졌고 웰빙 수준은 높아졌다고 보고했다(Kuyken et al., 2013).

이에 더하여 인지신경과학자인 두사나 도르제(Dusana Dorjee)는 뱅거대학교 재직 당시 초등학교 아이들을 위한 마음챙김 과정인 Paws.b(MISP에서 개발한 어린이 대상의 교육과정-옮긴이)의 영향을 연구한 바 있다. 연구 결과에 따르면 초등학교에서 마음챙김 개입은 아이들의 부정적 감정을 줄이고 메타인지(자신의 생각을 인식하는 높은 차원의 사고능력)를 개선하는 데 유의미한 효과가 있었다(Vickery & Dorjee, 2016). 최근 도르제는 6학년 아이들을 대상으로 한 연구에서 마음챙김이 아이들의 감정조절 능력을 향상시켜 준다고 보고했다(Hutchinson et al.,2018). 나역시 초등학교 교사로서 마음챙김 연구 프로젝트에 참여한 경험이 있다. 포츠머스대학교 심리학과의 에밀리 메인(Emily Main)이 주도한 연구였는데, 실험집단은 대조군 집단과 비교할 때 마음챙김 개입과 감정조절 간에 의미 있는 상관관계를 보여주었다(Main, 2017).

케임브리지대학교 인지뇌과학부의 대런 더닝(Darren Dunning) 박사는 마음챙김 기반 프로그램이 아동 및 청소년의 인지능력과 정신건강, 행동을 개선시키는 데 영향을 미치는지 살펴보기 위해 무작위 대조시험 메타분석(참여자들을 무작위로 여러 개의 개입그룹과 대조그룹으로 나눈 뒤, 각각의 결과를 비교 분석하여 결론을 도출하는 방법-옮긴이)을 실시했다(Dunning et al., 2022). 연구 결과, 마음챙김을 수행한 개입그룹은 아무런 개입이나 치료를 받지 않은 수동적 대조그룹에 비해 불안, 스트레스, 부정적 행동이 줄었고 주의력, 실행기능(executive functioning), 사회적 행동이 향상되었다. 또 마음챙김 외에 다른 치료를 받는 능동적 대조그룹과 비교해서는 불안과 스트레스 감소에서만 긍정적인 영향이 나타났다. 이러한 결과를 통해 더닝 박사는 마음챙김 훈련이 불안과 스트레스 개선에 희망적이라 결론짓고, 향후 연구에서는 어린 학생들을 참여시켜 흥미롭고 참여하기 쉬운 마음챙김 프로그램을 개발할 필요가 있다고 말했다.

MYRIAD 프로젝트

2022년에 중고등학교 대상의 마음챙김 기반 개입 효과를 조사한 대규모 무작위대조시험 결과 하나가 발표되었다. MYRIAD 프로젝트(My resilience in adolescence의 약자로 영국 대학 교수들이 주축이 되어 마음챙김 개입이 청소년의 정신 건강에 미치는 영향을 조사한 연구-옮긴이)에서 주관한 이 조사는 약 2만 8천 명의 청소년, 100개 이상의 학교, 그리고 650명의 교사를 대상으로 6년에 걸쳐 이루어졌다. 결과를 두고 BBC와 같은 언론매체에서는 다음과 같은 제목의 보도를 내보냈다. "학교의 마음챙김 수업, 청소년에게 효과 없다는 연구 결과 나와"(Roberts, 2022). 하지만 이는 전체적인 조사 결과를 제대로 파악하지 못한 것으로, 실제로 MYRIAD 프로젝트의 조사 결과는 다음과 같다.

마음챙김 개입의 긍정적인 면

• 마음챙김은 학교 분위기 개선에 도움이 되는 것으로 보이며 학교 분위기 개선은 학생들의 정신건강 증진으로 이어진다.

• 마음챙김 훈련을 받은 교사들은 웰빙 수준이 향상되었고 번아웃을 덜 겪었다.

• 마음챙김의 효과가 가장 크게 나타난 학생들의 경우, 학교에서만이 아니라 학교 밖에서도 마음챙김을 하고 있었다.

• 교사가 마음챙김을 잘하는 경우, 가르치는 학생들도 마음챙김을 더 많이 실천했고 정신건강이 향상되었다.

마음챙김 개입의 부정적인 면

• 80퍼센트 이상의 학생들은 수업시간 외에는 마음챙김에 참여하지 않았다.

• 기존의 PSHE(Personal, Social, Health and Economic Education, 영국 학교에서 제공되는 인성 및 사회정서 교육 프로그램-옮긴이)와 비교할 때 마음챙김 수업의 효과는 전반적으로 크지 않았다.

• 마음챙김은 중고등학교에서는 효과적으로 시행하기 어려운 것으로 보인다.

• 마음챙김 수업은 이미 정신건강 문제를 겪고 있는 청소년에게는 그다지 도움을 주지 못했다.

이 조사가 시사하는 바는 무엇일까? 훌륭한 교수법에 대해 조사 결과가 강조하는 것은 우리가 이미 알고 있는 내용과 별반 다르지 않다. 뛰어난 교사들이 높은 수준의 교육과정을 제공할 수 있게 하려면 교사를 대상으로 하는 양질의 교육이 중요하다는 것, 그리고 모든 학생에게 적합한 교수법이란 없다는 것이다. 또 학생들에 대해 잘 파악하고 있어야 학생들에 맞게 교육과정 및 교수법을 조정하여 학생들에게 부정적 영향을 끼치지 않고 적극적인 참여를 유도할 수 있다는 것도 확인할 수 있다. 끝으로 뭔가를 통해 향상되고자 한다면, 꾸준하고 규칙적인 연습이 필수적이라는 것이다.

좋은 교사들은 하루 일과 중에 항상 조용히 명상하는 시간을 두고 아이들이 가만히 생각할 시간을 갖도록 했다. 그러나 학교가 여러 가지 압박과 시험에 매달리게 되면서 이런 명상의 시간은 점점 자리를 빼앗기고 있다. 학교에서 이 시간을 학습시간 낭비로 여기기 때문이다. 다음은 아이들의 학습과 정서적 웰빙을 지원하기 위해 하루 일과 중에 명상의 시간과 마음챙김을 실천할 수 있는 유용한 방법들이다.

교실에서 마음챙김 실천하기

교실에서 마음챙김을 실천하는 가장 좋은 방법은 교사 스스로 마음챙김을 일상화하는 것이다. 내가 마음챙김을 처음 접한 것은 교사로 일하기 시작한 첫 해였다. 당시 나는 극도로 스트레스가 심한 상태였다. 대학의 연구 프로젝트와 온갖 마감을 감당해야 했고 활달하기 짝이 없는 열 살 아이들을 가르치면서 대체 무엇을 어떻게 가르쳐야 할지 모르는 상황에 봉착해 있었다. 이때 영국정신건강재단(Mental Health Foundation UK)에서 주최한 온라인 마음챙김 과정 ᑫᖇ 2-01 을

4주간 수강할 기회가 있었다. 과정을 시작하기 전 스트레스 테스트를 시행한 결과 나의 스트레스 지수는 최대 40점 중 21점, 즉 평균인 23점보다 약간 낮은 상태로 나왔다. 솔직히 나는 내 상태가 평균 수준이라는 사실에 더 놀랐다. 밤에 잠을 못 이룰 만큼 힘들었고, 식욕이 없어졌고, 학교로 출근하는 것이 두렵지 않은 날이 거의 없었다. 마크 윌리엄스(Mark Williams)에 따르면 1950년대에 '만성 스트레스'로 판정되던 수준이 현재는 일반적인 스트레스 수준이라고 한다(Williams & Penman, 2011, p.52). 안타깝게도 이 정도의 만성적 스트레스는 현대인에게는 일반적인 수준이 된 것이다.

4주간의 마음챙김 과정을 마친 후 나의 스트레스 지수는 놀랄 만큼 개선되었다. 나는 마음챙김 과정-8주짜리 MBSR 과정의 축약판이라고 할 수 있다-을 수강하는 동안 매일 명상을 하며, 나의 몸을 스캔하고 마음챙김을 위한 동작을 수행했다. 몸을 스캔한다는 것은 신체 여러 부분을 천천히 응시하면서 각 부분에 주의를 기울이고 무슨 감각이 느껴지는지 관찰하는 것이다. 마음챙김 동작은 주로 '하타 요가(hatha yoga)' 수련법에 기반하여, 몸을 천천히 의도적으로 움직이면서 몸이 움직이는 대로 자신의 몸에 완전히 집중하는 것이다. 그때그때 떠오르는 긍정적, 부정적 생각과 내가 느끼는 감정을 기록하는 시간도 가졌다. 과정을 수료할 무렵 스트레스 테스트를 다시 실시한 결과 스트레스 지수가 이전보다 66퍼센트나 줄어들었다. 수면의 질이 좋아졌고, 식욕도 회복되었으며, 무엇보다도 가르치는 일이 즐거워지고 내가 느끼는 행복도가 높아졌다. 이런 결과는 여러 연구들을 통해 입증된 것이기도 하다. 마음챙김은 학생들을 가르치는 일에 어쩔 수 없이 따르는 복잡다단한 요구에 대처하기 위해 교사들에게 반드시 필요하다. 교사들을 대상으로 하는 마음챙김 개입 연구들을 체계적으로 조사하여 황윤석은 마음챙김이 교사들의 스트레스 및 번아웃 감소와 웰빙 개선에 도움이 됨을 밝혔다(Yoon-Suk Hwang et al., 2017). 그가 내린 결론은 '마음챙김은 거듭할수록 더 잘하게 된다'는 것이다.

교사들에게 내가 해주고 싶은 조언은 먼저 직접 마음챙김을 시도해보라는 것이다. 마음챙김을 해서 손해볼 것은 없지 않겠는가. 이는 어느 정도 진정성의 문제이기도 하다. 교사 자신이 스트레스에 휩싸여 학교 생활을 안달복달한다면, 아이들에게 차분히 자신을 들여다보라고 지도하기 힘들 것이다. MISP의 디렉터인 클레어 켈리(Claire Kelly)는 이렇게 말한다. "만약 교사가 스스로의 삶에서 마음챙김을 실천하지 않는다면 아이들도 곧바로 알게 될 것입니다. 완벽하게 마음챙김 수업을 마친 교사가 복도에 놓인 복사기를 발로 걷어차고 있다면 말이죠."(Jenkin, 2014)

| 마음챙김에 대한 아이들의 반응

아이들과 함께 명상을 실천해 본 경험을 토대로 말하면, 아이들과 학부모 모두로부터 긍정적인 반응을 얻었다. 다음은 내가 가르쳤던 아이들로

부터 받은 피드백이다.

- 기분이 편안하고 아무도 나를 야단치지 않을 것 같아요. (모지드, 6세)
- 기분이 정말 좋아요. 머리가 쉬는 느낌이에요. (낸시, 7세)
- 행복해요. 마음이 아주 편안해졌어요. (덱스터, 6세)
- 아침에 많이 졸린데 마음챙김이 나를 깨워줘서 좋아요. (라라, 7세)
- 불안하거나 잠을 못 잘 때 마음챙김이 도움이 돼요. (올리비아, 9세)
- 명상을 하면 하루가 평온해지고 나도 따라 평온해져요. (제이미, 9세)
- 명상하는 게 좋아요. 공부하는 데 도움이 돼요. (루시, 8세)
- 집에서 숙제하기 힘들 때 도움이 돼요. (자크, 9세)
- 마음이 차분하고 편안해져요. 세상에 걱정이 없는 것 같아요. (윌리엄, 9세)

시간이 지나면서 아이들은 시키지 않아도 스스로 명상을 하게 될 것이다. 밤에 명상을 하는 것이 잠드는 데 도움이 된다고 말하는 아이들도 많았다. 학부모들로부터도 아이들이 명상을 시작한 후로 긍정적인 변화가 보인다는 말을 자주 듣는다.

물론 모든 아이들이 다 명상을 좋아하지는 않을 것이다. 조사 결과 실제로 30명 정원인 한 반에서 3명의 아이들은 명상이 지루해서 싫다고 말했다. 그러나 나머지 27명의 아이들이 명상을 통해 평온한 마음을 기를 수 있다면, 이러한 분위기가 교실 전체로 확산되어, 명상에 참여하지 않는 아이들까지 포함하여 모두가 혜택을 받게 될 것이다. 명상은 아침을 시작하는 아주 좋은 방법이며 하루 중 어느 때나 해도 좋다.

매일 아침 2학년인 우리 반은 '마음챙김 1분(mindful minute)'으로 하루를 시작합니다. 우리 몸과 기분, 마음(mind)이 어떤 상태인지 알아보는 시간이죠. 스카일라는 외국에서 우리 학교로 전학온 지 얼마 안 된 아이였어요. 그래서 학년 초에 왜 '마음챙김 1분'이란 시간을 갖는지, 이 시간을 통해 무엇을 점검해야 하는지에 대한 설명을 못 들었어요. 스카일라가 '선생님, 마음챙김 시간을 왜 하는 거죠? 마음챙김(mindful)이 뭐예요? 혹시 마음(mind)이 무언가로 꽉 찬(full) 상태를 말하나요? 왜냐면 제 마음은 항상 온갖 것들로 꽉 차 있거든요.'라고 물었을 때 나는 마음챙김을 통해 아침에 자신이 어떤 기분인지 알 수 있고, 하루를 어떻게 보낼지 결정할 수 있게 해 준다고 설명했습니다. 마음챙김의 의미에 대해서는 시간이 지나면 연습을 통해 조금씩 이해하게 될 거라고 말해줬어요. 그리고 스카일라가 앞으로 떠나게 될 자기 발견의 여정을 보여주는 포스터를 함께 봤습니다.

첫 학기를 보내는 동안 스카일라는 항상 '마음챙김 1분' 시간에 열정을 갖고 주도적으로 이끌었어요. '마음챙김 1분'의 시작을 알리는 종을 두드려 줄 자원봉사자로 나서기도 했고, 호흡법을 선택하는 걸 도와주거나 자신만의 창의적인 방법을 제안하기도 했지요. '학부모의 밤' 행사에서, 두어 달 동안의 마음챙김 시간이 스카일라에게 어떤 영향을 미쳤는지 알 수 있게 되었어요. 부모님과 함께 있는 자리에서 스카일라에게 자신의 강점과 향상된 점에 대해 말해 달라고 했지요. 스카일라는 마음챙김을 배우면서 과제를 할 때 더 잘 집중할 수 있게 되었고, 악몽을 꿀 때마다 '용'과 '별' 호흡법을 사용해 마음을 진정시키는 데 도움을 받았다고 자신 있게 말했습니다. 스카일라의 부모님도, 저도, 이 지혜롭고 자신감 넘치는 여섯 살짜리 아이를 보며 미소짓지 않을 수 없었습니다.

- 캣 피터슨, 서아프리카 국제학교 교사

명상 지도

아이들에게 처음으로 명상을 지도할 때는 기대치를 현실적인 수준에 맞춰야 한다. 아이들은 몸을 배배 꼬거나 뒤척이며 산만하게 굴겠지만 그래도 괜찮다. 명상은 아이들에게는 새로운 스킬이기에 익숙해지기까지 시간이 걸린다. 마음챙김에는 잘하고 못하고가 없다는 것을 알려줄 필요가 있다. 주의가 산만해져 계속 딴 생각을 하는 것 때문에 속상해할 수 있다. 하지만 자신이 딴 생각을 하고 있다는 것을 스스로 인식하는 것, 바로 그것이 명상이다. 그것이 명상의 핵심 포인트다! 마음챙김 명상에 대한 몇 가지 잘못된 속설을 바로잡는 것도 도움이 될 것이다. 명상은 생각을 멈추려고 애쓰는 것이 아니다. 그건 불가능하다. 그저 나 자신의 생각에 대해 더 많이 인식하고, 내가 원할 때 그 생각을 놓아주는 것이다. 어떤 생각이 마음 속에 떠오르면, 그 생각을 인지한 다음 마치 하늘에 떠다니는 구름을 보듯 그 생각들이 지나가는 것을 지켜보는 일이다. 아이들은 생각하는 것이 다 실재하는 것이 아니므로 떠오르는 생각을 그대로 받아들일 필요는 없다는 놀라운 깨달음을 얻게 될 것이다. 마지막으로 짚고 넘어갈 것은, 마음챙김의 목표가 평온하고 이완된 상태에 도달하는 것이 아니라는 것이다. 이완은 마음챙김에 부수적으로 따라오는 긍정적인 효과일 뿐 목표는 아니다.

아이들과의 명상에서는 교사의 태도가 매우 중요하다. 유쾌하고 친절한 마음가짐을 갖도록 노력하라. 아이들에게 마음챙김이 어떤 것인지 느껴보게 하는 것이 목표이므로, 너무 무리한 나머지 아이들이 오히려 마음챙김에 흥미를 잃어버리지 않도록 주의한다. 명상이 계획대로 진행되지 않더라도 문제될 건 없다. 내일 또 하면 되니 말이다. 한번은 순조롭게 듣기 명상을 하던 중에 한 아이가 실수로 방귀를 뀌고 말았다. 그 아이가 웃음을 터뜨리자 나와 다른 아이들도 한바탕 크게 웃었다. 결국 그날은 '웃음 명상'으로 진행되었다. 아이들이 명상을, 해야 할 과제가 아닌 즐거운 경험으로 생각하게 하는 것이 중요하다.

교실에서 명상을 진행할 때 참고할 만한 내용을 소개한다.

- 자세 : 학생들이 힘차고 자신감 있는 자세를 취하도록 한다. 앉거나

서 있거나 상관 없지만 등은 곧게 세우고 어깨는 긴장을 풀도록 한다. 마치 왕좌에 앉은 왕이나 여왕처럼 흐트러짐 없이 위엄 있는 태도로 말이다.

- 눈 : 감거나 아래쪽을 바라보게 한다.
- 손 : 무릎이나 허벅지에 편안히 얹어 두도록 한다.
- 세 번 심호흡하기 : 세 번 크게 심호흡을 해서 폐를 공기로 가득 채운다. 코로 들이마시고 입으로 내쉬도록 한다. 이렇게 하면 몸의 순환이 편안하게 이루어진다.
- 호기심 어린 너그러운 태도 : 명상이 진행되는 동안 자신이 무엇을 깨닫게 될지에 대해 호기심을 갖도록 유도한다. 마음이 여러 가지 생각으로 어지럽더라도 너그러운 마음으로 자신을 대하도록 한다.
- 싱잉볼(singing bowl, 명상에 사용되는 얇은 금속제 그릇 형태의 악기-옮긴이) : 나는 명상을 시작하고 끝낼 때 싱잉볼을 울려 신호한다. 이것은 기분 좋게 명상을 시작하고 끝마칠 수 있게 해준다. 아이들에게도 차례대로 싱잉볼을 울릴 기회를 줘서 이것도 명상의 일부라고 느끼게 한다. 싱잉볼 외에 종이나 기도용 벨을 사용해도 좋다.
- 규칙적인 명상 : 가능하면 매일 정해진 시간에 하도록 한다. 하루를 시작하는 데도 도움이 되므로 아침에 하는 것이 가장 좋다. 규칙적인 일과가 되면 잊지 않고 매일 할 수 있다.
- 짧고 기분좋게 : 처음에는 1~2분 정도로 시작해서 점차 시간을 늘려나간다.
- 포용력 있게 : 아이들에 맞춰 포용력 있게 진행한다. 명상할 때 가만

히 있지 못하고 자꾸 테이블을 두드리는 아이가 있었는데 제지하기가 불가능할 성노였다. 명상 동안 그 아이에게 종이와 연필을 주고 끄적이도록 했더니 집중하는 데 도움이 되었다.

마음챙김 명상법

교실에서 시도할 만한 간단한 마음챙김 명상으로 다음과 같이 다섯 가지를 제안한다. 교사도 함께 참여할 수는 있지만 학생들의 명상을 지도해야 하므로 눈은 감지 않고 분위기나 아이들의 행동이 명상에 적합한지 살핀다. 본질적으로 마음챙김 명상은 한 번에 한 가지에 주의를 집중하고 인식하는 것으로 아이들에게도 이 점을 상기시키는 것이 중요하다. 딴 생각을 하는 것을 알아차릴 때마다 집중하던 대상으로 지그시 다시 주의를 돌린다. 명상이 진행되는 내내 이렇게 집중하고, 딴 생각을 하고, 다시 집중하는 일이 반복된다. 이를 통해 주의집중과 정서를 스스로 조절하는 뇌 부위가 강화된다.

인형과 함께 숨쉬기 명상

3세에서 6세 사이의 아주 어린 아이들을 대상으로 하기 좋은 명상이다. 내가 아는 아이가 매우 불안해 하기에 이 명상법을 가르쳐 준 적이 있었는데, 무척 좋아하며 덕분에 불안한 마음이 진정되었다고 했다.

포근하고 푹신한 인형 하나를 고르렴. 자 이제 바닥에 누워 배 위에 인형을 올려놓자. 평소처럼 숨을 들이마시면서 배가 올라갈 때 인형도 같이 올라가는 것을 지켜보자. 이제 숨을 내쉬면서 배가 내려갈 때 인형도 따라 내려가는 것에 주목해보자. 숨을 들이쉬고 내쉬면서 인형이 따라서 올라가고 내려가는 것에 계속 집중해보자. 딴 생각이 들어도 괜찮아. 그냥 다시 인형의 움직임에 집중하면 돼.

복식호흡 명상

이 명상은 앞에서 언급한 Paws.b과정을 변형한 것으로, 바닥이나 의자에 앉아서 할 수도 있고 서서 할 수도 있다. 서서 할 때는 똑바로 서서 발을 어깨 너비로 벌리고 팔을 양옆에 편안히 내려놓은 산 모양 자세(mountain pose)를 취한다.

먼저 세 번 깊이 심호흡을 하자, 코로 들이마시고 입으로 내쉬는 거야. 그런 다음 평소처럼 숨을 쉬면서 천천히 한 손을 배 위에, 다른 손을 가슴 위에 올려놓자. 숨이 몸에 들어오면서 가슴이 올라오고 부풀어오르는 것을 느껴봐. 다음에는 숨이 몸에서 나가면서 가슴이 내려오고 이완되는 것을 느껴보자. 호흡이 가장 강하게 느껴지는 곳은 어디지? 배야, 가슴이야? 호흡은 길어, 짧아? 또 호흡이 깊어, 얕아? 그저 기분 좋은 호기심을 갖고 호흡에 주목해보자. 들이마시는 호흡과 내쉬는 호흡을 처음부터 끝까지 모두 다 느낄 수 있겠니? 숨을 들이마시고 내쉬는 사이 잠깐 멈추는 것에도 관심을 가져보자. 딴 생각에 빠져들 때면, 그냥 그렇다는 것을 깨닫고, 시그시 관심을 돌려 배와 가슴에 올려놓은 손에 다시 집중하면 돼. 어떤 생각이든 저 맑고 파란 하늘에 떠다니는 구름인 듯 흘려보내자. 다시 숨을 들이쉬고… 내쉬자.

걸음 명상

이 명상을 실내에서 한다면 신발을 신지 않는 편이 좋다. 천천히, 움직임을 의식하며 걷는 것이다.

먼저 산 모양 자세로 서서 눈을 감고, 발바닥 쪽으로 주의를 집중해보자. 발이 바닥에 닿는 부분에 집중하면 깊게 뿌리내린 나무처럼 안정감을 느끼게 될 거야. 발에 어떤 감각이 느껴지니? 찌릿하거나 얼얼한 느낌이 드니? 따뜻하거나 차가운 감각이 느껴져? 산 모양 자세로 여기에 서 있는 너의 몸 전체에 의식을 집중해보자. 준비가 되었으면 눈을 뜨고 오른발에 주의를 집중하자. 오른발을 천천히 바닥에서 들어올리자. 들어올리면서 발의 무게를 느껴보자. 공중에서 발을 움직인 다음 천천히 바닥에 다시 내려놓자. 몸의 무게중심을 옮기면서 오른발에 실린 몸의 무게에 집중하자. 이번에는 천천히 왼발을 바닥에서 들어올리자. 들어올리며 왼발의 무게를 느껴봐. 공중에서 발을 움직인 다음 천천히 바닥에 다시 내려놓자. 이렇게 천천히 움직임을 의식하며 계속 걸음을 떼면서, 몸의 어떤 다른 부분이 걷는 데 도움을 주는지 주의를 집중하여 알아보자. 딴 생각이 들면 지그시 주의를 돌려 다시 발에 집중하도록 하자. [이렇게 몇 분간 마음챙김 걷기를 계속한다.] 자, 이제 잠시 산 모양 자세로 돌아오자. 지그시 눈을 감고, 여기 서서 호흡을 하며 몸이 느끼는 것에 집중해보자.

듣기 명상

듣기 명상은 엘린 스넬(Eline Snel)의 책 『Sitting Still Like a Frog(개구리처럼 가만히 앉아있기)』(2014)에서 영감을 받은 것이다. 이 명상은 앉거나 서서 할 수 있고, 날씨 좋은 날 야외에서 해도 좋다.

먼저 세 번 깊이 심호흡을 하자. 평상시처럼 숨을 쉬면서 주위의 소리에 주의를 기울여보자. 지금 이 순간 어떤 소리가 들리니? 소리가 가까이 있니, 아니면 멀리 있니? 높은 소리야, 아니면 낮은 소리야? 기분좋은 소리야, 기분나쁜 소리야? [질문들 중간에 잠깐씩 멈춰 아이들이 소리에 주의를 기울일 수 있도록 한다.] 소리에 대해 깊이 생각하려고 하지 말고, 그냥 들리는 소리 자체에 주의를 기울이면 돼. 소리는 너의 외부에서 나는 거니? 아니면 네 안에서 들리는 거니? 네가 숨쉬는 소리가 들리니? 아주 조용히 있으면 네 심장 박동 소리를 들을 수 있겠니?

가상 셀카 찍기

이것은 마음챙김 전문가인 캐서린 위어(Katherine Weare) 교수가 공유해준, 간단히 하기 좋은 방법이다. 셀카를 찍듯이 지금 현재 자신의 기분이 어떤지 스스로 점검하는 것이다. 아래 소개하는 것은 하나의 가이드일 뿐 꼭 그대로 따라야 하는 것은 아니다. 하는 중에 조금이라도 불편한 점이 있으면, 멈추고 시선을 들어 현재로 다시 돌아올 수 있다고 학생들에게 알려준다. 이 명상은 2~3분 정도로 짧게 할 수도 있고, 10분까지 길게 할 수도 있다.

천천히 하던 일을 멈추고 앉거나 서서 휴식을 갖는다. 눈을 감아도 좋고 그냥 앞에 있는 바닥을 편안하게 바라봐도 괜찮다. 그 상태에서 재빨리 셀카를 찍어보도록 한다. 나의 마음과 몸에서 현재 일어나고 있는 것을 가볍게 응시한다. 무슨 생각을 하고 있는가? 어떤 감정을 느끼고 있는가? 어떤 신체적 감각이 느껴지는가? 옳고 그른 것, 바꿔야 할 것은 없다. 그저 주의를 집중하면 된다.

발견한 것에 차분히 한 단어로 이름표를 붙여보자(예를 들어 경쾌함, 피곤함, 이완, 긴장감, 편안함 등). 몸이 바닥에 닿는 지점, 바닥에 닿은 발, 의자에 앉아 있는 엉덩이에 주의를 기울여, 맞닿는 감각, 무게감, 부피감을 느껴본다. 몸에서 느껴지는 감각에 주의를 집중해본다. 몸에서 그 감각이 가장 명확히 느껴지는 곳 어디라도 좋다. 호흡을 계속한다.

이제 몸 전체로 온전히 주의를 집중해보자. 평소처럼 자연스럽게 호흡한다. 다시 몸과 마음으로 돌아가 두 번째 셀카를 찍어보자. 지금 몸과 마음에서 무슨 일이 일어나고 있는가? 이전과 같을 수도 있지만 조금 달라졌을 수도 있다. 어느 쪽이든 그냥 주의를 집중하자.

천천히 눈을 뜨고 이전에 하던 일로 서서히 돌아오도록 한다. 이전보다 조금 더 평온하고 명확해진 느낌, 이전보다 조금 더 여유가 생기고 지혜로워진 느낌이 들 수도 있고 그렇지 않을 수도 있다.

- 인간의 원시적인 뇌는 종종 현대 사회에서 겪는 일상적인 스트레스를 처리하지 못하고 스트레스 반응의 악순환에 자신을 가둘 수 있다. 시간이 지날수록 이는 자신을 점점 더 고갈시키고, 피로하게 만들며, 불안과 우울을 초래한다.

- 마음챙김 기반 개입은 스트레스, 불안, 우울 수준을 낮추고 면역체계를 강화하며, 회복탄력성과 행복 수준을 높이는 데 매우 효과적이다.

- 교실에 마음챙김을 도입하는 것은 아주 간단하지만, 진정성을 위해서는 교사 자신이 직접 마음챙김을 하는 것이 도움이 된다.

- 하루를 시작하기 전 아이들과 함께 명상하는 것이 효과적이다. 핵심은 조금씩 자주 해서 규칙적으로 명상을 일상화하는 것이다.

- 아주 어린 아이들과 명상을 시작할 때는 '인형과 함께 숨쉬기 명상'이 효과적이다. 이 방법은 재미 있으면서 아이들이 호흡하는 것에 집중하는 법을 배우는 데 도움이 된다.

- 복식호흡 명상, 듣기 명상, 걸음 명상 등 다양한 방법을 시도하여 학생들에게 명상을 지도한다. 마음을 열고 가벼운 마음으로 시작해보자. 명상은 연습할수록 향상되는 스킬이다. 계획대로 되지 않는다고 해도 실망하지 말고 즐겁게 하도록 노력하라.

3장
긍정적 경험에 집중하기

이 장에서는 우리의 뇌가 부정적 편향성(negativity bias)을 갖는 이유에 대해 알아본다. 그리고 어떻게 하면, 아이들의 뇌 회로를 재연결하여 아이들이 삶의 긍정적인 측면에 더 집중하고 즐길 수 있도록 할 수 있는지 효과적인 방법을 살펴본다.

아침에 일어날 때마다 생각해보라. 살아 있다는 것,

즉 숨쉬고, 생각하고, 즐기고, 사랑할 수 있다는 것이 얼마나 귀중한 특권인지.

| 마르쿠스 아우렐리우스(Marcus Aurelius) |

| 부정적 편향성

뉴스에는 온통 안 좋은 소식들뿐이야, 하면서도 유독 그런 소식들에 관심이 가지는 않는가? 아니면 교장 선생님의 피드백 중에서 잘했다는 여러가지는 모두 잊고 못했다는 한 가지만 기억하게 되지는 않는가? 심리학자들에 의하면, 이는 우리 뇌에 선천적으로 존재하는 부정적 편향성(negativity bias) 때문이라고 한다. 말하자면 진화의 유산이라고 할 수 있는데, 초원에서 살았던 인류의 조상들은 생존을 위해 과도할 만큼 조심해야 했기 때문이라는 것이다. 간단히 말해 위험을 빨리 알아차린 수렵채집인들은 위험을 피해서 생존할 확률, 즉 후손에게 유전자를 물려줄 확률이 높았고, 멈춰서 장미꽃 냄새를 맡거나 아름다운 풍경을 감상했던 사람들은 사자에게 잡아먹힐 가능성이 더 컸다. 그래서 우리의 뇌는 좋은 것보다는 나쁜 것에 더 민감하고 이를 더 빨리 알아차릴 수 있게 준비되어 있다.

원시시대의 조상들은 먹을 것을 구하자면 필수적으로 수렵과 채집을 해야 했다. 식량을 구하지 못하면 다음날 언제든 다시 시도하면 된다. 하지만 그 과정에 도사리고 있는 수많은 위험을 간과하면 그들의 사냥은 그대로 영원히 끝나버리는 것이다. 신경심리학자인 릭 핸슨(Rick Hanson)은 이렇게 말한다. "야생에서 가장 중요한 규칙은 '오늘 점심은 먹어라, 오늘 점심이 되지는 말아라'이다."(Hanson, 2014, p.20) 현대 사회에서 살아가는 우리는 생사가 걸린 위험한 상황을 겪을 일이 거의 없지만 그럼에도 우리 뇌는 2장에서 살핀 것처럼 위험에 대해 여전히 매우 원시적인 방식으로 반응한다. 우리 뇌는 교통 체증, 수업 참관, 논쟁, 심지어 첫 데이트 같은 상황에서도 스트레스를 받으면 부정적인 방식으로 반응하는 경향이 있다.

실제로 뇌는 주변 환경에 위험 요인이 있는지를 끊임없이 살핀다. 평온하고 만족스러운 상태에서도 우리가 의식하지 못할 뿐 뇌는 구석구석을 살피며 부정적인 것을 찾아내고 있다. 그래서 부정적 자극을 긍정적 자극보다 더 빨리 인식하고 행복한 얼굴보다 화난 얼굴을 더 쉽게 알아차린다. 나쁜 점을 신속히 인지함으로써 곧바로 위험을 피할 수 있도록 하려는 것이다. 이런 부정적 편향에 주된 역할을 하는 것이 바로 편도체로, 위험을 감지하면 편도체에서 투쟁-도피 반응을 촉발한다(2장 참조). 편도체는 부정적인 상황에 반응을 거듭하면서 다음에 겪는 미래의 부정적인 상황에 더욱 예민하게 반응하게 된다. 편도체가 스트레스 호르몬인 코르티솔 분비를 촉진하면, 그로 인해 해마(hippocampus)의 기능이 약화되고 억제된다. 이는 악순환을 일으켜 문제가 될 수 있는데, '해마는 편도체를 진정시켜 사물을 객관적인 시각으로 바라보게 하는 역할을 하기' 때문이다(Hanson, 2014, p.23). 뇌가 부정적 편향으로 인한 악순환에 갇

히면, 균형잡힌 시각을 유지하고 일상 속 좋은 일들에 감사하는 것이 힘들어질 수 있다.

긍정적 경험과 부정적 경험

부정적 편향성에 결정적 영향을 주는 것이 두려움이다. 핸슨은 원시시대의 우리 조상들이 다음 두 가지 유형의 실수를 했을 것이라 말한다.

- 덤불 속에 사자가 숨어 있다고 믿었다. 사실 거기엔 사자가 없었는데.
- 덤불 속에 사자가 없다고 믿었다. 실제로 거기엔 사자가 있었는데.

첫 번째 실수는 불필요한 불안 정도로 그치지만 두 번째 실수는 죽음이란 대가가 뒤따른다. 그러다 보니 뇌는 두 번째 실수를 한 번이라도 하지 않기 위해 차라리 첫 번째 실수를 계속 저지르는 쪽으로 진화해왔다. 그래서 두려움에 빠지면 미래에 일어날 일에 대해 부정적인 생각으로 흐르기 쉽다. 인간의 뇌가 그런 식으로 작동하도록 설계되어 있기 때문이다. 특히 편도체의 일부분은 두려움을 잊지 못하도록 하는 역할도 하는데, 어릴 때 두려운 경험을 한 경우는 더 그렇다(Hanson, 2014).

게다가 뇌는 나쁜 경험일수록 '더 끈끈하게 붙잡아두는' 경향이 있다. 핸슨은 이를 두고 '뇌는 부정적인 경험에는 벨크로처럼, 긍정적인 경험에는 테프론(표면이 매우 미끄럽고 잘 달라붙지 않는 특성을 가진 합성물질-옮긴이)처럼 반응한다.'고 말했다(Hanson, 2014, p.27). 불쾌하고 슬프고 스트레스를 받는 상황을 겪으면 그에 대한 기억이 암묵적으로 뇌에 자리 잡는다. 우리는 대체로 즐거움보다 고통을 통해 훨씬 더 빨리 배운다. 긍정적 경험은 밀려왔다가 흔적 없이 사라지는 파도와 같아서 우리가 기억을 한다 해도 부정적인 기억만큼 강력하지는 않기 때문이다.

긍정적 감정

우리 뇌가 부정적 편향성을 갖도록 설계되어 있다면 긍정적 감정은 삶에서 어떤 역할을 할 수 있을까? 긍정적 감정은 경험했을 때 기분이 좋다, 또는 유쾌하다고 느끼는 감정이다. 숲속을 산책하는 동안 경험할 수 있는 평화로운 느낌부터 좋아하는 팀이 경기에서 승리했을 때 느끼는 짜릿한 희열까지 그 범위는 매우 넓고 다양하다. 심리학자 바바라 프레드릭슨 (Barbara Fredrickson)은 이 분야에 대한 광범위한 연구를 수행하여, 사람들이 가장 많이 경험하는 상위 열 개의 긍정적 감정을 다음과 같이 제시했다(Frederickson, 2013).

- 사랑(love)
- 기쁨(joy)

- 감사(gratitude)

- 평온힘(serenity)

- 흥미(interest)

- 희망(hope)

- 자부심(pride)

- 유쾌함(amusement)

- 영감(inspiration)

- 경외심(awe)

이 연구에 기반하여 프레드릭슨은 '확장 및 구축 이론(broaden and build theory)'을 내놓았다. 이에 따르면 부정적 감정은 시야를 좁혀 특정 위험에 최대한 집중할 수 있도록 한다. 반면에 긍정적 감정 상태에서는 시야가 확장되어(broaden) 선택 가능성을 더 잘 인지하고, 더 창의적이고 유연한 사고를 하며, 문제해결 능력도 향상된다. 또한 사회적 유대감을 더 공고히 구축하고(build), 이는 결국 우리의 신체적, 지적 능력을 향상시킨다. 긍정적인 감정을 많이 경험한 사람일수록 전반적으로 더 나은 삶을 살아간다는 것을 보여주는 많은 연구들이 있다. 폴 돌란 교수는 다음과 같이 말한다(Dolan, 2015).

긍정적 감정을 많이 경험하는 사람일수록 더 오래 살고, 더 건강하며, 질병에서 더 빨리 회복한다. 또한 이들은 직장에서 휴가를 덜 쓰고 성공적인 경력을 쌓아가며, 일에서 생산성이 높고, 더 행복한 결혼 생활을 유지하는 경향이 있다. 형제 자매를 대상으로 한 연구에서도 밝은 기질의 아이들이 학위 취득, 취업, 승진 가능성이 더 높게 나타났다. 좋은 감정은 또한 갈등 해결 능력을 향상시킨다. 또한 분위기가 밝은 사람에게 더 호감을 갖게 되며, 이는 학교에서 더 좋은 성적을 받고 직장에서 더 성공할 가능성을 의미한다(p.82).

간단히 말해 부정적 감정은 생존에 도움을 주고, 긍정적 감정은 삶의 질을 향상시킨다고 할 수 있다.

감정다양성

생물학자들은 생물다양성이 생태계에 이롭다는 사실을 알고 있다. 생태계 안에 다양한 종류와 유형의 생물들이 있어야 변화하는 온갖 환경에서 생태계가 적응하고 생존할 수 있기 때문이다. 어떤 단일 포식자나 질병이라도 한 번에 모든 것을 완전히 파괴할 수는 없다는 점에서 생물다양성은 생태계를 보호하고 강화하는 데 핵심이다. 심리학 교사이자 작가인 에이든 하비 크레이그(Aidan Harvey-Craig)는 이와 유사하게 인간 또한 다양한 종류의 감정을 경험하는 것이 행복에 유리하다고 말한다. 이를 '감정다양성(emodiversity)'이라고 하는데, 우리가 더 많은 감정을 경험하고 그것에 익숙해질수록, 어떤 하나의 감정에 지배당하거나 압도당할 가능성이 줄어들게 된다. 감정다양성은 감정의 항상성을 촉진함으로써 우리 스스로 감정을 조절하여 안정을 유지하고 주변 환경에 적응해 번성할 수 있게 만드는 능력이다. 하비 크레이그는 감정다양성을 키우는 방법 중 하나로 우리가 느끼는 감정에 이름을 붙여 볼 것을 권한다. 실제로 신경과학자인 댄 시겔(Dan Siegel)은 이 방법을 두고 '이름을 정하고 길들이기'라는 표현을 붙이기까지 했다(Siegel & Bryson, 2012, p.83). 우리가 느끼는 감정이 무엇인지를 정확히 말할 수 있을 때 그 감정의 강도가 약해진다는 뜻이다. 감정에 이름을 붙이는 것은 감정적이고 반응적인 편도체의 작용이 아닌 전전두피질의 작용, 즉 뇌의 합리적인 의사 결정 부분과 관련되기 때문이다. 더 다양한 감정을 경험할수록 정신건강 측면에서 좋다는 점에서, 불편하고 어려운 감정에 이름을 붙이고 받아들이고 조절하는 방법을 배우는 일은 행복을 향상시키는 열쇠이기도 하다.

뇌 회로를 재연결하기

그렇다고 뇌의 부정적 편향성을 절대 바꿀 수 없는 것은 아니다. 뇌는 변화하고 적응하고 재연결하는 능력, 즉 신경가소성을 갖고 있다. 즉 삶의 긍정적인 면을 더 많이 인식하도록 뇌를 훈련시키고, 이런 경험이 실제로 뇌에 각인되도록 할 수도 있다(4장에서 '신경가소성'에 대해 좀더 자세히 설명한다). 이를 효과적으로 하기 위해서는 평소보다 더 오랫동안(예를 들어 10~30초 동안) 긍정적인 경험을 유지해야 한다고 핸슨은 말한다. 그리고 이를 '긍정으로의 접근'이라고 불렀다. 가족이나 친구들과 함께 맛있는 식사를 즐기고 있다면, 이 경험의 긍정적인 면에 집중하여 우리 몸과 마음에 어떤 변화가 있는지 살펴본다. 그리고 그 경험을 통해 내면 깊숙한 곳에서부터 충만해지는 느낌을 즐긴다. 분명 마음챙김이 잘 이루어질수록 현재 순간의 긍정적 경험을 더욱 잘 인식하게 될 것이다. 삶 속의 좋은 것들에 감사하고 이를 음미하는 시간을 가지면 긍정적인 감정을 더 많이 느끼게 된다. 오늘 좋은 감정을 느끼면 내일도 좋은 감정을 경험할 가능성이 높아진다. 또 삶 속의 좋은 것들을 감사하며 받아들일 때마다 우리 뇌에서 더 많은 신경 연결이 이루어진다. 핸슨은 이를 통해 '시간이 지날수록 우리 뇌가 변화되며, 우리가 느끼고 행동하는 방식도 더 광범위하게 바뀔 것'이라고 보았다(Hanson, 2009, p.77).

긍정으로의 접근 기회를 자주 가지면 뇌는 계속 긍정적 경험을 찾아내도록 훈련된다. 행복 호르몬이라 불리는 도파민 분비를 촉진함으로써 뇌가 미래에 긍정적 경험을 더 잘 받아들이도록 만드는 것이다. 이렇게 선순환이 이루어지면 뇌는 긍정적 감정에 한층 더 끈끈하게 붙어 있게 된다. 션 에이커(Shawn Achor)는 긍정으로의 접근을 실천한 사람들을 대상으로 연구한 결과 '세상을 바라볼 때 좋은 것을 찾으려 하는 사람일수록, 특별히 노력하지 않아도 어디에서든 좋은 것들을 더 많이 발견하게 된다'고 말한다(Achor, 2011, p.101).

그렇다고 모든 것을 행복하고 긍정적으로만 받아들이라거나 삶의 힘든 면을 외면하라는 말은 아니다. 긍정적 사고는 현실은 전혀 그렇지 않은데도 스스로 행복하다고 설득시키려는 것이 아니다. 긍정으로의 접근은 이미 존재하고 있는 긍정적인 요소를 인지하는 것이다. 핸슨은 '긍정으로의 접근은 행복, 만족감, 내면의 평화의 자양분으로, 이것들은 우리가 언제든 돌아갈 수 있는 안식처가 되어준다'고 말했다(Hanson, 2009, p.76). 더 나아가 뇌가 부정적 경험이나 긍정적 경험 어느 한쪽으로 기울어지지 않고 평형을 유지할 수 있게 하는 것이다. 긍정으로의 접근을 위해 우리가 할 수 있는 방법들을 좀더 자세히 살펴보도록 하자.

│ 세 가지 좋은 일

긍정적인 요소를 더 잘 인지할 수 있도록 뇌를 훈련할 때 사용하는 '세 가지 좋은 일(three good things)'이란 간단하면서도 효과적인 방법이 있다. 이는 긍정심리학의 대가인 마틴 셀리그먼(Martin Seligman)의 연구에서 나온 것으로, 매일 자신에게 일어난 일 중 '세 가지 좋은 일'을 적어보는 것만으로도 행복 수준에 지대한 영향을 미칠 수 있음을 보여준다. 셀리그먼과 동료들이 수행한 이 유명한 연구에서 참가자들은 매일 저녁 자신에게 일어난 '세 가지 좋은 일'과 그 이유를 일주일 동안 꾸준히 기록했다. 그리고 이 기록을 시작하기 전, 일주일간의 기록을 끝낸 직후, 그리고 6

개월 후에 참가자들의 행복 수준을 측정했다. 그 결과 이 기록 활동이 사람들의 행복 수준을 점차적으로 높이고 우울증을 감소시켰으며, 그 효과가 6개월까지도 이어지고 있음이 밝혀졌다. 일부 참가자들은 일주일간의 실험이 끝난 후에도 계속 기록을 했는데, 6개월 후 측정에서 이들의 행복 수준이 가장 크게 향상되었다. 실험이 끝난 후 기록을 그만둔 사람들도 6개월 후 측정에서 높은 행복 수준을 유지하고 있었으며 낙관주의 수준도 높게 나왔다(Achor, 2011). 이 결과를 통해 세 가지 좋은 일을 적는 방법이 매우 효과적이며, 꾸준히 실천하면 뇌를 가장 크게 변화시킬 수 있음을 알 수 있다.

'세 가지 좋은 일'은 긍정으로의 접근의 좋은 예시다. 물이 체를 통과해 빠져나가 버리듯 긍정적 경험을 마음 속에서 흘려보내지 않고, 긍정적 경험을 다시 떠올리고 기록하며 음미하도록 해주는 것이다. 세 가지 좋은 일을 떠올려 기록하는 연습을 하면 뇌에서 긍정적 감정을 처리하는 영역의 신경 연결이 더 활발히 이루어져 결과적으로 부정적 편향성도 줄일 수 있다.

감사하기

좋은 일에 대하여 감사와 고마움을 표하는 것은 행복 수준에 매우 긍정적 영향을 준다. 이 분야의 전문가인 로버트 에몬스(Robert Emmons)는 감사하기를 규칙적으로 실천하는 것이 다음과 같은 효과가 있음을 보여 주었다(Emmons, 2010).

- 긍정적 감정을 더 많이 경험하고, 대체로 더 행복해진다.
- 부정적 감정을 덜 경험하게 된다.
- 낙관주의가 향상된다.
- 면역체계가 강화된다.
- 수면의 질이 좋아진다.
- 타인에 대해 더 관대해진다.
- 운동을 더 많이 해서 더 건강해진다.

에몬스는 매일 또는 매주 규칙적으로 '감사일기'를 쓰며 감사한 일에 대해 기록하는 습관을 기를 것을 권한다. 직장에서 힘든 하루를 보내고 특별히 좋았던 일이 없을지라도, 돌아와 쉴 수 있는 집이 있고 나를 지지해 주는 친구들이 있으며 가족들이 건강하다는 사실에 감사할 수 있다. 우리 삶의 좋은 점을 내면화하는 데 실제로 도움이 된다는 점에서 에몬스는 기록하는 행위가 매우 중요하다고 보았다.

'감사편지'도 감사하기를 실천하는 또다른 방법이다. 당신의 삶에서 정말 소중하고 감사를 표하고 싶은 사람을 떠올려 감사의 마음을 담은 편지를 쓰고 직접 전달해 보라. 셀리그먼과 동료들의 연구에 따르면, 이는 행복도를 높이는 데 상당하고도 즉각적인 결과를 가져오며, 긍정적인 효과가 한 달 후까지도 지속된다(King, 2016). 그 효과는 누군가가 당신의 삶에 미친 긍정적인 영향을 되돌아보고 감사를 느끼는 것에서만이 아니라 그 감사함을 표현하는 행위에서도 온다. 강한 유대감을 느끼는 경험이 되어 긍정적인 관계를 맺는 데도 도움이 되는 것이다(긍정적 관계 맺기가 행복에 매우 중요하다는 점은 1장에서 이미 살펴봤다). 또한 감사를 표현하는 것은 행복을 증진시켜 주는 친절한 행동이기도 하다(7장을 참고하라).

과거와 미래를 음미하기

현재를 음미하고 긍정으로의 접근을 하는 것만큼 과거의 긍정적인 경험을 기억 속에서 되살려보는 것도 행복도를 향상시키는 데 큰 역할을 한다. 과거를 음미하고 그로부터 더 많은 행복을 느껴보자. 연구에 따르면, 3일 동안 하루 15분씩 과거의 행복했던 추억을 떠올린 사람들은 한 달 후 향상된 행복 수준을 보여주었다(Smith et al., 2014). 또 다른 연구에서는 참가자들을 스트레스 상황에 처하게 한 뒤, 그 상황 직후에 14초 동안 행복한 기억을 떠올리도록 한 그룹은 그렇지 않은 그룹보다 체내에 스트레스 호르몬인 코르티솔이 15퍼센트 적게 나왔다(Speer & Delgado, 2017). 행복한 기억을 떠올리는 것은 심리적 스트레스 반응과 직결되는 것으로 보인다. 행복한 추억을 친구나 지인들과 공유하는 것도 도움이 될 수 있다. 좋은 경험으로 인해 즐거움을 느낀 만큼 그 경험을 다른 사람들과 공유하면서 느끼는 즐거움도 크다, 그래서 실제로 즐거움이 두 배가 되는 것이다. 이것이 바로 '두 배 효과(the doubler effect, Slatcher & Pennebaker, 2006)'이다.

미래에 대한 긍정적인 기대감도 현재의 행복도를 높여주는 중요한 요소이다. 생일파티 같은 특별한 이벤트를 앞두면 기대감으로 즐겁고 설레지 않는가? 이를 '예상되는 즐거움 미리 맛보기'라고 하는데, 이처럼 미래를 향해 긍정적으로 정신적 시간여행을 하게 되면 행복 수준을 높이고 불안을 줄일 수 있다(Quoidbach et al., 2009).

아이들은 뭔가 문제가 되는 상황을 금방 알아차린다(교사들도 마찬가지다!). 다음에 소개하는 활동은 그런 경향과 대조되는 것으로, 우리 주위에 감사하고 고마워할 수 있는 것 또는 그런 누군가가 항상 있다는 것, 우리 삶은 사실 사소하지만 멋진 수많은 것들로 가득하다는 것을 아이들에게 알려주게 될 것이다. 내 경험상 특히 심리적으로 취약한 아이들에게 이런 활동이 매우 좋은 효과를 거두었고, 팀 내에 감사하는 문화를 만드는 데도 도움이 되었다.

좋았던 일 말하기

이것은 내 식대로 변형한 일종의 '세 가지 좋은 일' 기법이다. '좋았던 일 말하기(what went well?)' 메모지를 교실 게시판에 붙여놓은 것은 가장 간단하면서도 효과적으로 반 아이들의 행복 수준을 향상시키는 방법이었다. 다음과 같이 아주 쉽게 해볼 수 있다.

- 한 주를 마무리할 때 아이들에게 메모지를 나누어주고, 학교에서

보낸 일주일을 돌이켜보라고 한다. 모든 긍정적 경험을 떠올려보고, 각자 좋았던 일 세 가지를 적어보게 한다. 아이들은 '체육 시간에 피구를 한 것', '쉬는 시간에 친구들과 놀았던 것', '과학시간에 치아 모형을 만들었던 것' 등을 적었다.

● 아이들은 각각 좋았던 일 한 가지를 골라 반 아이들과 공유한다(이는 '두 배 효과'를 누리는 것이다). 그런 다음, 좋았던 일들을 적은 메모지를 교사에게 제출해 게시판에 붙인다.

● '좋았던 일 말하기' 게시판 배너 ^{QR3-01}는 다음 링크에서 무 료로 다운로드할 수 있다.

● 마지막으로 일주일을 긍정적으로 마무리한 아이들에게 응원의 박수를 쳐준다.

● 매주 학생들이 적어낸 메모지를 모두 모아 '좋았던 일 말하기'라는 제목으로 책자를 만들어본다. 책자를 학급 책꽂이에 두면 아이들이 이따금 읽으며 좋았던 기억을 떠올릴 수 있다.

이 방법은 집에서도 유용하게 쓸 수 있다. 한 학부모는 아들로부터 '좋았던 일 말하기' 방법에 대해 듣고, 저녁 식사 전 가족들과 하루 중 좋았던 일 한 가지를 공유하기 시작했다. 이 방법이 매우 긍정적인 효과를 보이자 그 학부모는 직장에서도 이를 시도했다. 회의 전에 팀원들에게 그날 어떤 좋은 일이 있었는지 묻곤 했는데, 이는 회의 분위기를 한층 밝게 바꿔놓았다.

이 방법은 여러 가지 면에서 장점이 많다. 우선, 우리 반 아이들이 즐거워하고 감사했던 소소한 일들에 대해 듣게 되어서 좋다. 그리고 반 아이들이 서로의 긍정적인 경험-종종 다른 반 아이들의 경우도 포함해-에 대해 듣고 그 경험을 공유하는 것도 정말 멋지다. 끝으로, 이런 활동을 통해 나 자신과 내 아이들의 뇌가, 긍정적인 점을 더 잘 발견하고 음미하는 쪽으로 서서히 재연결되고 있음을 느낀다. 아홉 살 프레드의 다음과 같은 말이 이를 한마디로 요약해준다. "저는 '좋았던 일 말하기'가 정말 좋아요. 왜냐면 금요일에 기분이 안 좋더라도, 한 주를 돌아보고 좋은 점을 찾다 보면 아주 기분이 좋아져서 주말을 보내게 되거든요."

┃ 행복교실 이야기 ┃

《신나는 학급일지》는 우리 반 학생들이 서로가 잘한 일을 칭찬하고 다른 학생들에게 웃음을 주고자 하는 마음에서 시작되었어요. 그냥 단순한 공책인데, 붙일 수 있는 메모지와 멋진 황금펜(학생들의 표현이에요!)이 달려 있어서 언제든 학생들이 원할 때마다 기록할 수 있죠. 그 당시 우리 반 학생들은 편이 갈라져 서로 관계가 원만하지 못해서 저는 긍정적인 부족교실을 만들어보려고 애쓰고 있었어요.

그러던 어느 날, 운동장에서 긍정적 사건이 있었어요. 몇몇 학생들이 반 친구 한 명에게 도와줘서 고맙다고 한 거였어요. 아이들은 이 경험을 반 전체에 공유하고 싶어 했고, 어떻게 하면 서로를 더 칭찬해줄 수 있을지에 대한 토론으로까시 이어졌죠. 그렇게 해서《신나는 힉급일지》가 틴생했어요. 그것은 학생들뿐만이 아니라 제게도 정말 큰 도움이 되었어요. 함께했던 행복한 순간을 나누고 음미하면서 더이상 불필요한 에너지 소모 없이 한층 더 재미있게 수업을 할 수 있게 되었거든요. 마침내 우리는 한 팀이 된 것이지요.

– 홀리 레이스비, 말레이시아 국제학교 교사

감정탐정 되어보기

아이들이 다양한 감정을 접할 수 있도록 하는 데는 '감정탐정(emotions detectives)' 되어보기가 도움이 된다. 아이들이 다양한 상황에서 다양한 감정을 찾아내어 이름을 붙여주도록 하는 것이다. 구체적인 방법은 다음과 같다.

- 이야기를 읽어주거나 감동적인 영상을 시청하면서 아이들에게 자기가 느끼는 감정에 이름을 붙여보라고 한다. 그 감정이 유쾌하게 느껴지는지 아니면 불편하게 느껴지는지, 또 그런 감정을 전에도 느낀 적이 있는지 물어본다.
- 감정단어 은행을 만든다. 새로운 감정에 이름을 붙일 때마다, 그것

을 감정단어 은행에 추가한다. 아이들이 글쓰기 시간에 등장인물의 감정을 묘사할 때 이 감정단어들을 이용해 표현하도록 한다.

- 기분일기를 쓴다. 일주일에 걸쳐 하루 중 다양한 시간대(아침 등교 때, 휴식시간 후, 점심식사 직전, 늦은 오후 등)에 학생들이 어떤 기분을 느끼는지 각자 적어보게 한다. 이것은 2장에서 소개한 '가상 셀카 찍기' 같은 것으로, 우리 기분이 하루 내내 계속해서 변화한다는 것을 보여준다. 어떤 감정도 영원히 지속되지는 않으므로 우리가 느끼는 감정을 두려워할 필요가 없다는 사실을 깨닫게 해준다.

감사편지 쓰기

감사편지 쓰기는 아이들이 감사하기를 더 자주 실천할 수 있는 효과적인 방법이다. 일 년 중 어느 때나 수시로 할 수 있다.

- 학생들에게 감사에 관한 짧은 동영상을 보여준다. BBC의 〈Happiness Challenge(행복찾기)〉 시리즈 �QR3-02 는 어떤 행동들이 우리를 더 행복하게 하는지 알아보는 짧은 동영상 모음으로 유튜브에서 볼 수 있다. 소중한 사람들과 감사편지를 공유하는 두 사람의 모습이 매우 감동적이다. 다른 사람을 위해 좋은 일을 하는 것이 왜 사람들에게 감동을 주는지에 대해 생각해보는 좋은 기회가 된다.

● 학생들에게 감사하고 싶은 사람이 누구인지 생각해볼 시간을 준다. 그런 다음 그 사람이 해준 것에 대해 감사하는 편지를 쓰도록 한다. 무엇에 대해 감사하는지를 구체적으로 쓸수록 더 좋다(예를 들면 숙제를 도와줘서, 맛있는 저녁 식사를 만들어줘서, 내 걱정을 잘 들어줘서 등). 편지를 다 쓰고 나면 그 특별한 사람에게 편지를 전해주면 된다.

● 편지 대신 감사엽서를 쓸 수도 있다. 다음 링크에서 엽서 형식 ^{QR 3-03} 을 다운로드할 수 있다.

감사편지 쓰기는 긍정적인 효과가 매우 크다. 어떤 아이들은 반 친구들에게, 어떤 아이들은 부모님이나 조부모님에게 편지를 쓴다. 선생님에게 편지를 쓰는 학생들도 있다(나의 경우 받아본 모든 감사편지를 소중히 보관하고 있다). 아이들은 자신에게 소중한 모든 사람을 돌아보고 감사의 마음을 표현하는 것을 통해 배운다. 더불어 자신이 고마워하고 있음을 누군가에게 알리는 일이 얼마나 좋은 일인지도 느끼게 된다. 이를 통해 아이들은 긍정적인 관계를 소중히 여기고 그 관계를 더 공고히 하는 방법을 배운다.

명상 즐기기

나는 연중 수시로 학생들이 명상을 즐길 수 있도록 지도하고 있다. 명상을 통해 아이들은 필요할 때면 언제든지 행복한 기억을 떠올릴 수 있다는 것을 알게 된다. 행복한 기억은 우리가 재충전이 필요할 때 잠시 쉬어갈 수 있는 마음의 쉼터 역할을 한다.

다음에 소개하는 명상을 아이들과 함께 시도해보고, 행복한 기억을 공유하고 싶은 사람이 누구인지 말해본다.

왕좌에 앉은 왕이나 여왕처럼 허리를 곧게 펴고 어깨는 편안히 한다. 먼저 배로 깊이 호흡을 세 번 들이쉬고, 천천히 내쉰다. 평소처럼 호흡하면서 과거의 행복한 기억을 떠올린다. 아늑했던 느낌, 행복했던 느낌의 어떤 기억도 좋다. 식사 자리일 수도 있고, 파티나 축하 행사가 될 수도 있다. 어떤 장면이 떠오르는가? 혼자 있을 수도 있고, 아니면 다른 사람들과 함께 있을 수도 있다. 다른 사람들과 함께 있다면 그들의 표정이 어떤지 떠올려보라. 그들은 미소짓고 웃고 있는가? 어떤 소리가 들리는가? 음악 소리가 들리는가, 아니면 사람들의 말소리가 들리는가? 강하게 느껴지는 냄새가 있는가? 음식 냄새, 자연의 향기, 누군가의 향수나 화장품 냄새 같은 것일 수도 있다. 행복한 기억을 떠올리며 자연스레 미소지어도 좋다. 몸에 어떤 느낌이 드는지 집중해보자. 강하게 느껴지는 감각이 있는가? 행복한 기억의 볼륨과 밝기를 최대한 높여, 마음 속에서 그 기억을 한층 더 크고 밝게 만들어본다. 이 기억에 머무는 동안 마치 빈 꽃병에 물이 차는 것처럼 온몸을 기억으로 채운다고 상상해보라. 딴 생각이 들면 행복한 기억과 그때의 느낌으로 다시 주의를 돌려 집중하면 된다.

● 아이들에게 행복한 기억을 함께 나누고 싶은 사람이 있는지 물어보고, 그때 어떤 화두가 제기되는지 주의하여 살핀다. 삶에서 가장 행복한 순간들은 다른 사람들과 관련되어 있는 경우가 많다. 왜 그런지에 대해 아이들과 이야기해본다(행복에 관한 많은 연구들에 따르면 친밀한 대인관계는 행복의 가장 큰 요소 중 하나다.)

● 활동을 조금 확대해서, 학생들이 수업 중 명상을 할 때 느낀 긍정적 감정을 식별하여 앞에서 소개한 상위 열 개의 감정으로 분류해본다.

● 주의할 점은 행복한 기억의 일부였던 사랑하는 사람을 잃었을 경우, 이 활동은 부정적 감정을 유발할 수 있다는 것이다. 우리 반 학생 중에도 일 년 전에 돌아가신 할아버지와 함께했던 행복한 시간을 떠올리며 슬펐다고 한 아이가 있었다. 나는 자신의 감정을 솔직하게 말한 것은 용기 있는 일이고, 고인이 된 사랑하는 사람을 떠올리는 것이 무척 힘들 수 있다는 점을 인정했다. 그리고 나 또한 몇 년 전 할아버지께서 돌아가셨을 때 몹시 슬펐지만 시간이 흘러 지금은 할아버지와 함께했던 행복한 추억을 즐겁게 회상하게 되었다고 말해주었다.

┃ 축복 세어보기

학생들의 관심을 '자신이 갖고 있지 않은 것'에서 '갖고 있는 것'으로 돌리는 데 효과적인 방법이 있다. 바로 '축복 세어보기'라는 것이다.

● 학생들에게 종이 한 장을 주고, 자기가 가진 것들 중 행운이라고 여겨지거나 감사한 것, 그래서 어쩌면 세계의 다른 지역 아이들은 갖지 못할 수도 있는 것을 목록으로 작성해보게 한다. 시간 제한을 두어 2분 동안 몇 가지를 작성할 수 있는지 알아본다.

● 각자 작성한 목록을 파트너와 공유한다.

● 학생들에게 혹시 목록에 뜻밖의 것이 있는지 묻는다. 예를 들어, 편안한 슬리퍼를 신는 것이 감사의 대상이 될 수 있다는 사실에 놀라는 아이들도 있을 것이다. 우리 삶을 편안하고 즐겁게 만들어주는 일상의 작은 것에 감사할 수 있다는 사실을 강조한다.

마음의 시간여행

행복한 일을 떠올리는 것이 과거에만 해당되는 것은 아니다. 미래에 대해서도 즐거운 마음으로 긍정적으로 예상할 수 있다. 다음에 소개하는 것은 바넷사 킹(Vanessa King)의 『10 Keys to Happier Living(행복한 삶을 위한 10가지 열쇠)』(2016)에서 영감을 받은 것으로 이 책은 리에주대학교(University of Liege)의 조르디 쿼드바흐(Jordi Quoidbach)의 연구(2009)를 기반으로 하고 있다. 수업에서 이를 시도해보고 어떤 영향을 미치는지 확인해보자.

● 하루를 마무리하면서 5분간, 내일 일어날 법한 긍정적인 일을 세 가지 상상해본다. 재미있는 수학 수업, 쉬는 시간에 친구들과 즐겁게 놀기, 가족과 함께 소파에 누워 TV 보기처럼 사소한 것들도 좋다.

● 세 가지를 떠올린 후 종이에 적도록 한다.

● 이것을 1~2주간 시도한 후 학생들에게 그 덕분에 더 행복해진 느낌이 들었는지 물어본다.

이 연습은 아이들이 하루를 긍정적으로 마무리하는 데 도움이 된다 (제1장에서 살펴본 정점-마무리 이론을 기억하는가? 하루를 좋게 마무리하면 하루 전체를 긍정적으로 평가할 가능성이 높다). 또한 학교나 집에서 다음날 일어날 사소한 일들도 긍정적으로 기대할 수 있게 해준다.

- 뇌는 나쁜 것을 더 빨리 찾아내고 기억에 빠르게 저장하는 부정적 편향성을 발전시켜왔다. 하지만 우리는 그런 상황을 피하기 위해 노력할 수 있다. 뇌의 부정적 편향성은 인간의 생존에는 도움이 됐지만 행복은 약화시킨다.

- 긍정적 감정은 우리 삶의 질을 향상시킨다. 긍정적 감정은 우리를 더 창의적으로 만들어주고, 행복 수준을 높여주며, 건강과 대인관계를 더 좋게 해주고, 더 오래 살 수 있게 하는 등 여러 가지 혜택을 가져온다.

- 우리는 '긍정으로의 접근'을 통해 긍정적인 면을 더 잘 인식하도록 뇌를 훈련시킬 수 있다. 삶에서 일어나는 좋은 일들이 무엇인지 규칙적으로 인식하고 음미하다 보면 뇌에 긍정적인 신경 연결이 더 많이 형성된다.

- 매주 아이들과 '좋았던 일 말하기' 연습을 해보자. 아이들 스스로 좋았던 세 가지를 생각해보게 하고, 이 중 하나를 학급 전체와 공유하게 한다.

- 아이들에게 감정탐정이 되어 이야기, 영화, 그리고 자신의 경험에서 다양한 감정을 발견하고 이름을 붙여보도록 한다.

- 아이들에게 수시로 삶에서 중요한 사람들에게 감사편지를 쓰도록 한다. 감사를 표현함으로써 웰빙 수준과 신체적 건강 모두 향상된다.

- 아이들이 명상을 즐기며 과거의 긍정적 경험을 다시 떠올릴 수 있도록 지도한다. 이를 통해 아이들은 현재에 다시 행복 호르몬을 경험하게 된다.

- 아이들에게 2분간 축복을 세어보는 연습을 하게 한다. 이 짧은 시간 동안 감사히 여길 것들을 얼마나 많이 찾을 수 있는지 알아본다.

- 미래로의 시간 여행을 통해 다음날 일어날 법한 세 가지 긍정적 일들을 떠올려보는 활동을 한다. 일주일 동안 이를 실천하면서 걱정이 줄어들고 행복도가 올라가는지 확인해본다.

4장
신경가소성, 유연하고 탄력적인 뇌

뇌는 우리 몸에서 가장 강력하고 중요한 부위이지만, 다른 신체기관에 비해 뇌 자체나 그 기능에 대해 알려진 바는 비교적 적은 편이다. 이 장에서는 최신 신경과학 연구들이 뇌의 신비에 대해 밝혀낸 것들을 살펴본다. 이를 통해 학생들에게 뇌가 어떻게 작동하는지를 더 잘 가르칠 수 있고, 나아가 뇌가 우리의 행복에 어떻게 기여하는지, 그리고 뇌를 건강하게 관리하는 방법은 무엇인지 알려줄 수 있다.

뇌는 하늘보다 넓다.

| 에밀리 디킨슨(Emily Dickinson) |

신경가소성

사람의 뇌는 아동기 이후에는 형태면에서나 기능면에서 더이상 변화하지 않는다고 여겼던 때도 있었다. 하지만 이 생각은 완전히 틀렸다는 것이 이미 밝혀졌다. 신경과학자들은 사람의 뇌는 아이의 것이든 노인의 것이든 모두 '탄력적(plastic)'이라는 데 이의를 제기하지 않는다. 이는 뇌가우리의 생각, 행동, 경험에 영향을 받아 형성되며, 이것이 한번에 그치는것이 아니라 몇 번이고 계속해서 바뀔 수 있다는 뜻이다. 나이든 개에게도 새로운 재주를 가르칠 수 있다(단지 어린 강아지에 비해 몇 번의 시도가 더 필요할 뿐이다). 신경가소성(neuroplasticity)이란 우리 뇌에는 그 구조와 기능을 상당 부분 바꿀 수 있는 능력이 있음을 뜻하는 말이다.

현대에는 자기공명영상(MRI)을 통해 뇌에 관해 많은 것을 알 수 있다. 예를 들어 뛰어난 바이올린 연주자들의 MRI 결과는 손가락을 제어하는 부위가 크게 발달하고 이 부위의 신경 활동이 훨씬 활발하다는 것을 보여준다. 또다른 예로 6만 개가 넘는 거리와 10만 개가 넘는 장소를기억하는 런던의 택시 기사들은 공간 기억 생성과 관련된 부위인 해마(hippocampus)가 상당히 발달해 있다(Maguire et al., 2000).

그러나 이 기사들은 현업에서 은퇴하면 해마의 크기가 서서히 줄어들어 보통 크기로 돌아간다. 태어날 때부터 청각 장애가 있는 사람의 경우, 시각피질(보는 일에 관여하는 뇌 부분)뿐만 아니라 청각피질(소리를 처리하는 뇌 부분)에서도 시야 주변의 물체를 인식한다는 사실도 흥미롭다. 리처드 데이비슨(Richard Davidson)은 이를 두고 "귀로부터 아무런 신호를 받지 못하는 비활동성 상태에 지친 청각피질이, 스스로 업무 재교육을 시작하여 시각 신호 처리에 나선 것으로 보인다."라고 설명한다(Davidson & Begley, 2012, p.167). 2장에서 소개했듯이 행복도가 올라가면 이를 관장하는 전두엽의 왼쪽 영역이 더 활발해지고 크기도 커진다는 연구 결과(Davidson, 2004)도 이를 뒷받침한다. 우리 뇌는 놀라울 만큼 유동적이고 다재다능하다. 끊임없이 달라지고 변화하며, 실제로 구조가 바뀌기도 한다.

뇌는 컴퓨터와 다르다

과거에 과학자들은 우리 뇌가 컴퓨터와 비슷하다고 생각했지만 이것도 지금은 폐기처분된 이론이다. 존 레이티(John Ratey) 박사는 뇌는 '기계보다 생태계와 더 비슷하다'고 말한다((Ratey, 2003, p.11). 프로그램에 따라 예측 가능한 결과를 내놓는 컴퓨터와 달리 뇌는 매우 복잡하고 가변적이다. 레이티는 이를 두고 '주어지는 요소가 현 상태에 어떤 영향을 미치게 될지 예측하기가 거의 불가능하다'고 말한다(Ratey, 2003, p.11). '컴퓨터 뇌'라는 비유는 뇌에는 감정이 없고, 뇌가 계획하고 기억하며 처리하는 방식이 다분히 '기계적(mechanical)'이라는 데에서 나왔지만 이는 전혀 사실이 아니다. 데이비슨은 저서 『The Emotional Life of Your Brain(감정적인 뇌)』에서 뇌의 모든 정보는 먼저 감정을 관장하는 부분을 거친 뒤에 논리를 관장하는 부분에서 처리된다고 주장한다(Davidson & Begley, 2012). 모든 논리적 사고는 본질적으로 우선 감정의 영향을 받는다는 것이다. 데이비슨은 뇌의 처리를 예측할 수 없다는 레이티의 견해에 공감하며, 사람들이 살아가면서 겪는 다양한 사건에 어떻게 반응하는지를 '일반화된 하나의 방식'으로 접근하는 것은 불가능하다고 반박한다. 그에 따르면, "비슷한 배경을 가진 사람들이라도 살면서 겪는 같은 사건에 대해 완전히 다른 식으로 반응하는 경우가 많다."(p.2)

아이들의 뇌가 어떤 방식으로 작동하는지 도통 모르겠다는 것에 모든 교사와 부모가 공감할 것이다. 30명의 아이들에게 똑같은 수업을 해도 30가지의 서로 다른 반응과 해석이 나올 수 있다. 심리학자 앨리슨 고프닉은 아이들이 종종 매우 독특한 방식으로 행동하고 배우는 데는 진화론적 이유가 있다고 말한다. 각자 뇌, 기질, 스킬, 강점과 약점이 완전히 별개인, 다양성과 가변성, 예측 불가능함의 집합체인 아이들을 생산함으로써 인간이란 종족이 예측 불가능하고 변화무쌍한 문화와 환경에 적응할 수 있도록 하기 위함이라는 것이다(Gopnik, 2016, p.27). 즉 어떤 상황이 닥쳐오든 그것에 어울리는 성격과 특성을 지닌 사람이 부족 내에 존재하게 되는 폭넓은 다양성 덕분에 인간은 지구상에서 번영할 수 있었다. 이는 교사의 입장에서 새겨볼 만한 가치가 있다. 뇌는 데이터를 업로드해서 정해진 결과를 산출하는 컴퓨터가 아니며, 아이들은 원래 다양하게 자신만의 방식으로 행동하고 생각하며 학습하도록 타고난 존재라는 것이다.

학습과학

최근 교육 분야에서 학습과학(science of learning)에 대한 관심이 급증하고 있다. 이를 주도하고 있는 것은 인지과학(cognitive science) 분야의 연구인데, 인지과학은 사람들이 실제로 어떻게 배우고 정보를 처리하며 기억하는지 이해하는 데 목적이 있다. 교육기부재단(Education Endowment Foundation, EEF, 영국의 교육 관련 연구 및 개발을 수행하는 비영리단체-옮긴이)에서 최신 인지과학 분야의 문헌검토를 수행하여 연구한 주요 결과는 다음과 같다(EEF, 2021).

● 분산학습(spaced learning) : 학습을 '대량으로' 집중해서 하기보다는 몇 차례에 걸쳐 분산시킴으로써 시간 간격을 두고 배운 내용을 인출할(retrieve) 수 있도록 하여 학습 효과를 높이는 방법이다.

● 교차학습(interleaving) : 동일한 수업 내에서 서로 다른 유형의 문제나 서로 다른 내용을 번갈아 다룸으로써 학습 효과를 향상시킬 수 있다.

● 인출 연습(retrieval practice) : 기억에서 정보를 회상하기(recall) 위한 다양한 전략, 예를 들면 플래시 카드, 연습문제나 퀴즈, 마인드맵 등을 사용하는 것으로, 정보를 잊지 않고 기억하는 능력을 향상시킨다.

● 인지부하 관리(managing cognitive load) : 우리의 작업기억(working memory)은 한 번에 몇 비트의 정보만 수용할 수 있을 정도로 제한적이다. 따라서 학생들에게 너무 많은 정보가 한 번에 제공되거나 방해요소가 많을 경우 과도한 인지부하가 생길 수 있다. 핵심 정보에 초점을 맞추면 이를 방지할 수 있는데, 예를 들어, 특정 주제에 관한 내용을 잘게 쪼개거나, '묶어주기(chunking, 정보를 서로 의미 있게 덩어리로 묶는 인지 과정-옮긴이)'를 하고, 해결된 예제(worked example, 특정 문제나 작업을 해결하는 과정을 단계별로 보여주어 학습자들이 기본 개념과 절차를 이해하고 학습할 수 있도록 하는 교수법-옮긴이), 스캐폴딩(scaffolding, 학습자에게 한시적으로 적절한 도움과 가이드를 주어 스스로 학습할 수 있도록 돕는 교수법-옮긴이) 등을 활용할 수 있다.

● 이중 부호화(dual coding) : 단어와 관련 그림을 같이 제시하는 것처럼 개념을 가르칠 때 언어와 비언어적 정보를 함께 사용하면 더 쉽게 이해하고 기억할 수 있다.

위에 소개한 것은 EEF의 연구 결과를 극히 간결하게 요약한 것으로 실제 내용은 훨씬 더 복잡하고 방대하다. 그리고 한 가지 유의할 점은 위에 소개한 방법들은 실제 교실에서 수행되거나 검증된 사례가 극히 드물다는 것이다. 조건이 통제된 실험실 조건이나 특정 과목, 특정 연령대 집단에서는 효과를 보인 전략임은 입증되었지만 말이다. 이 때문에 보고서에서도 '전략의 효과는 학습자의 연령이나 사전 지식, 교과목의 특성 및 학습 성과, 실행 가능성 등을 포함한 여러 요인에 따라 달라질 가능성이 있다.'고 밝히고 있다(EEF, 2021, p.8). 이 책에 나오는 여러 아이디어와 마찬가지로 이러한 전략들 또한 교실에서 실제로 시도해보면서 어떻게 작동하는지 확인하고, 필요한 경우 적절히 조정하도록 한다.

신경다윈론

신경다윈론(neural Darwinism)은 신경과학자이자 노벨상 수상자이기도 한 제럴드 에델만(Gerald Edelman)이 개발한 것으로, 다윈의 자연선택(natural selection) 이론과 유사한 뇌에 관한 이론이다. 이 이론은 왜 신경가소성이란 것이 존재하는지, 즉 왜 우리 뇌가 환경과 경험에 맞게 변화하는지, 그리고 왜 뇌는 무언가를 배우고 나서 그것을 다시 잊어버리게 되는지 설명한다. 에델만은 어떤 뉴런은 연결을 형성하여 살아남아 강화되는 반면, 어떤 뉴런은 사라져버리는 과정이 자연선택과 비슷하다고 설명한다. 뉴런들이 연결을 형성하며 생존을 위해 다른 뉴런들과 경쟁하는 것으로 볼 수 있다는 말로, 가장 강력하고 적응력이 뛰어난 뉴런들이 연결을 형성해 적자생존에서 살아남는 것이다. 이것은 '함께 활성화(fire)되는 뉴런은 함께 연결(wire)된다'는 말과도 통한다. 특정 행동과 생각을 더 많이 연습할수록(이를테면 페널티킥을 집중적으로 연습한다거나, 학교 연극의 대사를 외우는 등) 해당 뉴런들이 더 많이 활성화되고 연결을 형성하여 뇌에 깊이 각인되는 것이다.

이와 반대로 '사용하지 않으면 잃어버리게 된다(use it or lose it)'는 말처럼 뉴런이 연결을 형성하지 못하면 서서히 약화되어 결국 없어져버릴 수 있다. 그렇게 보면 우리 뇌는 근육과 비슷하다. 운동을 많이 할수록 근육은 커지고 강해진다. 운동을 그만두는 순간부터 근육량이 줄어들고 체력도 떨어진다. 뇌도 마찬가지다. 뇌를 더 많이 쓸수록 더 많은 신경 연결이 형성되고, 그 특정 부분이 커진다. 하지만 쓰지 않으면 그 부분은 다시 이전 크기로 줄어든다.

뇌에 관한 기본적인 몇 가지 사실

우리 뇌는 매우 흥미로운 기관이고 신경과학자들은 지속적으로 뇌에 관해 많은 것을 발견해가고 있다. 다음은 지금까지 뇌에 관해 밝혀진 사실들이다.

• 성인의 뇌는 약 1.5킬로그램의 조직으로 이루어져 있고 평균 860억 개의 뉴런이 있다.

- 뇌세포인 뉴런(neuron)은 다른 뉴런들과 신호를 주고받는다.
- 각각의 뉴런에는 하나의 축삭(axon)과 최대 10만 개의 수상돌기(dendrite)가 있다. 뉴런은 수상돌기를 통해 다른 뉴런으로부터 전달받은 정보를 축삭을 통해 다른 뉴런으로 전달한다.
- 한 사람의 뇌에서 이론적으로 가능한 서로 다른 뉴런 연결의 수는 약 40쿼드리온(1쿼드리온은 1,000조를 말함-옮긴이)에 달한다.
- 대부분의 학습과 뇌 발달은 뉴런의 연결을 강화하거나 약화시키는 과정을 통해 이루어진다고 알려져 있다.
- 뉴런은 다른 뉴런으로부터 신경전달물질이라고 불리는 전기화학적 물질이 방출되면서 보내는 신호를 전달받으며, 이 신호에 따라 뉴런의 발화 여부가 결정된다. 이런 식으로 차례차례 뉴런에서 뉴런으로 신호를 전달하여 뉴런의 발화 여부를 결정한다.
- 뇌는 이러한 신호가 전달될 때 미미한 양의 전기를 생성하는데, 전구에 약하게 불을 켤 수 있을 정도라고 여겨진다.
- 우리 뇌는 몸무게의 약 2퍼센트밖에 차지하지 않지만, 몸 속의 산소와 포도당의 최대 25퍼센트를 사용한다.
- 뇌의 전원은 실제로 꺼지지 않는다. 잠들어 있을 때나, 7살짜리 아이에게 신경과학을 설명하기 위해 애를 먹고 있을 때나, 뇌는 동일한 양의 에너지를 소비한다.

행복 호르몬

우리 몸에 분비되는 여러 종류의 화학적 물질들이 있다. 이들 중 행복과 웰빙에 기여하는 것들이 있는데, 신경과학적 용어로 분류하면 뉴로트랜스미터(Neurotransmitter, 뉴런 간의 신호 전달을 담당하는 신경전달물질로 도파민, 세로토닌 등이 있음-옮긴이), 뉴로모듈레이터(neuromodulator, 뉴런의 활동 수준을 조절하고 기능에 관여하는 물질-옮긴이), 뉴로펩타이드(neuropeptide, 뉴런 간의 통신에 중요한 역할을 하는 작은 단백질 분자로, 옥시토신과 엔도르핀 등이 있음-옮긴이) 등이 있다. 나는 이들을 간단히 '행복 호르몬'이라고 부르겠다. 다음은 웰빙에 영향을 주는 주요 행복 호르몬들이다.

● 세로토닌(serotonin) : 기분, 수면, 소화를 관장하는 호르몬이다. 세로토닌은 뇌보다 소화기관에서 더 많이 분비된다. 따라서 세로토닌 수치는 식습관의 영향을 받으며, 얼마나 햇빛에 노출되는지도 영향을 미친다. 건강한 식단과 야외 활동이 세로토닌 수치를 조절하는 데 도움이 된다.

● 도파민(dopamine) : 학습에 관여하는 신경전달물질로(Ratey, 2003, p.122), 집중하는 데 도움을 준다. 도파민은 우리 뇌의 '보상 시스템'에 관여한다. 좋은 일이 일어나면 도파민이 분비되면서 기분이 좋아지고, 그 경험을 반복하고 싶어지는 것이다. 무언가를 성취했을 때도 도파민이 분비되는데 이때 느끼는 성취감은 보상을 받는 기분으로 이어져 더 큰 성취를 추구할 수 있도록 동기를 부여하는 역할을 한다.

● 엔도르핀(endorphin) : 스트레스로부터 우리를 보호하고 통증을 경감시키며 쾌락을 느끼게 하는 호르몬이다. 엔도르핀은 종종 강도 높은 운동을 할 때도 분비되는데, 달리기를 하고 나서 느끼는 쾌감인 러너스 하이(runners' high)도 이와 관련된 것이다. 배꼽이 빠져라 크게 웃으면 내장기관의 격렬한 움직임을 유발해 실제로 엔도르핀 분비를 자극하기도 한다.

● 옥시토신(oxytocin) : 친사회적 행동 및 사람들과의 유대감을 촉진하는 호르몬으로, 타인에게 친절하고 공감하는 태도를 취하는 데 영향을 준다. 옥시토신은 좋아하는 사람과 포용하거나 손을 잡을 때, 혹은 반려동물을 쓰다듬을 때도 분비된다. 다른 사람에게 친절을 베풀었을 때, 또는 자신이 안전하고 신뢰할 수 있는 집단-예를 들면 1장에서 말한 부족교실 같은-에 소속되어 있다고 느낄 때도 분비될 수 있다.

이 외에도 노르아드레날린(noradrenaline), 엔도카나비노이드(endocannabinoid) 같은 행복 호르몬이 있지만, 아이들을 가르칠 때는 위에 소개한 네 가지만 다루기로 하겠다.

위에 소개한 행복 호르몬들은 모두 신경전달물질의 한 종류로서, 뉴런들이 서로 소통하도록 도와 결과적으로 우리의 학습 능력을 높이는 역할을 한다. 이들은 건강에 긍정적 영향을 미치며 스트레스 수준을 낮추고 면역체계를 강화시킨다. 즉 기분 좋은 상태는 학습과 건강에 좋은 영향을 주는 것이다.

뇌 건강

다른 주요 신체기관과 마찬가지로 뇌 또한 최상의 상태로 작동하기 위해서는 관리가 필요하다. 레이티에 따르면 "우리가 먹는 것, 행동하는 것은 무엇이든 뇌에 영향을 미칠 수 있다."(Ratey, 2003, p.6)

뇌를 건강하게 유지하기 위해서는 무엇을 먹고, 어떻게 생활하는지에 주의를 기울여야 한다는 뜻이다. 뇌를 최상의 상태로 유지하기 위한 몇 가지 방법을 살펴보자.

물

뇌는 약 75퍼센트가 물로 이루어져 있다고 알려져 있다. 따라서 적절하게 물을 섭취하는 것은 뇌 기능을 유지하는 데 중요하다. 연구에 따르면 탈수는 단기기억 및 장기기억을 손상시킬 수 있고, 집중하고 주의를 기울이는 능력을 저하시킨다. 충분한 물을 섭취하지 않으면 뉴런이 효율적으로 작동하지 않게 될 수도 있다(Gowin, 2010). 존 브리파(John Briffa) 박사에 따르면 '탈수는 뇌 기능 저하의 가장 주요한 원인 중 하나지만, 이 사실은 잘 알려져 있지 않다.'(Briffa, 2014, p.102) 물의 양은 어느 정도가 적당할까? 필요한 양의 물을 가늠하자면 나이, 성별, 날씨, 신체활동 등 여러 가지 요소를 고려해야겠지만, 일반적으로 아이들은 음식을 통해 섭취하는 것을 제외하고 하루 6~8컵의 물을 마셔야 한다(British Nutrition Foundation, 2021). 갈증은 실제로 우리가 탈수 상태임을 알려주는 뒤늦은 신호일 수도 있다. 수분 섭취 정도를 판단하는 가장 좋은 지표 중 하나는 소변 색깔이다(Briffa, 2014). 만약 소변이 연한 노란색이면 물을 충분히 마시고 있다는 좋은 표시다. 그러나 어두운 노란색이라면, 빨리 물을 마셔야 한다는 확실한 신호이다.

식단

심신의학 분야의 전문가인 에바 셀허브(Eva Selhub) 박사는 "고가의 자동차와 마찬가지로 프리미엄 연료가 아닌 것들을 섭취하면 뇌에 손상을 입힐 수 있다."라고 말한다(Selhub, 2022). 여기서 '프리미엄 연료'란 다양한 비타민, 미네랄 및 영양소로 구성된 균형 잡힌 식사를 가리킨다. 핸슨은 '특히 뇌에 중요한 것은 단백질과 채소 섭취를 늘리는 것'이라고 강조한다(Hanson, 2009, p.228). 더불어 트립토판의 효능을 높이는 탄수화물 섭취도 중요하다. 아미노산 중 하나인 트립토판(tryptophan)은 신경전달물질인 세로토닌을 구성하는 기본 성분이며, 세로토닌은 좋은 기분을 유지하는 데 가장 중요한 물질이다. 당분 섭취는 가능한 한 최소화해야 한다. 몸에 흡수된 포도당 중 상당량은 뇌가 기능하는 데 사용되지만, 설탕을 과도하게 섭취하면 '혈당 스파이크(glucose spikes, 혈액 내에 포도당 수치가 급격히 증가하는 현상-옮긴이)'가 발생할 수 있다. 혈당 스파이크는 포도당 수치가 급격히 떨어지는 현상을 동반해, 이로 인해 뇌가 둔해지고 극심한 피로를 느끼게 된다. 실제로 지나친 당분은 뇌에도 독이 될 수 있다. 만사가 그렇듯이 균형이 중요하다.

수면

충분한 수면은 뇌 건강을 유지하는 데 필요힐 뿐만 아니라 김정을 조절하고 학습의 능률을 높여주는 역할도 한다. 활발하게 꿈을 꾸는 렘(rapid eye movement, REM) 수면 동안, 단기기억(그날 배운 학습 내용, 경험한 사건 등 일종의 작업기억에 남아 있는 것)이 장기기억으로 이동하여 나중에 그 정보를 인출할(retrieve) 수 있도록 한다. 꿈을 꾸는 동안 뇌는 마치 그날 배운 것을 복습하는 것과 같아서, 이러한 복습은 그 활동에 관여하는 뉴런을 강화한다. 수면의 질 저하는 사람들의 집중력, 조정, 기억, 기분에 부정적 영향을 미친다. 수면은 뇌의 부정적 편향성과도 관련된다. 수면 전문가 러셀 포스터(Russell Foster) 교수는 "피곤한 뇌는 긍정적인 연관(associations)보다 부정적인 연관을 기억할 가능성이 훨씬 더 높다."라고 말한다(Foster, 2022, p.209). 마음챙김 전문가 존 카밧-진도 "수면 부족 상태에서는 사고와 기분, 행동이 불안정하고 신뢰할 수 없게 되며, 몸이 피곤해지고 질병에 걸릴 가능성이 높아진다."라고 덧붙인다(Kabat-Zinn, 2013, p.363). 많은 전문가들은 아이들이 충분한 수면을 취하는 데 가장 방해가 되는 요인 중 하나가 잠자리에서 전자기기를 사용하는 것이라고 말한다. 이들 기기는 블루라이트(blue light)를 방출함으로써 뇌가 밤을 낮이라고 착각하게 만들어 수면 유도 호르몬인 멜라토닌(melatonin)의 분비를 방해한다. 블루라이트 차단 앱을 켠다고 해도 기기로 인해 흥분 상태가 되면 졸리다고 느끼지 못하게 된다. 아마 침대에서는 태블릿을 보기보다 책을 읽는 것이 더 나은 선택이 될 것이다.

운동

운동은 뇌에도 좋다. 뇌는 혈액과 산소가 충분해야 활발히 생각하고 기능하며 배울 수 있는데, 운동을 하면 심장에서 더 많은 혈액과 산소를 뇌로 보내준다. 운동은 기분을 좋게 만들어 주고, 엔도르핀이나 도파민 같은 행복 호르몬의 분비를 촉진한다. 운동이 뇌와 신체에 미치는 영향에 대해서는 10장에서 더 자세히 알아보고, 지금은 뉴런이 더 많이 활성화되고 연결되도록 몸을 움직이도록 하자.

뇌에 관한 내 수업은 매번 학생들이 가장 흥미를 느끼는 수업이 되었다. 내가 신경과학을 가르치는 것에 기본적으로 흥미와 열정이 있기 때문이 기도 하지만, 대부분의 학생들이 실제로 예비 신경과학자의 모습을 보여 주기 때문이기도 하다. 뇌에 관한 수업을 시작하면 쉽게 답변하기 힘든, 수준 높은 질문을 많이 받게 될 것이다. 아이들이 뇌에 관해 더 많이 알고 싶어 하는 것은 당연하다. 자기 자신과 주변 사람들을 이해하는 데 도움이 되기 때문이다. 나는 뇌에 관한 학습이 최고 수준의 학습 중 하나이며 아이들의 감정 지능을 발전시키는 데도 도움이 된다고 믿는다.

신경과학에 대한 기초 수업

학생들에게 신경과학 수업을 한다는 자체가 너무 어렵게 느껴질 수 있다. 특히 신경과학에 대해 아는 게 별로 없는 경우라면 더 그럴 것이다. 하지만 앞에서 설명한 기본 지식 정도면 아이들이 지금 알아야 할 내용으로 충분하다. 온라인에서도 도움을 받을 만한 훌륭한 자료들을 찾을 수 있는데, BBC에서 제작한 브레인스마트(Brainsmart) 동영상은 신경과학 수업을 시작할 때 유용한 자료들로, 그중 일부를 소개한다.

- 〈뇌에 대해 알아보기(Meet Your Brain)〉 ^{QR 4-01} 는 뇌에 놀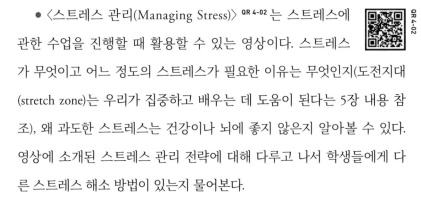
라운 능력이 있으며 노력과 연습을 통해 새로운 연결을 형성하
고 새로운 것을 배울 수 있음을 보여주는 영상이다. 또 '신경가소성'이라
는 개념을 소개하며, 근육처럼 뇌를 발달시킬 수 있음을 알려준다. 뉴런
이 어떻게 생겼는지, 어떻게 서로 연결을 형성하는지를 보여주어 학생들
의 흥미를 끈다.

- 〈스트레스 관리(Managing Stress)〉 ^{QR 4-02} 는 스트레스에
관한 수업을 진행할 때 활용할 수 있는 영상이다. 스트레스
가 무엇이고 어느 정도의 스트레스가 필요한 이유는 무엇인지(도전지대
(stretch zone)는 우리가 집중하고 배우는 데 도움이 된다는 5장 내용 참
조), 왜 과도한 스트레스는 건강이나 뇌에 좋지 않은지 알아볼 수 있다.
영상에 소개된 스트레스 관리 전략에 대해 다루고 나서 학생들에게 다
른 스트레스 해소 방법이 있는지 물어본다.

- 교실에 뇌에 관한 책들을 구비하고 학생들이 직접 탐구할 수 있도
록 한다. 이를 통해 학생들은 자신이 발견한 사실을 반 친구들과 공유할
수도 있다. 아기의 뇌는 성인의 뇌보다 더 많은 뉴런을 갖고 있다는 것을
나도 학생에게서 배웠다. 어린이용 뇌 관련 추천도서는 뒤에 실린 '참고
도서 및 사이트'에서 확인할 수 있다.

브레인 목표 설정하기

첫 번째 신경과학 수업을 마치고 〈뇌에 대해 알아보기〉 동영상을 보여준 후, 다음과 같이 브레인 목표(brain goal) 설정하기 활동을 해볼 수 있다.

- 아이들에게 자신이 잘하는 것들을 생각해보게 한다. 학교에서는 글쓰기, 구구단 암산, 독서와 같은 활동이 될 수 있고, 학교 밖에서는 BMX 자전거 묘기나 좋아하는 팝송 부르기 등이 있을 수 있다. 그리고 아이들에게 다음과 같은 질문을 해본다. "그것을 항상 잘했는가?", "그것을 어떻게 해서 잘하게 되었는가?" 아이들은 대부분 꾸준한 노력과 연습을 통해 잘하게 되었다고 답할 것이다.

- 다음에는 아이들에게 현재 할 수 없거나, 잘하지 못하지만 노력과 연습을 통해 잘하고 싶은 것 세 가지를 생각해보도록 한다. 두 가지는 학교와 관련된 것, 하나는 학교 밖의 것을 선택할 수 있다. 목표가 구체적일수록 나중에 그 목표를 달성했는지 더 쉽게 판단할 수 있다(예를 들면 '깔끔하게 영어 필기체 쓰는 법을 배우고 싶다'가 '영어를 더 잘하고 싶다'보다 구체적이다).

- 아이들에게 뇌의 윤곽선을 그린 그림을 주고, 각자 거기에 세 가지 브레인 목표를 쓰고 눈에 띄게 색칠하도록 한다. 이렇게 만들어진 뇌 그림들은 교실의 '브레인 파워(brain power)' 게시판 또는 '도전지대(stretch zone)' 게시판(5장 참조)에 붙일 수 있다.

● '브레인 파워' 게시판에 사용할 배너 QR 4-03는 다음 사이트 에서 다운로드할 수 있다.

● 학기말에 뇌 그림을 내려놓고 목표를 돌아보며, 아이들이 그 목표를 달성했는지 확인한다. 필기체가 나아졌는가? 구구단 8단을 외우게 되었 는가? BMX에서 앞바퀴 들고 타기 기술을 구사하게 되었는가? 목표를 달 성한 것들은 체크 표시를 하고 칭찬해준다(할 일의 목록에서 이미 한 일 을 체크하거나 목표를 달성했을 때 우리 뇌에서는 도파민이 분비된다). 아직 달성하지 못한 목표가 있다면 다음에 어떻게 해야 할지 생각해볼 수 있다.

이는 간단하면서도 효과적인 목표 설정 연습으로, 각 학기의 시작과 끝에 진행할 수 있다. 교사가 일방적으로 정해주는 목표와 달리 이 목표 는 아이들이 스스로 정한 것이기에 더 의미가 있다. 아이들은 자신이 학 습을 주도하고 책임져야 한다는 것, 그리고 어떤 것이든 성과를 내려면 꾸준한 노력과 끈기가 필요하다는 것을 깨닫게 된다.

인출 연습

어떤 수업이든 인출 연습을 활용할 기회가 된다. 인출 연습은 학생들이 이전에 배운 정보와 지식을 기억하도록 하여, 미래에 그 정보를 기억하는 것을 더 강화시키는 역할을 한다. 웰빙이란 관점에서 보면 인출은 긍정적 감정을 촉진하는 즐거운 일이 되어야 한다. 또한 인출은 위험도가 낮아야 한다. 아이들의 스트레스가 '도전지대'를 벗어나지 않는 적당한 수준에서 유지되도록 하기 위해서다. 다음과 같은 방법으로 인출 연습을 시작해보도록 하자.

- 스토리 만들기 : 스토리 형태로 들으면 더 잘 기억할 수 있다는 것을 학생들에게 설명한다. 학생들에게 수업에서 배운 중요한 정보를 스토리 형태로 떠올리게 한다. 예를 들면 '물의 순환'에 대해서는 이렇게 시작할 수 있다. "어느 이른 아침, 해가 떠올라 바다를 내리쬐기 시작했어요. 물이 수증기로 증발하여 천천히 올라가, 친구들과 모여 구름을 만들었어요. 결국 구름은 너무 무거워졌어요. 비가 되어 내리기 시작해 산 위로 떨어져 언덕을 따라 흘러내렸어요." 다른 학생이 스토리의 다음 부분을 이어가도록 나누어 진행할 수도 있다.

- 빨리빨리 퀴즈 : 점심시간 전 또는 수업이 끝난 후 학생들이 줄을 서도록 할 때 테이블에서 빨리빨리 퀴즈에 답하게 한다. 교사가 그날 또는 더 이전에 배운 내용들에 대해 빠르게 질문하고, 아이들은 답을 하기 전 테이블에서 상의할 수 있다. 정답을 맞히면 줄을 서고, 못 맞추면 질문을 바꿔 다시 한다. 테이블이나 팀 단위로 진행하면 팀워크를 키우면서 한 사람이 학급 전체를 대상으로 답변해야 하는 압박 상황을 피할 수 있다.

- 요약하기 : 학생들에게 읽거나 배운 내용을 요약해보도록 하는 것

으로 생각할 시간이 좀 더 필요한 방법이다. 예를 들어 지난 수업 마지막 장 내용에 대해 로마인이 영국을 떠난 이유를 요약하라고 할 수 있다. 장황하지 않고 간결하게 핵심 포인트에 집중하도록 하기 위한 것이다.

뇌 점토모형 만들기

학생들에게 전달하고자 하는 핵심 메시지 중 하나는 뇌가 변형 가능하다는 사실이다. 뇌와 지능은 고정된 것이 아니고 집중력과 노력, 연습을 통해 바꾸고 형성할 수 있음을 이해하는 것이 성장형 사고관점(growth mindset)을 키우는 출발점이다(성장형 사고관점에 대해서는 다음 장에서 다룬다). 나는 모든 수업에서 아이들이 새로운 것을 배우거나 새로운 스킬을 반복할 때 매번 뇌에서 뉴런이 어떻게 연결되는지 설명한다.

또한 나는 교과과정의 모든 영역에서 뇌를 다루려고 노력한다. 미술 수업을 예로 들면, 우리 반은 점토를 가지고 뇌 모형을 만들었다. 아이들은 이를 통해 뇌가 두 개의 반구로 나뉘어 있고 각 반구는 뇌량(corpus callosum)이라 불리는 두꺼운 신경섬유들로 연결되어 있다는 것을 배웠다. 놀랍게도 왼쪽 뇌반구는 몸의 오른쪽을, 오른쪽 뇌반구는 몸의 왼쪽을 움직이는 데 관여한다는 것도 알게 되었다. 우리는 점토를 사용해 이 두 개의 반구를 주먹 쥔 두 손이 나란히 놓인 크기(실제 뇌의 크기와 비슷하다)로 만들었다. 이런 작업은 뇌에 관해 재미있게 배울 수 있는 방법이고, 두개골 안에 든 놀라운 도구에 대해 생각해보는 계기가 된다. 또 점토를 주물러서 직접 뇌를 만들어 봄으로써 실제로 우리 뇌가 유연하고 변형 가능하다는 인식을 한층 강화시킨다. 만약 점토를 사용하기 어렵다면 놀이용 점토인 플레이도우를 이용해도 좋다.

행복교실 이야기

내가 가르친 반 중 하나인 '팀 피카소'는 뇌 수업에 대한 열정이 엄청났어요. 사실 그 학기에 우리가 공부하기로 했던 주제는 로마였지만, 그 대신 뇌에 관해 반 전체가 합동 발표를 진행하기로 결정했습니다. 컴퓨터 수업 시간이면 아이들은 노트북과 태블릿을 활용해 뇌에 관한 연구를 수행했지요. 저는 학생들을 모둠으로 나누어 각 모둠별로 행복 호르몬, 놀라운 뇌, 명상과 뇌, 수면, 운동과 식단 등의 연구 주제를 할당했어요. 이렇게 진행된 연구와 아이디어를 바탕으로 함께 발표 스크립트를 작성한 다음, 흰색 실험실 가운을 입고 신경과학자로 변신해(부모님의 흰색 셔츠를 활용했지요!), '브레인 파워'라는 이름으로 멋진 발표수업을 했어요. 이 발표수업은 대단한 인기를 끌었어요. 덕분에 지금 학교에서는 일 년 내내 신경과학 수업이 진행되고 있습니다.

- 에이드리언 베튠

뇌 건강 관리하기

학생들에게 뇌에 관한 놀라운 사실들을 가르치는 것은 정말 좋은 일이다. 하지만 아이들이 뇌 건강을 소홀히 해서 새로 배운 신경과학 지식을 기억하지 못하고 바로 잊어버린다면 무슨 소용이 있겠는가. 그래서 뇌 수업에서는 뇌를 잘 돌보는 방법을 가르치는 것 또한 매우 중요하다. 학생들이 뇌를 잘 관리할 수 있도록 하는 방법들을 알아보자. BBC 브레인스마트(BrainSmart) 〈뇌 돌보기(Look After Your Brain〉 영상 QR 4-04 은 뇌 건강에 좋은 식단, 물, 운동에 관해 자세히 다루고 있으므로 아이들에게 보여줄 만하다.

식단

뇌를 건강하게 유지하고 기능을 최적화하는 데 중요한 요소이다.

- 학생들에게 균형 잡힌 식단에 대해서 가르친다. 다음과 같은 온라인 자료 QR 4-05 를 활용할 수 있다. 이 사이트에서는 세 가지 사실을 강조한다. 첫째, 음식은 생명을 유지하는 데 기본이 되는 필수조건이라는 것, 둘째, 사람들은 다양한 종류의 음식을 선택한다는 것, 셋째, 건강을 유지하기 위해서는 다양하고 균형 잡힌 음식이 필요하다는 것이다. 음식을 다양한 식품 그룹으로 분류해 보는 재미있는 게임도 있고, 음식 관련 수업에 활용할 수 있는 교안이나 아이디어도 제공한다.

● 반 아이들과 건강한 아침식사를 함께하는 것 또한 좋은 아이디어나. 한 학기에 두 번 정도, 학부모들에게 과일, 무실탕 또는 저실탕의 시리얼, 빵과 스프레드를 부탁하거나 학교 예산을 활용하여 반 아이들과 함께 아침식사를 한다. 하루를 기분 좋게 시작할 수 있는 동시에 아이들에게 부족의 일원이라는 느낌과 함께 가족 같은 분위기를 형성하는 데도 도움을 준다. 또 아이들이 다양한 종류의 음식을 경험할 수 있게 해준다.

● 학교에서 '요리 교실'을 진행해보는 것도 좋다. 음식을 준비하고 새로운 음식을 만들어보면서 음식 위생에 대해서도 많은 것을 배울 수 있다.

물

수업을 막 시작하려 하는데 몇몇 아이들이 물을 마시겠다고 일어설 때가 있다. 특히 쉬는 시간에 충분히 물을 마실 기회가 있었는데도 그런 행동을 했을 경우 교사가 어떤 기분을 느낄지 이해할 수 있다. 그러나 그 순간 물을 섭취하지 못하면, 아이들의 뇌는 교사가 가르칠 내용을 제대로 배울 만한 최상의 상태가 되지 못할 수 있다. 얼마나 많은 물을 마셔야 하는지 구체적으로 명시할 필요는 없다. 아이들이 소변 색깔로 자신의 수분 섭취 상태를 확인하여 스스로 조절할 수 있도록 한다. 소변이 옅은 노란색이라면 수분 섭취가 충분한 것이다. 짙은 노란색이라면 물을 좀 더 마시도록 독려한다. 수업 사이사이 쉬는 시간에 물을 마시는 습관을 들이게 하고 학교에 개인 물병을 가지고 온다면 물병을 책상 위에 두는 것을 허용한다. 조금씩 자주 마시는 것이 뇌의 탈수를 막는 데 가장 좋다.

운동

운동은 생각하고 학습하는 능력을 극대화하고 건강과 행복을 유지하게 하므로, 아이들이 매일 운동할 기회를 갖도록 해줘야 한다. 다음에 소개하는 방법을 통해 수업 중에도 간단한 운동을 할 수 있다.

- 잠깐 쉬면서 팔과 다리를 양쪽으로 쭉 뻗어 '별' 모양을 만들며 점프를 하도록 한다.
- 수업을 잠시 멈추고 운동장 한 바퀴를 돌고 오게 한다.
- 아이들이 매일 15분 정도 달리기를 할 수 있도록 한다(10장 참조).
- 움직임이 필요한 활동을 수업에 의도적으로 포함시킨다. 자기 자리를 떠나 교실 안을 돌아다녀야 하거나 다른 학생 자리로 가서 정보를 얻어와야 다음 수업 단계로 넘어갈 수 있도록 하는 방법 등이 있다. 단 이런 움직이는 활동이 학습에 도움이 되는 방향으로 이루어져야 한다. 학습과 관련 없이 그저 돌아다니는 것이어서는 안 된다.

행복 호르몬 포스터

내 수업을 들은 아이들은 행복 호르몬이 무엇인지, 이들이 언제 우리 몸에서 분비되는지에 대해 어느 정도 알고 있다. 이 사실은 아이들 스스로 자신이 어떤 행동을 했을 때 어떻게 기분을 조절할 수 있는지 알려준다는 점에서 중요하다. "좀 우울하니까 세로토닌과 엔도르핀이 분비되도록 밖에 나가 산책하거나 달리기를 해보자.", "스트레스 받으니 옥시토신이 분비되도록 명상을 하거나 친구에게 안아달라고 부탁해보자." 이런 식으로 아이들은 자신의 기분을 인지하고 어떤 조치를 취해야 할지를 결정할 수 있는 것이다. 행복 호르몬에 대한 이해는 마음의 평화를 유지하는 수행과 조화를 이루고, 아이들이 힘든 감정이나 기분 앞에서 무력해지지 않도록 한다.

● 앞에서 다룬 네 가지 주요 행복 호르몬을 소재로 포스터를 만들어 본다. 각 호르몬이 행복에 어떤 영향을 미치며, 어떤 활동이 그러한 호르몬의 분비를 돕는지를 나타낸다.

● 행복 호르몬이 분비되었다고 여겨지는 상황에서 포스터를 이용한 활동을 한다. 예를 들어 학생들과 함께 운동을 하고 난 다음 엔도르핀 포스터를 공유하면서 '운동은 우리 몸에 엔도르핀을 분비해 줍니다. 그래서 스트레스가 줄어들고 즐거워집니다. 이 기분을 즐겨봅시다'라고 말할 수 있다.

아이들 스스로 자신의 행동이나 활동이 기분에 어떻게 긍정적인 영향을 미치는지 생각하도록 하는 것이 중요하다.

- 뇌는 놀랍도록 유연하다. 즉 적응과 변화가 가능하다는 뜻이다. 우리 모두는, 어린이든 어른이든, 노력과 연습을 통해 얼마든지 새로운 지식을 배우고 새로운 기술을 습득할 수 있다.

- 뉴런이 서로 더 강한 연결을 형성할 때 학습이 일어난다.

- 인지과학은 뉴런의 연결을 촉진하여 학습능력을 향상시킬 수 있는 전략으로 분산학습, 교차학습, 인출 연습, 인지부하 관리, 이중 부호화 등을 제시한다.

- 신체에서 방출되는 행복 호르몬은 기분을 좋게 하고 스트레스를 줄여주며, 면역체계를 강화시킨다. 신경전달물질에 속하는 이러한 호르몬들은 뇌가 더 나은 학습과 성장을 할 수 있게 돕는다.

- 뇌를 건강하게 유지하는 데는 충분한 수분 섭취, 건강하고 균형 잡힌 식단, 규칙적인 운동이 중요하다.

- 아이들은 본능적으로 뇌에 관해 배우는 데 흥미를 느끼므로, 신경과학 수업에도 열정적으로 참여하게 된다.

- 아이들에게 뇌에 관해 좀 더 많은 지식을 알려준다. 특히 뇌는 고정되어 있지 않으며, 근육과 마찬가지로 강화하고 성장시킬 수 있다는 점을 강조한다.

- 인출 연습을 활용하여 아이들이 수업에서 배운 핵심 정보를 다시 떠올려 기억하는 것을 촉진하며 이것을 즐거운 활동으로 여기게 한다.

- 아이들이 뇌 건강을 잘 유지하도록 수업 중에도 자주 물 마시는 시간을 두고, 학교에서 다 함께 건강한 아침식사를 하는 경험을 가지며, 아이들이 자리에 앉아만 있지 말고 더 많이 움직일 수 있도록 한다.

5장

도전지대

이 장에서는 아이들이 안전한 안락지대(comfort zone)를 벗어나 잠재력을 최대한 실현할 수 있도록 하기 위해 무엇이 필요한지 알아본다. 왜 아이들의 뇌는 '도전지대(stretch zone)'에서 더 나은 학습을 할 수 있는지, 그리고 이것이 성장형 사고관점을 키우는 데 어떤 역할을 하는지 이해하게 될 것이다. 그리고 역설적이게도 어느 정도의 스트레스와 불편함을 경험함으로써 아이들이 느끼는 전반적인 행복 수준을 높일 수 있다는 점에 대해서도 알아본다.

성공은 노력에 달려 있다.

| 소포클레스(Sophocles) |

도전지대

'도전지대(stretch zone)'란 개념은 하버드대학교의 심리학자 탈 벤 샤하르가 제시한 것이다. 샤하르는 사람들이 안락지대(comfort zone)를 벗어나 도전지대로 진입하게 함으로써 뇌가 최적의 기능을 수행하고 잠재력을 최대치로 실현할 수 있다고 보았다. 도표 5.1에 나온 것처럼 학습 및 성장에 따라 세 지대(zone)로 나누는데, 한가운데에 안락지대가 있다. 안락지대에서 수행하는 과제는 힘들지 않다. 여기에서 뇌는 그다지 자극을 받지 않고 신경 활동도 낮은 수준으로, 실제로 이 상태에서는 어떤 새로운 것도 배우지 못한다. 안락지대에 있는 게 나쁜 것만은 아니다. 실제로 안락지대에 머물면 회복이 쉽고 웰빙에도 도움이 된다. 하지만 학습이란 측면에서는 일종의 막다른 골목 같은 곳으로, 길의 끝부분에 다다랐기에 더이상 나아갈 곳이 없다.

반면 도전지대에서는 뇌가 매우 활기를 띤다. 앞에서 든 '길'에 비유하자면 도전지대는 교통량이 많지 않은, 넓고 잘 뚫린 도로와 같다. 이 길은 이전에 가본 적 없는 장소로 이끌어주며, 멋진 풍경을 감상하게 되고 흥미로운 여정이 기대된다. 뇌의 뉴런은 활발히 작동하고 촘촘히 연결되며,

체내에서는 행복 호르몬들이 분비된다. 학습은 그 자체로 자연스럽게 보상과 동기부여가 뒤따른다.

'공황지대(panic zone)'로 말하자면, 마치 헬멧 없이 자전거를 타고 F1 레이싱을 하는 것과도 같아서 솔직히 말하면 그저 무서울 뿐이다. 여기에서는 '투쟁-도피 반응' 모드로 진입하면서 뇌 기능이 멈춰버린다. 새로운 것을 배울 수도 없고, 다만 앞으로 이러한 상황은 어떻게든 피해야 한다는 생각뿐이다.

교사의 역할은 학생들이 안락지대에만 머무르지 않고 도전지대에서 더 많은 시간을 보낼 수 있도록 북돋고, 공황지대에서 헤매고 있는 학생들을 지원하는 것이라고 볼 수 있다.

스트레스, 그리고 도전지대

도전지대는 본질적으로 기존의 편안하고 익숙했던 것으로부터 벗어나 어느 정도 불편과 스트레스를 느끼면서 작업을 하고 과제를 수행하며 활동하는 것을 뜻한다. 이는 행복 수준을 향상시키려는 의도와 어긋나는 것처럼 보일 수 있다. 그러나 루이스 코졸리노도 동의하는 바처럼 어느 정도의 스트레스를 다루는 법을 아이들에게 가르친다면 아이들의 발전에 도움이 되며, 아이들의 뇌 또한 실제로 성장하게 된다. "학생들을 신경 가소성이 일어날 수 있는 최적의 각성 상태(neuroplastic sweet spot)에 있게 하는 것이야말로 교수기술의 핵심 요소다."라고 코졸리노는 말한다 (Cozolino, 2014, pp.81~82).

도표 5.2는 이 '최적의 상태'가 어디에 위치하는지를 보여준다. 심리학자 로버트 여키스(Robert Yerkes)와 존 도슨(John Dodson)은 학습과 스트레스 간의 관계에 관한 저명한 연구(1908)를 발표했는데 이 결과는 '뒤집힌 U자형 곡선(inverted-U curve)'으로 잘 알려져 있다. 이 연구는 최적의 학습이 이루어지려면 도전 수준, 스트레스 또는 각성 수준이 너무 낮지도 높지도 않아야 한다는 사실을 보여준다. 도전 수준이 너무 낮으면 지루함을 느껴 뇌가 활성화되지 않는다(이는 안락지대의 특성이다). 반대로 도전 수준이 너무 높으면 공황지대로 진입하게 되어 높은 스트레스 수준이 학습을 방해한다. 결국 적당한 수준의 스트레스가 최대치의 학습과 성과를 이끌어낸다(이는 도전지대의 특성이다)고 보는 것이다.

[**도표 5.2**] 뒤집힌 U자형 곡선

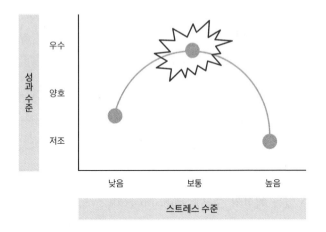

출처: 다니엘라 카우퍼(Daniela kaufer) 교수가 2011년 발표한 「신경과학 연구는 교수법에 대해 무엇을 말해주는 가?(What can neuroscience research teach us about teaching?)」

여키스와 도슨의 연구가 수행된 20세기 초에는 영상장비를 이용해 사람의 뇌를 스캔하는 기술이 없었지만, 이제는 현대 신경과학이 그들의 연구 결과를 입증해줄 수 있다. 스트레스 및 각성 상태가 보통 수준일 때 뇌의 편도체에서 코르티솔과 노르에피네프린과 같은 학습에 결정적인 역할을 하는 호르몬이 소량 분비된다는 것이 밝혀진 것이다. 이 호르몬들은 뇌에서 기억 형성에 관여하는 핵심 부위인 해마를 자극하고, 이런 과정을 거쳐 신경가소성이 극대화된다(McGaugh, 2004; McGaugh et al., 1993). 하지만 현재 수행 중인 작업에 대해 불안감이 너무 높을 경우 편도체에서 이 호르몬들이 과다 분비됨으로써 오히려 해마의 작용을 억제하고 새로운 학습이 일어나지 못하게 막는다. 다시 말해 스트레스가 너무 극심하거나 불안이 높다면 학습이 일어나지 않는다.

교사는 학생들의 스트레스 수준을 신중히 관리할 필요가 있다. 스트레스를 적정 수준으로 유지할 때 무한한 가능성이 있는 도전지대로 학생들을 이끌 수 있다.

도전지대의 고군분투

도전지대의 과제는 무엇이 됐든 간에 어렵고 부담스럽게 느껴지고, 그래서 고군분투할 수밖에 없는 경우도 있다. 그러나 이렇게 고군분투하는 상황이 실은 심층 학습(deep learning)이 일어나는 기회가 된다. 일부 심리학자들이 '바람직한 어려움(desirable difficulties)'이라 부르는 것(Bjork & Bjork, 2011)처럼 아이들에게 자기 수준보다 좀 더 어려운 과제를 내주는 것은 실제로 학습이 장기기억으로 내재될 가능성을 높여준다. 탈 벤 샤하르는 교사와 학부모들이 아이들을 '고군분투하는 상황'으로부터 과도하게 보호하려 드는 것에 대해 경고한다. "교육자, 특히 부모들은 아이들의 고군분투(struggle)를 고통(pain)과 혼동하는 경향이 있다. 아이들이 고통받지 않도록 하려고 아이들이 원하는 대로 다 들어주고 모든 도전적인 과제로부터 아이들을 구해내고 있다."(Ben-Shahar, 2008, p.88) 심리학

자신 루시 폴크스(Lucy Foulkes) 박사의 견해도 이와 비슷하다. 발표를 앞두고 아이가 불안해한다는 이유로 발표에서 제외시키는 것은 오히려 상황을 악화시킬 수 있다는 것이다. '불안이 이어지는 주요 원인 중 하나가 바로 회피(avoidance)이기 때문이다.'(Foulkes, 2022, p.8) 따라서 교사는 학생들이 교실에서 과제를 가지고 때로는 학교라는 공동체 생활에서 고군분투하도록 허용할 필요가 있다. 그렇다고 수업 중에 어려운 문제로 낑낑대거나 운동장에서 친구와 다툼을 해결하지 못하고 있는 학생들을 그저 보고만 있으라는 말은 아니다. 교사가 개입해서 도움을 주고 지도해야하는 것은 당연하지만, 학생들이 고군분투하면서 스스로 방법을 찾을 수있도록 해야 한다는 말이다. 이 과정을 통해 '아이들은 실제로 해보면 두려워했던 것만큼 최악은 아니라는 것을 깨닫거나 최소한 대처하는 법을 배우며, 이로 인해 미래에 대한 불안을 줄일 수 있다.'(Foulkes, 2022, p.8)

이는 앞에서처럼 아이들의 행복 수준을 높이려는 노력과 모순되는 것처럼 보일 수 있다. 아이들이 고군분투하는 걸 바라만 보며 구해내지 않아야 한다는 것인가? 하지만 아이들을 구해내는 것은 학습의 중요한 측면을 부정하는 일이다. 아이들은 어떤 문제를 놓고 고군분투해봐야 그것을 극복한 뒤에 나오는 깊은 만족감을 경험할 수 있기 때문이다. 탈 벤 샤르는 "고군분투와 역경, 어려운 도전은 감정적으로 풍부한 삶에 필수적인 구성 요소다. 행복으로 가는 지름길은 존재하지 않는다."라고 말한다(Ben-Shahar, 2008, p.89). 도전지대에는 고군분투가 따르기 마련이며, 실제로 도전지대는 우리가 고군분투할 것을 적극적으로 찾아준다. 도전지대에서 아이들은 잠재력을 펼쳐 현재 그들이 할 수 있는 것 이상을 해내고 그 과정을 통해 학습을 위한 뇌가 활성화된다. 또 어려움을 극복하고 도전적인 과제를 감당할 수 있다는 희열을 경험하게 된다.

성장형 사고관점

도전지대라는 개념은 심리학자 캐롤 드웩(Carol Dweck)의 사고관점 이론을 뒷받침하고 보완해준다. 드웩의 이론에 따르면 우리는 삶의 특정 영역에서 두 종류의 사고관점 중 하나를 갖게 되는데 바로 '고정형 사고관점(fixed mindset, 재능이나 능력, 지능이 바뀔 수 없다는 믿음)'이나 '성장형 사고관점(growth mindset, 노력과 연습을 통해 능력을 향상시킬 수 있다는 믿음)'이다.

예를 들어보자. 수학에 고정형 사고관점을 가진 아이는 자신의 수학 능력은 태어날 때부터 정해져 있다고 생각한다. 만약 수학을 잘하지 못한다면 "아, 나는 수학형 인간이 아니야."라고 말하며 어려운 수학 문제가 주어지면 쉽게 포기해버리고, 간단한 실수마저 자신이 수학을 잘 못한다는 증거로 여겨, 결국 수학을 잘하지 못하게 될 가능성이 높다. 만약 수학을 잘하는 경우라도 이 아이들은 그저 타고난 능력이라고 생각할 뿐 더이상 노력할 필요를 느끼지 않는다. 이들은 수학에 타고난 능력을 가졌다는 자신감과 모순되게도 종종 실수를 숨기는 데 급급하고, 수학 과목을 좋아해서가 아니라 실패가 두려워 공부한다. 고정형 사고관점의 학생들은 평가와 성과에 집착하여, 만약 실수를 저지를 것 같다고 생각되면 학습 기회 자체를 회피함으로써 실패할 위험을 사전에 차단한다(Nussbaum & Dweck, 2008). 고정형 사고관점을 가진 아이들은 위험을 감수하거나 실수하는 것을 원하지 않기에 안락지대에 머무르려는 경향이 강하다.

이와 반대로 수학에 대해 성장형 사고관점을 가진 아이는 수학 공부를 배우고 성장할 기회로 여긴다. 현재의 수학 능력이 부족하든 뛰어나든, "지금보다 더 나아지기 위해 연습해야 해."라고 말한다. 어려운 문제를 만나면 그 문제와 씨름하며 다양한 해결책을 시도하는 것을 즐긴다. 답이 틀렸을 경우에도 자신의 실수를 숨기지 않고, 어디에서 잘못됐는지에 대해 조언과 도움을 구한다. 그렇게 해서 실수를 바로잡고 문제해결 전략을 수정한다(Blackwell et al., 2007). 이 학생들은 어려운 상황에 부딪쳤을 때도 쉽게 포기하지 않고 해결하려 노력을 기울인다(Nussbaum & Dweck, 2008). 성장형 사고관점을 가진 아이들은 스스로 도전할 과제를 찾아내고, 실수를 받아들이며, 안락지대를 벗어나는 스릴을 즐긴다.

성장형 사고관점을 발전시키도록 지도하면 학습에도 도움이 된다는 것은 분명하다. 학습이 가장 극대화되는 도전지대에서 좀 더 많은 시간을 보내도록 하는 것이기 때문이다. 그러면 어떻게 해야 아이들에게 성장형 사고관점을 길러줄 수 있을까?

신경가소성에 관해 가르치기

뇌의 신경가소성에 대해 가르치는 것이 성장형 사고관점을 기르는 데 큰 효과가 있는 것으로 밝혀졌다. 수학에 어려움을 겪는 12세 정도의 학생들 두 그룹을 대상으로 한 연구가 있다. 이들을 '공부 스킬에 관한 워크숍'에 무작위로 배정한 다음 한 그룹은 일반적인 공부 스킬에 관한 수업을, 또다른 그룹은 신경과학 속성코스를 적용한 수업을 받게 했다. 후자의 그룹에게는 뇌의 가소성에 대해, 즉 지능은 고정된 것이 아니며, 새로운 것을 배울 때마다 우리 뇌의 뉴런이 새로운 연결을 형성한다는 것을 가르쳤다. 연구 결과는 놀라웠다. 신경과학 관련 수업을 받은 그룹의 수학 점수는 향상되었고 일반적인 수업을 받은 그룹의 점수는 하락했다(Blackwell et al., 2007). 이는 학생들에게 뇌를 성장시키고 강화하는 방법을 가르치는 것이 학습 동기를 부여하는 데 도움이 됨을 보여준다 (Dweck, 2007).

과정에 대해 칭찬하기

고정형 사고관점을 가지게 될지 아니면 성장형 사고관점을 가지게 될지에는 어떤 방식으로 아이를 칭찬하는가도 지대한 영향을 미친다. 나 역시 부모로서 다섯 살짜리 아들이 새로운 스킬을 습득할 때마다 "똑똑한 아이로구나!"라고 본능적으로 외치게 된다. 하지만 이런 말은 무의식적으로 아이에게 고정형 사고관점을 강화시킬 수 있다. 드웩은 '지능을 칭찬하는 것'이 고정형 사고관점을 형성하고 회복탄력성을 약화시킬 수 있다고 말한다(Dweck, 2007). 실제로 '똑똑하다'는 칭찬은 아이가 새로운 도전을 시도하는 것을 주저하게 만들 수 있다. 조금이라도 실수를 하면 부모나 교사가 자신에게 갖고 있는 똑똑하다는 이미지에 어긋나기 때문이다. 그러다 보면 안락지대에 머물면서, 자기가 잘할 수 있고 높은 점수를 받을 수 있는 과제만 수행하면서 똑똑하다는 이미지를 유지하려고 할 가능성이 커진다.

이와 달리 노력이나 도전에 대한 결심과 인내심을 칭찬받은 아이들은 학습과 성과 측면에서 향상될 가능성이 훨씬 더 크다. 이처럼 과제에 대한 집중이나 회복탄력적 태도, 향상도, 전략 등을 칭찬하는 것을 '과정에 대해 칭찬하기'라고 하는데, 과정에 대해 칭찬하는 것은 성장형 사고관점을 길러주고 학습동기를 강화한다(ICEP, Module 3, p.19). 과정에 대해 칭찬함으로써 아이들은 성공적인 학습을 위해서 자신이 어떤 노력을 했는지, 또 앞으로 어떤 노력을 해야 할지에 대해서 알게 된다고 드웩은 말한다(Dweck, 2007).

칭찬할 때 주의를 기울일 필요가 있다는 견해에 탈 벤 샤하르도 공감할 것이다. 학교에서는 시험에서 좋은 성적을 거두었거나 시험을 통과했을 때 이러한 성취를 칭찬하고 포상한다. 벤 샤하르는 이런 방식이 배우는 즐거움이라는 '무형의' 가치를 함양시키기보다 '실질적인' 성취를 강조한다는 점에서 문제가 되며, 학교가 한편으로는 무한경쟁 심리를 부추기면서 농시에 아이들의 성서적 발달을 억세한다고 보았다(Ben-Shahar, 2008, p.85). 학교와 교사가 염두에 둬야 할 점이다. 아이들의 성장형 사고관점을 키우고 도전지대로 나아가 스스로 도전을 받아들이고 배우기를 좋아하게 만들고 싶다면, 결과가 아닌 과정을 칭찬하는 것이 최상의 방법일 수 있다.

미로 속의 쥐 실험

아이들이 안락지대를 벗어나 도전지대로 진입하게 만드는 일은 교사에게 꽤 어려운 과제다. 특히 고정형 사고관점을 가진 아이들이라면, 실수를 하고 어려움을 겪는 과제를 하면서 성장하게 된다고 설득하는 것부터 쉽지 않을 수 있다. 따라서 교실에서 과제와 도전을 어떻게 제시하느냐가 매우 중요하다. 마크 윌리엄스(Mark Williams)와 데니 펜맨(Danny Penman)의 저서 『8주, 나를 비우는 시간(Mindfulness)』(2011)에는 메릴랜드대학에서 수행한 '미로 속의 쥐' 실험이 나온다. 두 그룹의 학생들에게 쥐 그림을 주고 미로 안에서 출구를 찾아 탈출하도록 하는 과제를 주었는데, 두 그룹의 미로 퍼즐에는 약간의 차이점이 있었다. 출구에 맛있어 보이는 치즈 조각이 놓인 미로는 '긍정적' 또는 '접근 지향적(approach-oriented)' 퍼즐이라는 이름이, 다른 미로에는 치즈 대신 언제든지 쥐를 습격하고 잡아먹을 준비가 된 포식자 올빼미가 들어 있었는데 이는 '부정적' 또는 '회피 지향적(avoidant-oriented)' 퍼즐이라는 이름이 붙었다. 두 그룹 모두 약 2분만에 쉽게 퍼즐을 해결하고 미로를 탈출했지만 후속 효과가 매우 흥미로웠다. 퍼즐을 완료한 다음 모든 학생들에게 창의력을 측정하는 테스트를 실시했는데 이는 앞에서 한 실험과 관련이 없는 것처럼 보였다. 그런데 올빼미를 피해 퍼즐을 푼 학생들의 성적이 쥐가 치즈를 찾아가도록 도와서 퍼즐을 푼 학생들보다 50퍼센트 이상 낮은 결과가 나온 것이었다.

첫 번째 그룹의 학생들에게서는 회피하려는 행동이 두려움 본능을 자극했다. 회피 심리가 작동하게 되면서 경계심과 조심성을 갖게 된 것이다. 두려움과 회피의 태도로 테스트를 치른 이들은 창의성이 떨어졌다. 반면 쥐가 치즈를 찾도록 도와준 학생들은 완전히 반대의 결과를 보였다. 그들은 편안하고 재미있어 하는 태도로 실험에 적극적으로 임했고 테스트라는 새로운 경험에도 열린 마음으로 임했다. 두려움이 없었기에 그들은 더 개방적일 수 있었던 것이다. 이를 통해 윌리엄스와 펜맨은 "무언가를 하는 데 있어서 정신적 태도는 종종 행동 그 자체만큼이나 중요하다."라는 의미심장한 결론을 제시한다(p.114).

위 실험은 교사들이 교실에서 도전지대를 긍정적 방식으로 활용하는 것이 중요하다는 것을 시사한다. 아이들이 도전지대에서의 과제를 신나고 흥미롭게 여기도록 하는 동시에, 실패나 실수에 대해 느끼는 두려움을 덜어주는 것도 교사의 역할이다. 이것이 바로 1장에서 다룬 부족교실처럼 안전하고 안정감 있는 교실 환경이 중요한 이유다. 이런 환경에서 아이들은 안락지대를 벗어나도 괜찮겠다는 자신감을 갖게 된다. 코졸리노는 '안정감 있는 교실에서 학생들은 새로운 학습으로 인한 스트레스에 대처하고, 교사와 반 학생들의 지원을 받아 실패에 대한 두려움을 조절할 수 있다.'고 말한다(Cozolino, 2013, p.82). 마음챙김 연습 또한 학생들이 안락지대를 벗어나 도전지대로 나아갈 때 느낄 수 있는 불편한 감정을 처리하고 감당할 수 있게 해준다.

아이들이 안락지대를 벗어나 위험을 감수하도록 교사가 독려하지 않으면 성장과 학습은 제한적일 수밖에 없다. 도전지대는 아이들이 자신의 능력을 최대한 발휘해 진정한 잠재력을 실현하도록 함을 비유적으로 표현한 것이다. 이는 교사들이 위험을 감수한다는 것이 어떤 것인지를 직접 실천을 통해 보여줄 때 가장 효과가 크다. 교실에서 실험적인 방법을 시도하거나, 교사 자신의 실수를 아이들과 공유하거나, 새로운 것을 시도하거나(이 책의 개정판을 쓰는 것 역시 새로운 시도가 아닐까!) 하는 것들을 통해서 말이다. 다음 활동들은 도전지대를 더 흥미롭게 만들어 더 많은 학생들이 더 자주 도전지대를 경험하면서 위험을 감수하는 스릴을 느끼게 해줄 것이다.

| 도전지대 게시판

도전지대를 소개하는 첫 번째 단계는 간단하게나마 신경과학 수업을 진행하는 것이다(4장 참조). 이를 통해 아이들은 자신들의 뇌가 노력과 연습을 통해 어떤 과제든 새로운 것을 배우고 향상시킬 수 있는 엄청난 능력을 가졌다는 사실을 깨닫게 된다. 신경과학 수업은 분명히 성장형 사고 관점을 기우는 데 도움이 되며, 다음과 같은 접근을 시도해볼 수 있다.

- 교실에 '도전지대 게시판'을 만든다. 두 개의 원을 과녁처럼 포개 그리고, 가운데에 안락지대를 배치하여 '쉬움', '이미 알고 있음', '지루함' 같은 문구를 써넣는다. 바깥쪽 원은 도전지대로 '어려움', '힘듦', '실수해 보기', '흥미로움', '즐거움', '몰입' 등의 문구를 써넣는다. 공황지대는 게시판에 그려넣지 않아도 되지만 학습할 때는 다른 지대와 함께 다룬다.

- 도전지대 게시판 배너 ^{QR 5-01} 는 다음 링크에서 다운로드할 수 있다.

- 안락지대에 대해서 설명한다. 안락지대에서 하는 과제들은 우리가 이미 알고 있는 것들로 쉽게 할 수 있고 어렵지 않아서 편안하게 느껴지고 스트레스도 없다. 이처럼 안락지대는 편안한 곳이지만 거기에만 너무 오래 머물러 있으면 지루함을 느끼게 된다. 아이들에게 현재 자기가 수행 중인 과제나 활동들 중 안락지대에 속하는 것들을 스스로 식별해 보도록 해도 좋다.

- 안락지대를 벗어나 도전지대로 진입하면 어려운 과제들을 마주하게 된다는 점에 대해 알려준다. 과제가 어려워져 혼란스러울 수 있으며, 분명히 실수도 하게 될 것이다. 실수를 한다는 것이 실은 도전지대에 있다는 증거이기도 하다. 그러나 도전지대에서 진정으로 집중하고 최선을 다하며 포기하지 않는다면 이전에는 할 수 없었던 것들을 새롭게 할 수

있다. 도전지대를 정말 즐겁게 느낄 수 있고, 또 이전에는 할 수 없었던 어려운 것을 할 수 있게 되었을 때 느끼는 쾌감 또한 짜릿하다.

- 도전지대에 있을 때 뇌가 가장 많이 성장한다는 것에 대해 설명한다. 뉴런이 왕성하게 활동하고 연결되기 때문이다. '몰입(flow)' 상태라는 것도 경험하게 되는데, 이는 작업에 완전히 몰두한 나머지 시간이 흐르는 것을 의식하지 못하고 다른 어떤 것도 생각하지 않는 상태를 말한다(몰입에 대해서는 6장에서 자세히 다룬다).

- 학교 안팎에서 각자 하는 활동 중에 도전지대에 속하는 것(많은 사람들 앞에서 말하기, 수영장에서 배영 시도하기, 수채화 그리기 등)을 서로 공유하도록 한다.

- 마지막으로 신경과학 수업에서 아이들이 제출한 브레인 목표들을 도전지대 게시판에 게시한다. 각자 자신의 브레인 목표를 향해 노력하는 것이 도전지대로 진입하는 일이라는 것을 재차 알려준다.

이 활동의 목표는 아이들이 흥미를 느끼며 도전지대로 나아가게 하는 것이다. 아이들이 도전지대를 매력적이고 도전적이며 몰입할 수 있는 것으로 여기게 해야 한다. 스스로의 능력에 도전하고 과제를 해내기 위해 고전하며 끈기있게 매달리는 아이들에게, 도전지대에서 노력하고 있음을 칭찬해준다.

맞춤형 피드백 제공하기

딜런 윌리엄(Dylan Wiliam) 교수는 피드백에 관한 블로그에서 학생들과의 관계를 가장 중요한 요소로 꼽았다. 그는 "교사가 학생에 대해 잘 알고 학생이 교사를 신뢰할 때는 모든 피드백의 규칙을 무시할 수 있다. 만약 그런 신뢰 관계가 없다면 피드백에 관한 어떤 연구도 소용 없다."라고 했다(Dylan Wiliam Centre, 2014). 이 말은 자연스럽게 앞에서 부족교실을 만들어 소속감을 키우고 어른과 신뢰관계를 갖는 것이 중요하다고 했던 내용들과 연결된다. 윌리엄 교수는 아이들의 원활한 학습과 진전을 바란다면, 먼저 아이들을 잘 파악하고, 개개인에 알맞은 피드백을 제공해야 한다고 말한다. 다음과 같은 것들이 도움이 될 수 있다.

● 개입해야 할 때와 멈출 때를 파악하기 : 아이들 개개인마다 모두 안락지대, 도전지대, 공황지대가 다르기 때문에 아이들을 제대로 파악하고 있어야 한다. 일 년에 걸쳐 아이들이 어떤 것에 예민하게 반응하는지 알아보고 미세한 표정까지 살피도록 한다. 이를 통해 아이들이 안락지대에서 벗어나도록 개입이 필요할 때와, 압박이 너무 커서 개입을 멈춰야 할 때를 알 수 있을 것이다.

● 아이들의 강점(strength) 활용하기 : 다음 장에서 더 자세히 다루겠지만 아이들 각각의 성격상 강점을 파악한다. 예를 들어 재치, 학습에 대한 열정, 친절함, 참을성 등이 있다. 그런 다음 아이들이 도전을 극복하는

데 자신의 강점을 활용하도록 격려한다.

● 이전의 성공 경험 끌어내기 : 아이들은 이전에 어려움을 극복했던 일을 쉽게 잊어버리곤 한다. 따라서 교사는 아이들이 과거에 성공했던 일들을 기억해 둘 필요가 있다. 만약 전교생 앞에서 하는 공연을 앞두고 극도로 불안해하는 아이가 있다면, 지난번 학교 연극에서 자기가 맡은 대사를 완벽하게 해냈던 경험을 상기시켜 준다. 과거에 그랬듯이 이번에도 잘 해낼 것이라는 믿음을 보여주는 것이다.

아름다운 실수

도전지대와 성장형 사고관점에서 중요한 것은 실수와 실패가 학습과 성장에서 핵심적인 부분임을 알려주는 것이다. 아이들은 실수가 곧 그것을 잘하지 못한다는 것, 그리고 앞으로도 결코 잘하지 못할 것이라는 표시로 여기는 경우가 많다. 실수를 하면 의욕을 잃어버리고 포기하며 안락지대로 후퇴해 버리는 아이들도 있다. 그래서 교사는 서로의 실수를 공유하며 함께 이야기하고, 실수를 통해 배우는 기회를 갖는 교실 환경을 만드는 일이 매우 중요하다. 다음 방법을 참고하여 시도하기 바란다.

● 수업 중에 실수를 공유하는 시간을 따로 마련하여 아이들이 자발적으로 자신의 실수에 대해 반 아이들과 함께 얘기하도록 한다. 반 아이

들에게 도움을 요청하면 다른 아이들이 실수를 바로잡는 데 도움을 줄 수도 있다. 또 실수를 하고 나서 어떻게 실수를 바로삽았는지에 대해 설명할 수도 있다.

- '이 주의 실수'라는 코너를 마련하여, 수학 문제나 글을 게시한 뒤 아이들에게 실수를 찾아내 해결책을 내도록 한다. 해결책이 여러 개일 때는 각자 메모지 등에 다양한 해결책을 적어 붙일 수도 있다.

- 교사도 가르치는 과정에서 어쩔 수 없이 실수를 하게 된다. 그럴 경우 반드시 아이들과 실수를 공유하도록 한다. 이는 겸손한 태도를 보여주는 것일 뿐만 아니라, 누구나 실수를 할 수 있고 그래서 실수를 부끄러워할 필요가 없다는 것을 보여주는 좋은 사례가 된다.

실수의 가치가 인정되는 문화를 조성하도록 노력한다. 아이들은 실제로 실수가 학습에 필수적이며, 자신의 실수를 다른 사람과 공유함으로써 모두가 그 실수로부터 배우게 된다는 것을 깨닫게 될 것이다.

공황지대 벗어나기

몇 년 전 나는 4학년 수업에서 안드레아라는 소녀를 가르친 적이 있다. 그 전 해에, '크리스탈 팰리스 다이빙 클럽'이라는 곳에서 안드레아를 포함해 우리 학교의 몇몇 아이들을 선발해 그곳 소속의 다이빙 스쿨에 참여시켰다. 당시 안드레아는 수업 시간에 열성적으로 다이빙 훈련과 대회에 대해 말했었다. 2022년에 안드레아는 10미터 플랫폼과 10미터 싱크로나이즈드 플랫폼 종목에서 두 번의 국가대회 챔피언, 두 번의 커먼웰스(영연방 국가들끼리 수행하는 별도의 스포츠 대회-옮긴이) 챔피언, 두 번의 유럽 챔피언, 그리고 주니어 세계 챔피언 자리를 차지했다.

2022년 초에 안드레아가 BBC에서 인터뷰를 했을 때, 나는 그녀가 다이빙이 두려워져서 선수 생활을 그만두려고 고민한 적이 있었다고 말한 것을 보고 무척 놀랐다. 그 후 나는 안드레아에게 연락을 취해, 어떻게 그런 두려움을 이겨내고 오히려 가장 성공적인 한 해를 보낼 수 있었는지에 대해 인터뷰를 했다(인터뷰 전체 내용은 다음 링크 ^{QR 5-02} 를 확인하기 바란다). 안드레아는 자신이 어려움을 극복하는 데 가장 큰 도움을 준 것은 결국 주변 사람들-코치, 가족과 친구들-이었다고 말했다. "나는 나 자신을 포기하려 했지만 그들은 나를 포기할 준비가 되지 않았어요." 이 말은 부족교실과 지지해주는 관계의 중요성을 다시 한번 강조한다. 이는 앞에서 언급했던 자기결정이론의 관계성과 관련 있다(29쪽 참고). 안드레아가 코치에게 솔직히 털어놓고 휴식을 취하고 싶다고 말한 것은 자율성과, 코치의 조언에 따라 기본훈련 위주로 가장 간단한 다이빙 기술을 반복해서 연습하면서 일관되게 안정적인 수준을 유지될 수 있도록 한 것은 유능감과 관련 있다. 안드레아가 마지막으로 꼽은 것은 코치가 매우 긍정적인 태도를 유지하며 안드레아가 아주 쉬운 다이빙 기술을 성공했을 때도 칭찬해주었다는 것이다.

나는 안드레아가 앞으로도 올림픽 메달 수상을 비롯해 많은 성과를 올릴 것이라고 확신한다. 발표를 앞두고 잔뜩 긴장한 학생이든, 10미터 높이의 다이빙보드 위에 서 있는 엘리트 선수든, 공황지대에 진입한 아이들을 위해서 다음과 같은 원칙이 반드시 필요함을 안드레아의 사례가 보여준다.

- 당신이 그들과 함께한다는 것을 알려주어 지지한다.
- 휴식을 허용하고 스스로 상황을 통제할 수 있다고 느끼게 해준다.
- 긍정적인 태도를 유지하고 격려해준다.
- 기본으로 돌아가 자신감을 키워준다.
- 자기결정이론과 내적 동기부여의 핵심은 관계성, 자율성, 유능감임을 기억한다.

| 행복교실 이야기 |

안드레아는 매우 사교적이고 친절하며 협동심이 뛰어납니다. 교우 관계도 좋습니다. 수업 시간에 안드레아는 항상 최선을 다하고 열심히 노력합니다. 성실하고 꾸준한 노력 덕분에 특히 올해는 큰 발전을 이뤘습니다. 특별훈련기간 중에도 안드레아는 열심히 연습하여 속도, 파워, 조절능력 모두에서 큰 향상을 보였습니다. 열정을 다해 다이빙에 전념하는 것과 대

외적으로 다이빙에서 거둔 성과에 깊은 감동을 받았습니다. 안드레아는 목표 달성을 향한 집중력과 결단력을 가지고 있으며, 본인의 의지만 있다면 올림픽에서 국가대표로 나서게 될 것이라 확신합니다. 올 한 해 동안 안드레아를 가르친 것은 큰 즐거움이었고, 그녀의 발전과 성장을 지켜볼 수 있어 기뻤습니다. 안드레아, 정말 수고많았고 잘했어요. 5학년에서도 행운을 빌어요!

- 안드레아 스펜돌리니 시리에이스의 4학년 통지문

실패에서 배우기

아이들이 스스로 도전지대로 진입하게 독려하는 효과적인 방법 중 하나는, 자신의 한계를 넘어 도전을 받아들이고 실수하는 롤모델의 모습을 보여주는 것이다. 최근 우리 학교에 BMX 슈퍼스타 마이크 멀린이 방문한 적이 있다. 그는 월드 마스터클래스 BMX 챔피언이자 현재 영국 프로 하프파이프 챔피언이다. 그는 BMX 아카데미를 운영하며 BMX를 통해 성장형 사고관점에 대해 가르치고 있다. 학생들이 모인 자리에서 그는 불안과 걱정이 많았던 소년이 어떻게 BMX 세계 챔피언이 되었는지에 대한 얘기를 들려줬다. 마이크는 학창 시절 자신이 고정형 사고관점에 갇혀 어떤 것들은 그냥 자신이 못하는 일이라고만 여겼다고 했다. 그러다 생일선물로 BMX를 받으면서 BMX 트릭을 연습하기 시작했다.

처음에는 제대로 하지 못해서 계속 실패를 반복했다. 하지만 마이크는 학교에서와는 달리 BMX 트릭을 마스터하기 위해 끈기있게 노력했다. 실패할 때마다 트릭을 더 잘하기 위해 어떻게 해야 할지에 대해 새로운 것을 배우게 되었다. 반복적인 실패와 지속적인 학습을 통해 기어이 마이크는 트릭을 마스터하게 되었다! 그렇게 마이크는 '실패(failure)'와 '배움(learning)'을 합쳐 '플러닝(flearning)'이란 말을 만들어냈다. 그의 스토리는 아이들에게 큰 울림을 주었고 이제 '플러닝'이란 말은 우리 학교에서 실수를 할 때면 으레 사용하는 유행어가 되었다.

자신의 분야에서 성공한 사람들을 초청해 그들의 성공과 실패에 대한 이야기를 듣는 것은 아이들에게 동기부여의 기회가 될 수 있다. 여건상 그렇게 하기 힘들더라도, 성공한 사람들의 실패와 실수에 관한 스토리는 얼마든지 함께 다뤄볼 수 있다. 농구선수 마이클 조던은 학창시절 학교 농구팀에서 실력이 부족하다는 이유로 탈락한 적이 있다. 하지만 그는 역사상 가장 훌륭한 농구선수로 성공했고, 자신의 성공에 관해 다음과 같은 메시지를 전했다. "선수로 뛰는 동안 나는 9,000번 이상의 슛을 놓쳤고, 300번의 경기에서 패배했으며, 승리에 결정적인 슛을 26번 놓쳤습니다. 계속 실패하고 또 실패했지요···. 그래서 성공할 수 있었던 것입니다."(Goldman & Papson, 1998, p.49)

펭귄처럼 해보자

아이들은 실수하고 싶지 않아 도전지대에서 포기하려 할 때가 있다. 그럴 때 나는 BBC 〈얼어붙은 행성(Frozen Planet)〉 시리즈 **QR 5-03** 에서 가져온 멋진 영상을 보여주곤 한다. 남극에 사는 젠투 펭귄이 바다사자를 피해 달아나는 모습이 나오는데, 바다사자는 육지에서 펭귄보다 훨씬 빠르고 강한 포식자다. 두 번이나 공격을 당했지만 젠투펭귄은 바다사자에 맞서 싸운 끝에 기어이 달아나 자유를 찾았다. 이 영상은 매우 감동적이었고, 처음 2학년 아이들에게 보여줬을 때 아이들도 매우 감탄하며 시청했다. 펭귄이 달아나 마침내 바다로 돌아가는 장면에서 아이들은 환호하고 기뻐하며 박수를 쳤다. 이후 '펭귄처럼 해보자'라는 새로운 구호가 탄생했고, 이 구호는 인내와 끈기의 상징으로 사용되고 있다.

어려움을 마주하고 포기하고 싶어질 때면 우리는 그 펭귄을 떠올리고 다시 한번 더 노력하며 계속 나아간다. 그 펭귄은 약자임에도 투지와 끈기로 승리를 쟁취했다는 점에서 아이들에게 큰 의미를 가진다. 우리 반에는 두 개의 펭귄 인형이 있는데(이전 학생들이 학기말에 선물로 준 것이다), 나는 도전지대에서 열심히 노력하며 최선을 다하는 학생의 책상에 이 인형들을 놓아둔다. 그것 말고 펭귄 도장도 있는데, 스스로의 한계에 도전하여 남다른 노력을 하는 아이들의 공책에 도장을 찍어준다.

이것은 '과정에 대해 칭찬하는' 한 가지 방법이다. 안락지대를 벗어나 실수를 하며 끈기 있게 열심히 노력하고 다시 일어서는 것을 칭찬해줌으로써 아이들이 도전지대에서 더 많은 시간을 보내도록 격려하는 것이다. 도진지대에 대한 흥미로운 역설이 있다. 인락지대를 벗어나 도진지대에서 흔히 느끼게 되는 불편한 감정에 익숙해질수록, 오히려 그 불편한 감정에 더 편안함을 느끼게 되고 그렇게 안락지대가 확장된다는 것이다. 도전지대에 대한 두려움이 줄어들고 더 흥미롭게 느끼게 되면서 아이들은 계속 도전하고 성장한다.

유큐브드

스탠포드대학교의 조 볼러(Jo Boaler) 박사가 만든 유큐브드 (Youcubed) QR 5-04 도 추천하고 싶은 훌륭한 자료이다. 이 사이트의 원래 기획 의도는 수학에 대한 사고관점을 바꾸고자 하는 것이지만, 최신 신경과학에 관한 내용도 아이들이 쉽게 이해할 수 있도록 간추려 설명하고 있으며, 아이들이 배우는 모든 교과목과 관련된 내용을 다루고 있다. 나는 다음과 같은 메시지를 전달하고자 할 때 이 영상을 자주 이용한다.

- 수학적 두뇌니, 과학적 두뇌니 하는 것은 실제로 존재하지 않는다.
- 실수는 우리 뇌를 성장시킨다.
- 어려운 문제를 가지고 고민하는 것은 우리 뇌 성장에 큰 도움이 된

다(도전지대를 말한다!).

- 빠르게 문제를 푸는 것은 수학뿐만 아니라 어떤 과목에서도 중요하지 않다. 정말 중요한 것은 깊이 생각하는 것이다.
- 뇌는 신경가소성이 있어 끈기 있는 연습과 노력을 통해 성장한다.
- 자신을 믿는 것이 자신을 의심하는 것보다 뇌를 성장시키는 데 훨씬 더 도움이 된다.

아이들에게 도전지대에 관해 가르치는 것은 여러 면에서 효과가 있음을 경험으로 알게 되었다. 그저 아이들의 학업 향상에 도움이 되는 데서 그치지 않는다. 도전지대는 현대 사회에서 살아가는 데 따른 불가피한 불안과 스트레스를 다루는 방법을 아이들에게 가르쳐준다. 성장하고 잠재력을 실현하자면 종종 불편한 감정을 마주하고 두려움에 직면하고 실수를 하지만, 그래도 괜찮다는 것을 일깨워준다. 이는 교실뿐만 아니라 스포츠 경기장에도 해당되며, 삶의 모든 영역에서 뭔가 어려운 일을 수행해야 할 때(아픈 친척을 방문하거나, 친구관계 문제를 다루거나, 괴롭힘을 당하는 상황에서 자신을 지켜야 하는 상황 등)도 해당한다. 도전지대는 자신감과 인내력, 회복탄력성을 키워주는 데 실제로 도움을 준다.

- 새로운 것을 배울 때 아이들은 학습에 참여하기 위해 적절한 수준의 도전, 스트레스, 자극이 필요하다.

- 도전지대는 도전이 이루어지는 최적의 상태를 제공하지만, 안락지대를 벗어나는 것은 불안감을 불러일으킬 수 있다.

- 재능과 지능은 타고난 것이며 바뀌지 않는다고 믿는 고정형 사고관점 대신, 노력에 따라 성장하고 바뀔 수 있다는 성장형 사고관점으로 변화시켜야 한다.

- 안락지대, 도전지대, 공황지대에서 학습이 각각 어떻게 이루어지는지를 아이들에게 알려주고, 자신이 어느 지대에서 대부분의 시간을 보내는지 스스로 고민해 보도록 한다.

- 아이들이 도전지대에서 용감하게 문제에 맞설 수 있도록 격려한다. 실수를 칭찬하고 서로를 지지하는 교실 환경을 조성하여 도전지대에 흥미를 갖고 머물도록 한다.

- 아이들에 대해 잘 파악하여 그들을 도전지대로 이끌기 위해 맞춤형 피드백을 제공한다. 하지만 아이들이 압박을 느낄 때는 개입을 멈추고 압박을 덜어주는 것도 필요하다.

- 공황지대에 진입하려는 아이들을 격려하고 지지해준다. 기본으로 돌아가 자신감을 키워주고, 긍정적 태도로 누구나(올림픽 챔피언조차) 공황지대에 빠질 때가 있다는 사실을 알려준다.

- 어려운 과제를 수행하고 도전을 시도하는 아이들에게는 과정에 대해 칭찬한다. '펭귄처럼 해보자' 같은 활동이나 아이들이 롤모델로 삼을 만한 인물의 성공과 실패 스토리를 들려주며 결단력과 회복탄력성을 키워준다.

6장
몰입과 강점

이 장에서는 몰입(flow)이란 무엇인지, 창의성과 웰빙에 몰입이 왜 중요한지 살펴본다. 교실에서 몰입의 경험을 늘릴 수 있는 방법과 함께, 아이들의 강점(strength)을 키우고 활용함으로써 학습의 즐거움을 유도할 방법도 알게 될 것이다.

내가 하는 일들이 강물처럼 내 안에서 자연스럽게 흘러나오기를 바란다.

아이들이 으레 그렇듯이, 강요하거나 억제하지 않아도 말이다.

| 라이너 마리아 릴케(Rainer Maria Rilke) |

| 몰입이란 무엇인가

수업에서 교사 스스로 가장 최고로 꼽을 만한 순간을 떠올려보라. 아이들은 집중하여 참여하고 있고, 교사는 본인의 역량을 십분 활용하며 즐겁게 가르치고 있다. 타고난 내적 강점을 수업에 효과적으로 활용하고, 창의성을 발휘하고, 학습에 대한 열정을 공유하며, 적절히 유머를 사용할 수도 있다. 현재 하고 있는 것 말고는 전혀 딴생각을 하지 않는 가운데 시간은 빠르게 흘러간다. 이것이 바로 '몰입'의 경험, 즉 순수하게 집중하고 깊은 만족감을 느끼는 상태이다.

심리학자 미하이 칙센트미하이(Mihaly Csikszentmihalyi)는 창의성과 생산성을 연구하는 가운데 '몰입'의 개념을 발견하여 이를 광범위하게 연구한 학자다. 그는 몰입에 대해 이렇게 설명한다. "활동 자체에 완전히 몰두하는 상태로, 자아(ego)는 사라지고 시간이 빠르게 흐른다. 모든 행동, 움직임, 생각은 이전 것들에 이어져 필연적으로 따라온다. … 온전히 몰입한 가운데 모든 스킬을 최대한 활용하고 있다."(Geirland, 1996) 몰입은 최고의 기량을 펼치며 잠재력을 최대로 발휘할 때 경험하는 것이다. 몰입은 어떤 것에 깊이 몰두하고 참여할 때 이루어진다. 이런 상태를 두

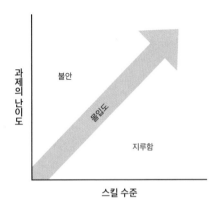

고 흔히 '무아지경에 빠지다(be in the zone)'라고 하는데, 이는 5장에서 다룬 도전지대(stretch zone)와 밀접한 관련이 있다. 지루하거나 불안한 상태에서는 몰입을 경험할 수 없다. 여키스와 도슨의 '뒤집힌 U자형 곡선'(5장 참조)과 유사하게 도표 6.1은 몰입을 경험할 가능성이 언제 가장 높을지를 보여준다.

칙센트미하이는 몰입을 경험하기 위해서는 다음과 같은 특정한 조건들이 갖춰져야 한다고 언급한다(2002).

- 수행하는 과제의 난이도가 자신의 스킬 수준에 맞아야 한다.
- 과제는 명확하고 분명한 목표가 있어야 한다.
- 자신이 얼마나 잘하고 있는지 알 수 있도록 과제에 대한 피드백이 즉

각적으로 주어져야 한다.

- 지금 하고 있는 과제에 온전히 집중할 수 있어야 한다.
- 과제와 관련된 자신의 행동에 대해 자율성을 가져야 한다.

도전지대에서 과제를 수행할 때 주로 몰입을 경험하게 되기는 하지만, 도전지대와 몰입 경험이 반드시 같이 일어나는 것은 아니다. 내 경험을 예로 들어 보자면, 책을 집필하는 것은 분명 내게 도전지대에 속하는 일이다. 집필에 초보인 편인 나는 안락지대를 벗어나 시행착오를 거치며 배우는 중이다. 나는 글을 쓰는 동안 몰입을 자주 경험한다. 너무 깊이 몰두하다 보면 나도 모르게 밤 늦게까지 식사는커녕 물도 마시지 않고 화장실에도 가지 않은 적이 있다. 몰입을 경험하고 나면 기분이 정말 좋다. 몰입의 시간을 돌아보며 내가 얼마나 즐겁게 글쓰기를 했는지 깨닫고, 만족감을 느끼면서 어서 또 글을 쓰고 싶어진다. 그러나 아이디어가 잘 떠오르지 않거나, 부정적인 피드백을 받거나, 이미 쓴 글을 다시 읽어보고 마음에 들지 않을 때도 있다. 이때는 여전히 도전지대에 있긴 하지만 몰입 상태는 아니다. 힘든 감정을 극복하고 계속해서 노력하며 다시 리듬을 찾아야 한다. 켄 로빈슨은 저서 『엘리먼트(Element)』에서 다음과 같이 말하고 있다. "아무리 좋아하는 일을 하더라도 매번 경지에 들 것이라 보장할 수는 없다. 분위기나 타이밍이 안 맞을 때도 있고, 그저 아이디어가 떠오르지 않을 때도 있다."(Robinson, 2010, pp.88~89)

우리가 경험하는 몰입의 수준도 다 다르다. 친구와의 대화 삼매경에 빠져들거나 좋은 책에 몰두하는 것은 '소소한 몰입(micro-flow)'이다. 또는 자신의 모든 강점, 재능, 능력을 극한까지 끌어올려 정말 깊은 몰입을 경험할 수도 있다. 유명 첼리스트 요요마의 다음 말은 깊은 몰입이란 어떤 느낌인지를 알려준다. "나는… 모든 것을 판단하는 마음을 끈 상태이다. 생각하지도 걱정하지도 않고 있다. … 음악의 감정에 빠져서 내가 무엇을 하는지조차 의식하지 않고 있을 때, 그때가 바로 내가 최상의 연주를 하고 있을 때다."(Lehrer, 2012, p.89)

몰입의 이점

몰입은 단순히 기분을 좋게 하는 것 이상의 좋은 영향을 미친다. 연구에 따르면 몰입 경험은 행복이나 웰빙과 밀접하게 관련된다. 십대 500명을 대상으로 추적 연구를 진행한 칙센트미하이는, 몰입을 자주 경험한 청소년들이 몰입 경험이 거의 없는 청소년들에 비해 더 많은 취미활동을 하고, 스포츠에 더 열심히 참여하고, 과제도 성실히 수행한다는 사실을 발견했다. 흥미로운 사실은, 몰입 경험이 많은 청소년들의 경우에도 몰입을 경험할 당시에는 늘 즐겁고 재밌지만은 않았다고 말한 것이다. 하지만 그들의 몰입 경험은 훗날 결국 보상을 받았다. 몰입 경험이 많은 청소년들이 심리적 웰빙 측정에서 더 높은 점수를 받고, 대학 진학률도 더 높았으며, 더 강한 사회적 유대감을 형성했다. 즉 궁극적으로 그들의 삶은 더 행복하고 성공적이었다고 말할 수 있다(Csikszentmihalyi, 2002).

학교에서의 참여 및 몰입 경험은 학업 성적과도 상관 관계가 높다. 칙센트미하이와 동료들의 추가적인 연구를 보면, 몰입이 학습의 깊이를 더하고 교과목에 대한 장기적 관심을 촉진함을 알 수 있다. 당연한 사실이다. 교사라면 누구나 수업에 열정적으로 참여하는 아이들이 그렇지 않은 아이들보다 더 잘 배운다는 것을 알고 있다.

교실에서 몰입을 경험하면 아이들이 학습에 흥미를 느끼는 데 도움이 된다. 학습에 흥미를 느끼게 하는 것이야말로 초등학교 교사의 주된 목표 중 하나로, 그럴 때 아이들은 학업적으로나 감정적으로 잠재력을 최대한 발휘할 수 있다.

몰입하기 힘든 수업 환경

교사들이 겪는 어려움 중 하나는 학교의 환경이 몰입을 경험하기 어렵게 만든다는 것이다. 미국의 심리학자 질 서티(Jill Suttie)는 '교실의 학습 환경은 몰입을 경험하고 그와 관련된 모든 이점을 얻는 데 필요한 조건과 사실상 정반대'(2012)라고 주장한다. 고부담시험과 지나치게 엄격한 규율을 비판하며, 이런 요소들이 학생들이 흥미를 느끼는 주제에 깊이 참여하는 것을 막고 있다고 말한다. 학생의 참여보다 학업성적을 더 중시하는 교육 시스템에서는 아이들이 자신들이 배우고 있는 것에 의미를 찾지 못하여 흥미를 잃고 무기력해질 수 있다는 것이다. 하버드대학교와 빌라노바대학교 연구진들이 미국 중고등학교의 학업성적이 우수한 학생들을 연구한 결과, 진정한 의미에서의 학습 참여 없이 높은 성과를 내야 한다는 압박감은 부정행위, 불면증, 우울증, 약물 남용으로 이어졌다(Suttie, 2012).

교육 전문가인 켄 로빈슨도 학교가 창의성과 몰입의 경험을 억압하는 경우가 종종 있다는 데 동의한다. 그는 학교에서 창의성이 영어와 같은 핵심 교과목과 동등하게 다뤄져야 한다고 생각한다. 하지만 실상은 많은 학교들이 이와 정반대다. 로빈슨은 "현재의 국가 교육 시스템에서는 실수가 가장 나쁜 것으로 여겨진다. 그 결과 지금의 학교는 아이들이 창의적 능력을 잃어버리도록 교육하고 있다."라고 말한다(Robinson, 2006). 칙센트미하이 또한 학교가 학습을 지루하게 만들고 흥미를 잃어버리게 하고 있다고 여긴다. "학교에서 가르치는 과학이나 수학은 실제로 그것들이 얼마나 흥미롭고 매혹적인지 보여주지 못한다. 문학이나 역사도 뻔한 것들만 가르칠 뿐, 새로운 모험은 외면한다."(Csikszentmihalyi, 1998)

교사는 몸담고 있는 시스템의 한계를 염두에 둘 필요가 있지만, 그럼에도 교실에서 더 많은 몰입 경험을 만들 수 있는 여러 방법들이 있다. 그 중 하나가 아이들의 강점에 집중하는 것이다.

강점이란 무엇인가

강점은 우리 자신을 이루는 핵심적인 부분이며, 이를 기반으로 우리의 인성이 형성된다. 강점은 우리의 생각, 감정, 행동의 원동력으로, 궁극적으로 우리에게 동기를 부여한다. 긍정심리학 분야의 선도적 전문가인 바네사 킹(Vanessa King)은 "강점을 사용할 때 하고 있는 일을 더 즐기고, 배우는 게 더 쉬워지며, 더 나은 결과를 얻어내는 경향이 있다."라고 말한다(King, 2016, p.191). 강점을 활용하면 에너지가 소모되는 게 아니라 충전되는 느낌을 받는다. 이 분야의 전문가인 마틴 셀리그먼에 따르면 강점을 활용하는 것은 몰입에 필수적이라고 한다. "몰입으로 가는 지름길은 없다. … 몰입의 세계에 들어가고 싶다면, 자신이 지닌 최고의 강점과 재능을 발휘해야 한다."(Seligman, 2011, p.11)는 그의 말처럼, 수업에서 아이들의 강점을 활용하는 것은 아이들을 학습에 참여시키고 동기를 부여하는 데 중요한 도구가 될 것이다.

그렇다면 강점에는 어떤 다양한 유형들이 있을까? 셀리그먼과 심리학자 크리스토퍼 피터슨(Christopher Peterson)은 보편적인 성격상의 강점과 덕목을 24가지로 분류하고 있다(도표 6.2 참조).

이들 강점은 지혜와 지식, 인간존중, 정의, 절제, 초월성, 용기라는 여섯 가지 덕목으로 분류된다. 셀리그먼에 따르면 우리는 모두 '각자 고유한 강점'들을 가지고 있으며, 이것들을 다른 것들보다 더 자주 사용한다. 그리고 일이나 놀이에서 이 강점들을 사용할 때 우리는 최상의 행복감을

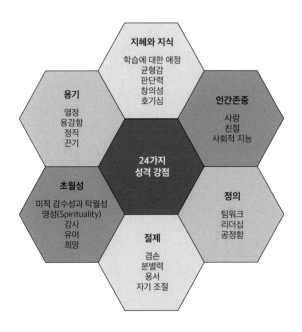

느낀다(Seligman, 2002). 실제로 한 연구에서는 참가자들에게 자신의 상위 다섯 가지 장점을 찾아내서 그중 하나를 한 주 동안 새로운 방식으로 활용하도록 했는데, 참가자들 모두가 최대 6개월 후까지 '더 행복했다'는 유의미한 결과를 도출했다(Seligman et al., 2005).

❘ 강점을 찾아내는 교실

강점은 우리 안에 내재되어 있는 것이라 무심코 지나치거나 당연한 것으로 여기기 쉬워 스스로 강점을 찾아내는 것은 어려운 일이다. 그러므로 아이들이 자신의 성격 강점을 찾아내서 드러낼 수 있도록 하는 데 교사의 역할이 중요하다. '끈기'나 '팀워크'를 칭찬받음으로써 아이는 끈기와 팀워크를 자신의 강점으로 여기고 이를 통해 자신감을 형성하게 된다. 더 나아가 아이가 위험을 감수하며 도전지대로 나아가도록 이끄는 효과로까지 이어진다. 아이들이 스스로의 강점을 찾아내고, 아울러 서로의 강점까지도 찾아내는 교실 환경을 교사가 만들 수 있다.

아이들에게는 앞에서 본 24가지의 모든 강점과 덕목을 발전시킬 능력이 있다. 하지만 그중에서도 어린 시절에 더 보편적으로 나타나는 특징들이 있다. 예를 들어 아주 어린 아이들에게서는 사랑, 친절, 창의성, 호기심, 유머 같은 강점이 더 두드러지고(Park & Peterson, 2006), 성인들에게서는 균형감, 분별력, 미적 감수성 같은 것들이 더 잘 나타난다. 아동교육및심리연구소(ICEP)에서는 아이들의 타고난 강점보다 성인들이 가치 있게 여기는 강점을 우위에 두고 가르치는 것에 대해 다음과 같이 주의를 주고 있다. "아이들의 타고난 강점을 키워주는 데 주의를 기울여야 한다. 그러지 않으면 아이들은 성장하면서 그런 강점들을 잃어버릴 수 있다."(Institute of Child Education & Psychology, Module 3, p.21) 아이들을 고유한 핵심 강점들에만 국한시키는 것이 아니라 그들이 가진 강점의 전체 스펙트럼을 발전시키고 연마하며 성장시키도록 하는 것을 목표로 해야 한다.

중요한 것은 '마음의 덕목'이라 불리는 사랑이나 감사 같은 것들이, '머리의 덕목'이라 불리는 비판적 사고나 리더십 같은 것들보다 웰빙에 관여하는 측면이 훨씬 크다는 사실이다(Park & Peterson, 2009). 아이들에게 진정으로 행복의 스킬을 가르치기를 원한다면 마음의 덕목에 더 중점을 두어야 한다는 주장은 설득력이 있다. 친절, 공감, 연민 같은 마음의 덕목을 개발하는 방법들에 대해서는 7장에서 알아보자.

수업을 통해 아이들에게 더 많은 몰입 경험을 제공하고 아이들 각자의 강점을 키우도록 함으로써 교사는 아이들이 잠재력을 최대로 발휘할 수 있도록 도울 수 있다. 학습에 온전히 몰입하고 자신의 능력을 최대한 활용하여 학습을 수행할 때, 아이들은 진정한 의미에서 성장하기 시작하는 것이다. 이제 학교 공부는 더이상 지겹고 하기 싫은 것이 아니라 즐겁고 목적 지향적인 일이 된다.

몰입 경험에 대해 말하기

아이들이 각자 선호하는 몰입 활동을 친구들과 함께 이야기하고 몰입에 대해 어떤 느낌을 갖는지, 언제 몰입을 경험하는지 생각해보게 지도한다.

- 학교나 집에서 하는 활동 중 몰입을 경험한 것은 무엇인가, 즉 하다 보면 자신도 모르게 시간이 훌쩍 지나버리는 것이 무엇인지 물어본다.
- 몰입하고 있을 때 어떤 느낌이 들었는지 각자 느낀 경험을 이야기해 보도록 한다.

● 각자 자신이 가장 몰입하게 되는 활동 5가지를 떠올려 포스터, 그림, 글로 나타내고 학급 전체를 대상으로 발표하게 한다. 발표에서 공통된 주제가 있는지 확인하고(스포츠 관련 활동들인가? 예술과 공예 중심인가? 학교 내부 또는 외부에서 하게 되는 활동인가? 등) 몰입 활동이 주로 혼자 하는 것인지, 여럿이 그룹을 이루어 하는 것인지, 두 가지가 혼합된 활동인지 등을 파악한다.

● 몰입을 경험하는 활동을 할 때 아이들 스스로 어떤 고유한 강점을 사용하는지 알아낼 수 있는가? 예를 들어 악기를 연주할 때는 '집중력'을, 책을 읽을 때는 '학습에 대한 애정'을, 친구들과 게임을 할 때는 '명랑함'을 꼽을 수 있다.

우리는 각자 가지고 있는 고유의 강점을 활용할 때 몰입을 경험하는 경우가 많다. 중요한 것은 아이들이 몰입이란 개념에 더 익숙해지고, 언제 몰입을 최대로 경험하게 되는지 알아차리고, 이때 어떤 강점을 사용하게 되는지 알아내도록 하는 것이다. 그러한 과정을 통해 아이들은 몰입을 경험하는 활동을 스스로 선택하여 자신이 스스로의 웰빙을 향상시킬 능력을 갖고 있음을 깨닫게 된다.

개별화 지도

아이들이 몰입을 경험하게 하기 위해서는 아이들의 스킬 수준에 맞는 난도의 과제가 주어져야 한다. 이는 대개 개별화 지도(differentiation)를 통해 이루어지는데, 그러려면 교사가 학생들 각각의 특성을 잘 알고 있어야 가능하다. 교실에서 적용할 수 있는 개별화 지도 방법을 소개한다.

● 과제를 통한 개별화 지도 : 아이들의 스킬 수준에 따라 완료할 수 있는 과제를 각각 다르게 주는 것이다. 몇몇 학교에서는 과제를 '순한맛', '중간맛', '매운맛' 등으로 구분하기도 하는데, 학생들은 자신의 스킬 수준에 맞다고 생각하는 과제를 선택할 수 있다. 스스로 선택할 수 있도록 자율성을 허용하는 것은 몰입 경험에도 중요한 요소이다. '순한맛'에서 시작하더라도 언제든지 '중간맛'과 '매운맛'으로 이동하면서 도전 수준을 높일 수 있다. 안락지대에만 머물며 쉽게 할 수 있는 과제만 수행하려고 하는 학생들의 경우에는 좀 더 어려운 과제에 도전할 수 있도록 특별히 신경쓸 필요가 있다.

● 지원을 통한 개별화 지도 : 모든 학생에게 동일한 난도의 과제를 줄경우, 학생 각각의 필요에 따라 지원이나 피드백, 도움을 다르게 제공하는 것이다. 교사의 지원과 지도는 학생들을 안내하고 격려할 뿐만 아니라 아이들이 과제를 하면서 겪게 되는 어려움에 대처할 수 있도록 '안전한 공간'을 마련해 준다. 교사가 도움을 주면서 노력과 끈기를 칭찬해 주

면 아이들이 자신의 강점을 찾아내고 성장형 사고관점을 키우는 데도 도움이 된다. 주의할 점은 몇몇 학생들에게만 지원이 집중되지 않도록 해야 한다는 것이다. 그렇게 되면 어른이나 교사의 도움에 지나치게 의존할 수 있으므로, 돌아가면서 아이들에게 도움을 주도록 한다. 아이들이 주체성을 키우면서 잠재력을 펼치도록 하는 것이 목표이기 때문이다.

- 성과를 통한 개별화 지도 : 모든 아이들에게 동일한 과제를 주고 각자의 스킬 수준에 따라 제각기 다른 결과물을 만들어내도록 하는 방법이다. '누구나 참여 가능하고 더 높은 성과로 확장 가능한(low floor, high ceiling)' 과제를 주는 것도 아주 좋은 방법이다. 이 과제는 학생들이 각자 자신의 수준에서 접근할 수 있는 것으로, '누구나 참여 가능하다는 것(low floor)'은 해당 내용을 처음 접하는 학생들도 자신에게 적합한 수준을 찾아 도전할 수 있도록 하는 것이다. 배운 내용이 더 많은 학생들은 사고의 깊이를 확장하여 '더 높은 성과(high ceiling)'를 목표로 할 수 있다. 이런 유형의 과제는 주로 제한을 두지 않는 탐구과제로 정답이 여러 개 나올 수 있다. 때로는 애초부터 '정답'이란 것이 없이 아이들이 토론하고 논쟁하며 실험하고 탐구할 기회를 주는 것이 목적인 것들도 있다.

기억할 것은, 어떤 개별화 지도나 적응형 교수법(adaptive teaching, 데이터 분석을 통해 개별 학습자의 필요와 수준에 맞는 맞춤형 학습을 제공하는 교수법-옮긴이)에서든 학생들이 도전지대의 과제를 수행하는 최적의 상태에 오래 머물게 하는 것이 중요하다.

의미 있는 학습 만들기

몰입이 잘되는 수업에서 발견되는 또다른 중요한 특성이 있다. 바로 도전 과제가 명확하고 목표가 분명하다는 것이다. 나는 모든 수업마다 학습 목표와 엄격한 성취기준을 제시해야 한다고 생각하지는 않는다. 그것은 오히려 창의성을 제한하고 몰입을 방해할 때도 있다. 하지만 아이들은 교사가 요구하는 과제의 의미와 목적을 알아야 과제에 몰두할 수 있고 나아가 몰입을 경험할 가능성도 커진다. 따라서 도전 과제를 줄 때는 명확하고 이해하기 쉬운 목표(1개에서 최대 3개까지)를 정해서 반 아이들이 그 목표를 향해 노력할 수 있도록 해야 한다.

이 외에도 학교에서 배운 것이 실생활에서 어떤 쓰임을 갖는지를 안다면 아이들의 학습 참여도가 훨씬 높아질 것이다. 다음과 같은 방법을 사용해볼 수 있다.

- 수업에서 배운 내용이 아이들의 생활에서 어떻게 쓰일 수 있는지 명확히 설명해준다. 예를 들어, 덧셈 암산은 쇼핑할 때 물건을 살 돈이 있는지, 거스름돈을 제대로 받았는지 확인하는 데 도움이 된다는 것을 알려준다.
- 직접 설명해주는 대신 배운 내용이 자신의 생활에서 어떻게 쓰이는지 아이들 스스로 찾아보도록 할 수도 있다. 과학 성적이 낮은 학생들에게 과학 수업이 자신의 생활에서 어떻게 쓰이는지에 대한 글쓰기 과제

를 내주었더니, 글쓰기 과제를 하지 않은 학생들에 비해 과학 과목에 더 흥미를 보이고 더 높은 성적을 받았다는 연구 결과도 있다(Hulleman & Harackiewicz, 2009).

마지막으로 덧붙이고 싶은 것은, 교사와 학생 모두에게 아무 의미 없는 것을 가르치기보다는 쓸모 있고 가치 있는 내용을 가르치는 데 그 시간을 현명하게 쓰는 게 낫다는 것이다.

몰입을 높여주는 활동

다음은 교사와 학생 모두가 학습에서 더 많은 몰입을 경험할 수 있도록 교실에서 시도해볼 만한 방법들이다.

토론

나는 수업시간에 철학적 주제로 토론하기를 즐긴다. 이러한 토론은 몰입을 경험하게 해주는 훌륭한 방법 중 하나로, 모두가 참여할 수 있고 다양한 방식으로 진행할 수 있다. 또한 아이들의 추론 스킬과 말하기 스킬을 향상시키는 데도 도움이 된다. 토론을 하는 방법은 다음과 같다.

● 먼저 아이들이 토론하고 싶어 하는 토론 주제를 정하기 위해 참고

자료를 본다. 참고 자료는 구체적인 물건이 될 수도 있고 짧은 영상이나 그림책이 될 수도 있다.

● 아이들은 모둠을 이루어 참고 자료를 기반으로 토론하고 싶은 주제를 개방형 질문 형태로 생각해낸다. 내가 진행했던 토론 수업의 예를 들자면, '왜 우리는 학교에 가야 하는가?', '돈은 왜 필요한가?', '법을 어기는 것이 괜찮을 수 있는가?' 등의 질문이 나왔다. 각 모둠은 가장 선호하는 질문을 선택하고 교사는 이것을 칠판에 쓴다.

● 칠판에 쓴 5~6개의 질문 중에서 학급 전체의 투표를 거쳐 토론하고 싶은 질문을 결정한다. 이 과정을 통해 아이들은 이미 민주주의를-민주주의 장점('와, 내가 뽑은 질문이 우리 반 전체 토론의 주제가 됐어!')과 단점('흥, 난 이 질문 별로인데.')까지-경험하게 된다.

● 토론이 시작되면 교사는 되도록 개입하지 않는 것이 좋다. 평소 말없이 앉아 있는 아이들이 발언할 수 있도록 하며, 아이들이 상대방의 의견에 대해 의도적으로 비판과 반론을 제기하는 '악마의 대변인(devil's advocate)' 역할을 할 수 있는지 지켜본다. 상대방을 존중하는 토론이 되도록 한다. '어, 그건 진짜 말도 안되는 헛소리야, 데이브!' 대신, '나는 데이브의 주장에 동의하지 않아, 왜냐하면…'처럼 표현하도록 한다.

● 한 질문에 대한 토론이 마무리되면, 그 다음으로 표를 많이 얻은 질문에 대한 토론으로 넘어간다. 첫 번째 토론이 잘되지 않았더라도 실망할 필요는 없다. 새로운 스킬을 배울 때 으레 그렇듯이 아이들이 토론에 몰입하게 되려면 여러 번의 경험이 필요하다.

정신건강 주간을 우리 반은 웰빙에 관한 도전 과제로 시작하기로 결정했습니다. 아이들에게는 두 가지의 각기 다른 도전 과제가 주어졌어요. 하나는 '아홉 개의 점'이란 과제였는데 아이들은 사각형을 이루는 아홉 개의 점을 단 네 개의 직선으로 연결해야 했죠. 다른 하나는 '일 분만에 초상화 그리기'로, 일 분 동안 친구의 초상화를 그리되, 그림을 내려다보지 않고 그려야 한다는 조건이 붙었죠. 아이들은 지시사항을 주의 깊게 들은 다음 신나게 도전 과제에 착수했습니다.

도전이 시작된 지 15분 정도 지나 교실 안을 돌아보니 온통 웃음소리와 키득거리는 소리, 즐거운 분위기가 가득했어요. 아이들을 관찰하며 계속 돌아다니다, 도전에 참여하는 것을 즐기는 건 아이들만이 아니란 걸 알게 되었습니다. 보조 교사들도 즐기고 있었던 거예요!

바슈나비가 친구에게 "내 그림이 너무 웃긴데. 다시 해보자. 이번에는 네가 내 얼굴을 그려줘."라고 말합니다. 저쪽에서는 모가 상기된 얼굴로 "오오, 거의 다 됐어! 이제 점 하나만 남았다고!"라고 외칩니다.

25분이 흘렀지만 누구도 자리에서 움직이지 않았습니다. 정말 보기 드문 광경이었죠. 결국 나는 종을 울려 영어 수업 시간이 되었음을 알렸습니다.

"저기요, 선생님! 5분만 더요. 초상화를 하나만 더 그리고 싶어요." 에이다가 간청합니다.

"2분만 더 주세요, 선생님! 아홉 개의 점에 한번 더 도전해보고 싶어요."
라피가 이어서 친구들에게 말합니다. "얘들아, 잠깐만, 우리 모두 몰입 상
태에 있는 거야? 선생님이 말씀하셨던 걸 기억해? 그래서 우리가 지금 멈
추고 싶지 않은 거였어!"
심장이 빠르게 뛰기 시작했어요. 만족감과 기쁨을 느끼면서 미소를 짓지
않을 수 없었죠. 그날 우리 반의 영어 수업은 평소보다 조금 늦게 시작하
긴 했을 테지만 말입니다.

- 사라 메크하리, 바레인 국제학교 교사

흥미로운 수학 프로그램

수학 교수인 조 볼러는 캐롤 드웩과 협력하여 교사와 아이들, 부모들이
수학을 바라보는 방식을 바꾸려고 노력해 왔다. 볼러 교수가 개발한 초등
학생을 위한 3주짜리 수업 프로그램은 수학의 아름다움과 창의성, 상상
력을 보여주어, 수학은 온통 계산에 관한 것으로 오답과 정답만이 중요한
딱딱한 과목이라는 시각에서 벗어나도록 해준다. 프로그램에는 유용한
수업계획과 수업자료, 확장 과제들이 들어 있으므로 교사들은 3주 동안
수학 수업을 별도로 계획할 필요가 없다. 볼러 교수 팀이 교사를 대신해
이미 다 준비해놓은 것이다!

나는 '영감을 주는 수학(Inspirational Maths)' ^{QR 6-01} 이란 제
목의 수업을 여러 교실에서 가르쳤는데, 이 수업을 들은 모든

아이들이 수학을 좋아하게 되었다. 아이들은 또 수학에서 숫자가 전부가 아니라는 사실도 알게 되었다. 이런 수업에서 아이들과 함께 흥미로운 탐구에 몰두하다 보면 아이들과 함께 나도 몰입을 경험하게 된다. 수업은 모둠활동 중심인데, 모둠을 이룬 아이들이 주장을 펼치고 이를 입증하기 위해 서로 협력한다. 이는 토론에서 사용하는 스킬과 매우 유사하다. 새로운 방식으로 아이들을 수업에 참여시키고 수학을 탐험하게 하고 싶다면 사이트에서 무료로 제공하는 자료를 이용하기 바란다.

디자인 및 과학실험 액티비티

아이들은 그림을 그리거나 무언가를 디자인하고 만들 때 몰입을 경험하는 경우가 많다. 제임스 다이슨 재단(James Dyson Foundation) QR 6-02 에서는 과학실험 매뉴얼을 챌린지 카드 형태로 무료 제공한다. 아이들은 이 매뉴얼대로 실험해보면서 디자인과 공학 과정을 이해하고 경험할 수 있다. 그 중 하나인 '스파게티면으로 다리 만들기'를 하는 방법은 다음과 같다.

- 약 250그램 정도의 설탕 한 봉지 무게를 지탱할 만한 다리를 디자인해 만들려고 한다. 아이들에게 간단한 설명서를 나눠준다.
- 스파게티면, 마스킹 테이프, 접착제를 나눠준다.
- 매뉴얼에 디자인을 위한 아이디어가 제공되기는 하지만 실제로 다리를 디자인하고 테스트하는 것은 아이들의 재량에 달려 있다.

● 지나친 개입은 삼간다. 아이들 스스로 원재료의 잘 부서지는 특성을 탐구하고 그것들을 모두 이어 붙이는 방법을 실험하도록 한다. 실패하면 다시 디자인하고, 또 실패하면 또 디자인하도록 둔다.

● 마지막으로 만들어진 다리를 테스트하고 아이들끼리 서로의 디자인을 평가하도록 한다.

이 수업의 장점은 학교에서 배운 내용이 실생활에서 어떻게 쓰이는지를 알기 쉽게 보여준다는 것이다. 아이들은 사실상 교실이나 집에서 사용하는 물건들이 제조되는 과정인 '디자인 프로세스'를 경험하게 된다. 물론 수업이 끝나면 엄청난 양의 스파게티면들을 치우느라 꽤 오랜 청소가 필요할 것이다. 사이트를 방문해 더 많은 아이디어를 얻고 챌린지 카드를 다운로드받기 바란다.

강점 찾기 활동

아이들은 24가지 성격 강점이란 것이 생소할 것이다. 그러므로 24가지 강점들이 무엇이며 실제 어떤 행동으로 나타나는지를 가르쳐서, 아이들이 스스로의 강점과 친구들의 강점을 찾아낼 수 있도록 해야 한다. 다음은 교실에서 강점을 효과적으로 소개할 수 있는 방법들이다.

• 〈The Science of Character〉 ^{QR 6-03} 는 성격 강점이란 무엇이고 어떻게 이를 강화할 수 있는지를 보여주는 영상이다.

QR 6-03

• 교실 게시판에 24가지 성격 강점을 적어 놓으면 아이들이 익숙해지는 데 도움이 된다. 〈VIA Character Strengths〉 사이트 ^{QR 6-04} 에는 각각의 강점에 대해 간단한 설명이 나와 있다. 각각의 성격 강점에 해당하는 멋진 아이콘도 있으니, 이를 확대 인쇄하여 게시판에 사용할 수도 있다.

QR 6-04

• 5~6학년 학생들은 10~17세 청소년을 대상으로 하는 온라인 설문 조사 ^{QR 6-05} 에 참여할 수 있다. 설문은 무료이며 약 15분 정도 소요되는데, 참여한 아이들의 상위 5개의 강점을 찾아낸다.

QR 6-05

• 일부 수업에서는 수업 중 사용하기 원하는 세 가지 강점을 선택하여 수업을 시작할 수 있다. 예를 들어 문제해결 과제를 모둠으로 수행해야 한다면 팀워크, 인내심, 창의성을 선택할 수 있을 것이다. 과제 수행 중에 아이들이 이러한 강점을 보이면 그 자체로 인정하고 칭찬해주면 된다. 다른 강점을 보이는 아이도 마찬가지로 칭찬해 준다. 교사가 학생의 강점을 알아보고 칭찬하는 습관을 들이는 것은 아이들에게 내재된 부정적 편향성을 극복하는 좋은 방법이다. 또한 우리 모두 잘하는 것이 있고, 그것을 인정하는 것이 중요하다는 것을 반 아이들에게 알려주는 모델이 된다는 점에서도 좋다.

• 서로의 강점을 찾아주기에 좋은 활동이 있다. 반 아이들 모두의 이름과 그 옆에 빈칸이 있는 명단을 아이들에게 하나씩 주고, 각각 이름에

해당하는 아이가 어떤 강점을 가졌는지 생각해 구체적인 사례를 빈칸에 한 문장으로 쓰도록 한다. 에를 들어 '모—게임을 할 때 다른 아이들도 참여하도록 허락하는 친절을 보였습니다'라든가 '시니타—넷볼 클럽에서 용감하게 내편이 되어 주었습니다'와 같은 식이다. 교사는 이 명단들을 수거하여 이름별로 자른다. 모에 관한 문장들은 모 시트에 붙이고, 시니타에 관한 문장들은 시니타 시트에 붙이는 식으로 아이들에 관한 문장을 모두 분류한다. 시트를 코팅해서 아이들에게 각자의 강점 시트를 준다. 다른 사람들이 발견해준 나의 강점들을 보는 것은 아이들에게 매우 긍정적인 경험이 될 것이다. 어떤 아이들은 그전까지는 자기도 전혀 모르고 있던 강점을 알게 되는 일도 있을 것이다!

내 안의 슈퍼히어로

나의 강점을 다른 사람들이 발견하는 것 외에 스스로 강점을 찾아내는 스킬을 개발하는 것도 중요하다. 이를 위한 재미있는 방법으로 '내 안의 슈퍼히어로'라는 연습을 다음과 같이 진행해 보자.

● 아이들에게 슈퍼히어로 템플릿을 주고, 비어 있는 슈퍼히어로의 얼굴 부분에 각자 자신의 얼굴 사진을 붙이도록 한다. 슈퍼히어로 템플릿 ᴼᴿ⁶⁻⁰⁶을 다운로드해 사용하기 바란다.

● 아이들에게 강점은 우리 자신 안에 가지고 있는 '슈퍼파워'와 같은 것이라고 알려준다. 아직 강점에 대해 가르치지 않았다면 앞에서 소개한

〈The Science of Character〉를 보여준다.

- 각자 자신의 강점 3가지를 생각해보게 한다. 자신이 가장 갖고 싶은 3가지 강점이나 옆 친구가 찾아내준 강점을 선택해도 좋다. 이 강점들을 슈퍼히어로 템플릿에 적는다. 그리고 나서 슈퍼히어로에게 이름을 붙여 주고 화려한 의상을 그려넣어도 좋다.

- 다음으로 '나의 최고의 순간'이라는 컷 만화를 만들어 본다. 만화 템플릿 QR 6-07 도 사이트에서 다운로드할 수 있다. 슈퍼히어로 캐릭터를 등장시켜 이들이 슈퍼파워 강점을 어떻게 효과적으로 사용하는지에 대해 짧은 스토리를 구상하여 컷 만화를 만들도록 한다. 만화는 가상의 스토리여도 되고 아이들이 실제로 현실에서 강점을 사용했던 경험에 대한 것이어도 된다.

- 그런 다음 자신이 작성한 컷 만화 '나의 최고의 순간'을 발표한다. 아이들은 재미있고 흥미로운 방식으로 자신의 강점과 그것을 실제 생활에서 어떻게 적용할 수 있는지 생각해볼 수 있다. 그리고 강점을 사용할 때 최고의 능력을 발휘할 수 있고, 몰입을 경험하게 되며 결국 더 행복해진다는 것을 배운다.

롤모델

이따금 아이들은(어른도 마찬가지지만) 자신의 강점을 인식하는 데 어려움을 겪는다. 어떤 이유에서든 자신이 무엇을 잘하는지, 어떤 성격 강점을 갖고 있는지 알아내기가 어려울 수 있다. 우리가 갈망하는 롤모델들이 실제로 우리가 가진 성격 강점과 자질을 갖고 있는데, 너무 겸손하거나 시야가 좁은 탓에 그 사실을 인식하지 못한다고 주장하는 이들도 있다. 이런 점에서 롤모델을 이용한 수업 활동은 강점을 개발하는 좋은 방법이다.

- 아이들에게 책, TV 또는 영화에서 존경할 만한 롤모델 한 명을 선택하도록 한다. 로알드 달(Roald Dahl, 영국의 유명한 어린이책 작가로 판타지 기반의 독특하고 환상적인 이야기를 썼음-옮긴이)의 책에 나오는 마틸다와 같은 허구의 인물도 좋고, 라힘 스털링(Raheem Sterling, 잉글랜드 출신의 국가대표 축구 선수로 사회 문제에 관심을 갖고 자선활동이나 다양한 사회적 프로젝트에 참여하여 선한 영향력을 행사하고 있음-옮긴이) 같은 현실의 인물이어도 무방하다. 롤모델을 정하고 나면 그 인물의 사진을 출력해도 좋다.
- 각자의 롤모델이 지닌 성격 강점 중 상위 3가지를 생각하여 사진 옆에 정리한다. 그런 다음 아이들에게 롤모델들은 어떻게 그 강점을 활용하는지, 이를 통해 우리는 어떤 것을 배울 수 있는지 생각하도록 한다. 그들의 강점은 사회에 어떤 이익을 주고 있는지, 만약 이익을 준다면 어떻게 그러한지를 생각해보게 한다.
- 과제를 끝낼 때쯤 아이들은 자신의 롤모델이 가진 강점을 자신도 어떻게 개발할 수 있을지에 대해 생각하게 될 것이다. 예를 들어 만약 롤모델의 강점이 친절함이라면, 아이들은 학교에서 친절한 행동을 더 많이 하게 될 것이다. 수업 시간에 교실 정리를 돕거나 쉬는 시간에 게임을 같이 하자고 친구들을 초대하는 식으로 말이다.

설령 아이들이 롤모델로 외모가 뛰어난 유명인이나 리얼리티 TV 스타 같은 이들을 선택한다고 해도, 그 인물의 성격 강점에 초점을 두게 되면 어느새 멋진 외모나 유명세 같은 표면적 특성에 집중하지 않게 될 것이다.

- 몰입이란 어떤 활동에 완전히 몰두할 때 경험하는 정신적 상태이다. 몰입하게 되면 자신도 모르게 시간이 빠르게 지나가며, 도전 과제를 해결하기 위해 자신의 스킬과 능력을 최대한 활용하게 된다. 몰입은 높은 수준의 행복과 학습 능력 향상과 관련 있다.

- 강점을 활용할 때 몰입을 경험하는 경우가 많다. 강점은 성격을 형성하고 행동을 이끌어내는 핵심적인 부분이다. 일상생활에서 자신의 강점을 활용할수록 웰빙 수준이 더 높아진다.

- 교사는 다음과 같은 방법으로 몰입하기 쉬운 수업 환경을 적극적으로 조성할 수 있다.

  - 아이들 각자의 스킬 수준에 맞도록 과제를 차별화한다.
  - 아이들이 완료할 수 있는 과제를 스스로 선택할 수 있도록 한다.
  - 명확한 목표를 설정하고 과제가 아이들의 실생활에 적용될 수 있도록 한다.
  - 아이들이 학업에 완전히 집중하고 과제에 몰두할 수 있도록 한다.
  - 과제에 대해 아이들 서로 간에, 또는 교사로부터 확실히 피드백을 받도록 한다.

- 재미있고 흥미로운 수업을 통해, 아이들이 철학적 주제에 대해 토론하고 수학적 아름다움을 발견하며 스스로 디자인하고 만들고 창작할 수 있게 한다.

- 강점을 발견할 수 있는 교실 문화를 조성한다. 다양한 강점을 활용하는 아이들을 칭찬하고, 아이들이 서로의 강점을 발견할 수 있도록 한다.

- 아이들이 자신만의 슈퍼히어로로 강점을 찾아내고, '나의 최고의 순간'에 그러한 강점을 어떻게 활용했는지 생각해보도록 한다. 롤모델을 활용하여 강점을 발견하고 어떻게 강점을 발전시킬 것인지 알아내도록 한다.

7장
친절은 멋지다

이 장에서는 친절의 과학에 대해 자세히 살펴보기로 한다. 인간은 왜 유전적으로 친절하도록 설계되었는지, 친절이 우리의 건강과 행복에 어떤 긍정적 영향을 미치는지 알아본다. 그리고 아이들이 친절이라는 강점을 개발할 수 있도록 하는 방법들에 대해서 알아본다.

누구나 언제든 작은 행동으로도 친절을 베풀 수 있다.

| 안네 프랑크(Anne Frank) |

친절이라는 유전적 설계

이 장에서는 공감, 친절, 이타심, 동정심 같은 용어들이 나오는데, 이들은 비슷하면서도 조금씩 다른 점이 있다. 공감(empathy)은 다른 사람의 감정을 감지하고 그의 생각과 느낌을 파악하는 능력이다. 친절(kindness)은 일상적으로 쓰이는 말로 다른 사람에게 친근하고 도움을 주려 하며 관대한 태도를 뜻한다. 그래서 심리학자들은 친절을 '친사회적 행동'이라고 한다. 이타심(altruism)은 다른 사람의 복지(welfare)를 위해 행동하려는 것으로, 때로 위험을 감수하며 자신을 희생하기도 한다. 동정심(compassion)은 다른 사람의 고통을 감지하고 그들의 고통을 덜어주어야 한다고 느끼는 것이다.

동정심과 친절은 인간의 생존에 필수적이었기에 우리의 DNA에 각인되어 있다는 것을 증명하는 연구 결과가 점점 더 많아지고 있다. 1장에서 언급했듯이 찰스 다윈도 진화론을 통해 서로에게 친절하고 공감하는 공동체일수록 더 번창하고 더 많은 자녀를 양육했다는 점에 주목했다. 이와 마찬가지로 '사회적 뇌'라는 말 또한 인간이 발전하기 위해서는 다른 사람과 유대하고 협력해야 함을 뜻한다. 어머니의 뇌는 자녀와 유대를 형성할 때 긍정적인 감정을 경험하도록 각인되어 있다는 연구 결과도 있다 (Nitschke et al., 2004). 어머니가 자녀에게 친절하고 애정어린 태도로 돌볼 때 기분이 좋아지는 이유는, 그렇게 하는 것이 어머니와 자녀 모두에게 이롭기 때문이다.

코졸리노는 20세기 초 고아원의 아이들이 매우 높은 사망률을 보인 것에 주목했다. 의사들은 그 이유를 밝혀내지 못했는데, 감염병이 그 원인이라 여겨 감염 확산을 줄이기 위해 아이들을 서로 분리시키고 성인들과의 접촉도 최소화했다. 그럼에도 불구하고 사망률은 여전히 높았다. 그러다 일관된 양육자가 안아주고 놀아주며 아이들끼리 서로 교류하도록 했을 때 아이들의 생존률이 크게 향상되었음이 애착관계 연구자들에 의해 밝혀졌다(Blum, 2002, Cozolino, 2013에서 인용). 사랑과 돌봄을 받는 것은 실제로 생명을 유지하는 데 도움이 된다는 것이다.

유전자에 담긴 친절은 부모와 자녀 사이에만 국한되지 않고 타인과의 관계에까지 확장된다. 어떤 이들은 자신과 아무런 관계가 없는 사람들을 돕는다. 이 경우 뇌에서 보상과 쾌락에 관여하는 뉴런들이 활성화된다(Rilling et al., 2002). 뇌의 보상 영역이 활성화된다는 것은 우리의 본성이 '그렇게 하니 기분이 좋군, 다시 해봐.'라고 말한다는 의미다. 심지어 아기의 뇌조차 다른 사람에게 친절을 베풀도록 유전적으로 설계되어 있다. 감정지능 전문가인 댄 골먼(Dan Goleman)의 저서 『A Force For Good(선의를 베푸는 힘)』에 이와 관련된 실험이 언급되어 있다. 원, 사각형, 삼각형 모양 캐릭터가 나오는 만화가 있다. 만화에서 원은 언덕을 오르려고 노력하는데, 친절한 삼각형의 도움으로 언덕 꼭대기까지 올라간다. 그리고 나시 무자비한 사각형이 뛰어들어와 원을 언덕 아래로 밀어내고 원은 다시 언덕을 오르려고 노력하게 된다. 이 만화를 아기들에게 보여준 다음 실험 마지막에 아기들에게 삼각형 또는 사각형 모양의 장난감을 선택하도록 했는데, 아기들은 예외 없이 친절한 삼각형 모양을 선택했다(Goleman, 2015).

　냉소적인 사람들은 비록 친절이 유전자에 각인되어 있다고는 하나, 이는 궁극적으로 인간의 유전자를 더 많이 퍼뜨리거나 기분을 좋게 만들기 위한 이기적인 행위일 뿐이라고 주장한다. 하지만 다른 사람에게 친절을 베푸는 데 집중하여 뇌의 보상 영역이 활성화되면 우리 뇌에서 자신의 문제를 인식하는 부위는 반대로 진정된다는 증거가 있다(Lutz et al., 2008). 실제로 타인을 도우려고 생각하다 보면 자신에 대해서는 덜 신경쓰게 된다.

│ 친절의 이점

에머슨(Emerson)은 "인생에서 가장 아름다운 보상 중 하나는, 진심으로 다른 사람을 도우려고 노력하면 자신 또한 더 나은 사람이 된다는 것이다."라고 말했다(1965). 이제 이것은 과학적으로 증명된 사실이다. 많은 연구에서 친절과 동정심이 행복 수준과 건강에 이로움을 준다는 것을 보여준다. 이에 대해 더 자세히 살펴보자.

행복

앞에서 말한 바와 같이 우리가 다른 사람에게 친절한 행동을 하면 우리 뇌의 보상 영역이 활성화되고 도파민과 같은 행복 호르몬이 분비된다. 그러면 기분이 좋아지고 행복 수준이 높아진다. 1700명의 여성 자원봉사자를 대상으로 한 연구에서는 많은 여성이 '헬퍼스 하이(helpers' high)'를 경험했다고 보고했다. 헬퍼스 하이는 다른 사람을 도운 후 느끼는 행복감을 뜻하며 엔도르핀의 분비로 인해 생기는 것으로, 한동안 차분하고 평온한 느낌을 갖게 된다(King, 2016, p.17). 류보머스키가 발견한 결과도 이와 유사하다. 하루 동안 친절한 행동을 다섯 번 한 사람은 그렇지 않은 사람보다 훨씬 더 행복감을 느끼고 이 행복감은 며칠이 지난 후까지도 지속된다는 것이다(Lyubomirsky, 2007).

자신이 아닌 다른 사람에게 돈을 썼을 때 더 행복을 느끼는 면도 있어 보인다. 엘리자베스 던(Elizabeth Dunn) 교수의 실험에서는 자원봉사자들에게 5달러 또는 20달러가 든 봉투를 주고 돈을 자신에게 쓸지 다른 사람에게 쓸 것인지-선물을 사거나 자선단체에 기부하는 등-를 결정해 사용하라고 지시했다. 실험 결과 다른 사람에게 돈을 쓴 사람들이 자신에게 돈을 쓴 사람들에 비해 확연히 차이가 날 정도로 더 행복을 느꼈다. 두 그룹은 실험을 제외하고는 하루 동안 다른 차이점은 없었다. 흥미로운 점은 5달러를 쓰든 20달러를 쓰든 차이가 없었다는 것이다. 돈의 액수보다는 다른 사람에게 돈을 쓰는 행위 자체가 행복 수준을 높인 것이다 (Dunn & Norton, 2013).

　기부와 같은 친사회적 지출과 행복 간의 관련성은 이미 전 세계적으로 확인된 바 있다. 2006년부터 2008년까지 진행된 갤럽 월드폴 설문조사에는 약 20만 명이 응답했는데, 질문 중에는 지난 한 달간 자선단체에 기부를 한 적이 있는지 여부와 삶에 대한 만족도를 물어보는 것이 있었다. 136개국 중 120개국에서, 지난 한 달간 기부를 한 적이 있는 사람들이 삶에 대한 만족도가 더 높은 것으로 나왔다(Aknin et al., 2013a). 이 조사 결과는 남을 도우면 행복감이 높아진다는 것을 입증한다.

건강

손 아처(Shawn Achor)의 저서 『행복의 특권(The Happiness Advantage)』 (2011)을 인용하자면, 사랑하는 이들이나 낯선 이들에게 이타적으로 행동하는 사람은 스트레스 수준이 낮고 정신적으로 더 건강하다는 것이 많은 연구를 통해 입증되었다. 이는 아마도 다른 사람에게 친절함을 보일 때 우리 몸에서 행복 호르몬인 옥시토신이 분비되기 때문일 것이다 (Barraza & Zak, 2009). 이 강력한 호르몬은 스트레스 호르몬인 코르티솔이 끼치는 부정적 영향을 상쇄하고, 더 나아가 심장 건강을 향상시킬 수도 있다(Szeto et al., 2008). 데이비드 해밀턴(David Hamilton) 박사는 『The Five Side Effects of Kindness(친절의 다섯 가지 부수적 효과)』에서 옥시토신의 효능에 대해 설명하고 있다. 옥시토신은 산화질소(nitric oxide)

분비를 유발하여 혈압을 낮추는 데 도움을 주고, 노화와 조직 손상의 주된 원인이 되는 자유라디컬(free radicals, 화학적으로 불안정한 분자나 원자로, 일반적으로 '활성산소'로 알려짐-옮긴이) 생성을 억제한다. 또 심혈관계의 염증도 감소시키는 효능이 있다(Hamilton, 2017). 이 모든 것이 단지 친절한 행동으로부터 파생되는 결과라는 것이다.

다른 사람에게 친절을 베풀거나 다른 사람을 돕는 것은 우리가 더 오래 사는 데도 도움이 되는 것으로 보인다. 배우자를 정서적으로 지원하거나 친구, 친척, 이웃 등 다양한 사람들에게 지원을 제공하는 사람들은 그렇지 않은 사람들보다 더 오래 산다는 연구 결과가 이를 뒷받침한다(Brown et al., 2009). 무언가를 돌보는 행동만으로도 놀라울 정도의 건강상 이점이 있다는 것을 뒷받침하는 실험도 있다(Langer & Rodin, 1976). 노인 요양원에서 두 그룹의 노인들에게 화분을 나누어 주고, 한 그룹에는 간호사들이 식물을 돌볼 것이라 말하고 다른 그룹에는 직접 식물을 돌봐야 한다고 했다. 식물을 직접 돌본 노인들의 건강과 행복 수준이 다른 그룹에 비해 향상되었고 실제로 더 오래 생존했다. 이러한 연구는 남을 돕는 것이 우리에게도 좋은 결과를 가져온다는 것을 보여준다.

| 긍정의 선순환

우리는 살면서 악순환에 해당되는 얘기는 많이 듣는다. 악순환은 나쁜 일들이 연달아 이어져 부정적인 뉴스와 부정적인 상황에 갇혀버리게 되는 것을 가리킨다. 하지만 선순환에 관한 얘기는 좀처럼 듣기 힘든데, 친절한 행동은 긍정의 선순환을 만들어낸다. 다른 사람을 돕는 것은 우리를 행복하게 만들고, 행복할수록 다른 사람을 도우려는 경향이 커진다(Aknin et al., 2011). 이런 식으로 긍정이 긍정을 낳는 선순환이 이뤄지는 것이다.

더 중요한 것은 친절이 전파된다는 사실이며, 이를 보여주는 연구들이 있다. 다른 사람으로부터 친절을 경험한 사람이 그에 대한 보답으로 또 다른 사람들 돕는 선행을 베푸는 경우를 종종 보게 된다. 이것은 친절의 파급효과로, 작은 행동 하나가 널리 퍼져나가 알지도 못하고 만난 적도 없는 사람들에게까지 전해질 수 있다(Fowler & Christakis, 2010). 흥미로운 점은 그 과정에서 친절한 행동 하나하나가 그 친절한 행동을 한 사람과 그 친절을 받은 사람, 또 그 친절을 지켜본 사람에게까지 옥시토신 분비를 촉진하는 효과가 있다는 것이다. 옥시토신이 건강에 미치는 이점은 위에서 언급한 바 있다. 이 외에도 옥시토신은 사람들간의 신뢰와 유대를 촉진하는 데 도움이 된다.

우리는 과거에 자신이 했던 친절한 행동을 떠올리는 것만으로도 도덕적 고양, 즉 자신이 선한 일을 했다는 긍정적인 느낌을 경험하게 된다. 이는 친절한 행동에 대한 동기부여를 높이고, 그렇게 되면 장차 이타적 행동을 할 가능성도 커진다(Schnall & Roper, 2011).

친절한 품성

인간이 친절하고 이타적인 본성을 지니고 있다고 해도 친절의 정도와 방식은 사람마다 제각각일 것이다. 천성적으로 다른 사람들에게 시간과 지원을 아낌없이 쓰는 사람이 있는가 하면, 몹시 인색하게 구는 사람도 있다. 사람들의 공감, 친절, 동정심에 영향을 미치는 요인들이 어떤 것들인지, 또 이렇게 중요한 스킬을 함양할 수 있는 방법들이 무엇인지 알아보기 위해 많은 연구자들이 다양한 연구를 진행했다.

● 안정 애착 : 부모와 안정 애착을 형성한 아이들은 불안정 애착형 아이들에 비해 이르면 3세 반 무렵부터도 또래 친구들에게 친절하고 공감을 잘한다는 연구 결과가 있다(Waters et al., 1979). 교사가 이끄는 부족교실이 아이들에게 안정 애착을 형성하는 데 도움이 된다는 것은 이미 앞에서 살펴보았다. 부족교실은 모든 아이들이 안전하게 돌봄과 보호를 받고 있다고 느끼는 환경을 조성한다. 따라서 부족교실이라는 안정적 기반 위에서 아이들은 타인에게 더 친절하게 대하고 친사회적 행동을 하게 될 것이다.

● 공감 : 자녀가 다른 사람들에게 피해를 끼쳤을 때 부모들이 자녀에게 어떻게 반응하는지 조사한 연구도 있다(Eisenberg & Fabes, 1990). 어떤 부모는 논리적인 대화를 통해 자녀 스스로 자신의 행동이 다른 사람에게 어떤 피해를 끼쳤는지 그 결과에 대해 생각해보도록 유도했다. 즉

자녀에게 다른 사람의 입장이 되어보도록 함으로써 공감을 유도한 것이다. 또 어떤 부모는 피해를 끼진 행동에 대하여 권력 행사를 통해 힘으로 자녀를 통제하려고 했다. 즉 단순히 옳고 그름의 여부만 따져 화를 내거나 체벌을 했다. 공감을 유도하는 방식으로 양육된 자녀들은 적응력이 더 뛰어나고 친구들을 도우려는 성향이 더 강했다. 결론적으로 말하면, 자녀가 학교에서 피해를 끼쳤을 때 스스로 반성하게 하고 자신의 행동이 다른 사람에게 어떤 영향을 미치는지 이해하도록 하는 것이 자녀의 공감 능력과 친사회적 행동을 기르는 데 도움이 된다는 것이다.

● 모델링 : 아이들은 부모의 친절한 행동을 직접 보면서 친절을 배울 가능성이 가장 크다. 심리학자 펄 올리너(Pearl Oliner)와 새뮤얼 올리너(Samuel Oliner)는 나치의 홀로코스트로부터 유대인들을 구조하는 데 도움을 준 독일인들을 조사해, 무엇이 그들을 그렇게 행동하도록 했는지에 대해 연구했다. 그토록 용감하고 극도로 이타적인 행동을 가능하게 한 가장 큰 요인은 그들이 친절함과 동정심을 우선시하는 가정에서 자랐다는 것이었다(Oliner, 2002). 타인에 대한 친절과 배려를 중시하는 학교는 학생들에게 최고의 본보기를 제공하는 것이다.

● 자애 명상 : 우리가 다른 사람에게 진정으로 공감할 때 '섬엽(insula, 뇌의 깊숙한 부분에 자리하며 감정, 감각, 자아인식, 자기조절에 관여함-옮긴이)'이라 불리는 뇌 부위가 활성화된다고 한다. 연구에 따르면 섬엽은 마음 챙김 명상을 할 때도 활성화되며, 규칙적으로 명상을 수행하면 섬엽의 활성화와 확장에 도움이 된다(Williams & Penman, 2011). 마음챙김 훈

련을 통해 다른 사람에게 공감하는 능력을 키울 수 있다는 것인데, 이러한 공감 능력은 친절과 동정심의 전제가 된다. '자애 명상(loving-kindness meditation)'이라고 불리는 명상 수행은 동정심을 키우는 데 매우 도움이 되는 것으로 밝혀졌다(Weng et al., 2013). 자애 명상은 자신에 대한 친절한 감정을 키우는 것에서 시작한다. 이러한 감정을 사랑하는 사람들에게로 확장하고, 그다음에는 자신과 관계없고 특별한 감정이 없는 낯선 사람들에게로, 또 그다음에는 대하기 어렵거나 갈등관계에 있는 사람들에게로, 최종적으로 모든 생명체로 확장한다. 바바라 프레드릭슨(Barbara Fredrickson) 교수의 연구에 따르면 자애 명상은 긍정적 감정과 삶에 대한 열정을 높여주고, 삶의 목적의식을 강화시켜주며, 고립감을 줄여준다(Fredrickson et al., 2008).

인간이 유전적으로 친절하도록 설계되어 있다는 사실을 고려하면, 아이들에게 친절하라고 '가르치는 것'이 아니라, 아이들이 친절을 베풀고 다른 사람의 친절을 경험할 기회를 주는 데 초점을 맞춰야 할 것이다. 다음과 같은 방법들을 통해 작은 친절 하나가 얼마나 멀리 전파되고 때로 얼마나 강력한 영향력을 갖는지에 놀라게 될 것이다.

친절을 베푸는 멋진 일주일

이전 학교에서는 '괴롭힘 금지 주간(anti-bullying week)'이란 것이 있었는데 나는 이 부정적인 메시지가 맘에 들지 않아서 새로운 이름을 붙이기로 했다. 친구를 괴롭히고 왕따시키는 행동은 고립과 불안정한 감정에서 비롯되는 경우가 많다. 나는 다른 사람에게 친절하게 대하면 어떤 느낌인지, 또 친절을 받는 입장에서는 어떤 느낌인지를 모든 아이들이 경험했으면 싶었고 친절의 선순환이 만들어지기를 원했다. 그렇게 해서 '친절을 베푸는 멋진 일주일'이 탄생했고, 다음과 같이 운영된다.

● 유치원부터 6학년까지 우리 학교의 모든 아이들에게 '무엇이 됐든 친절한 행동을 실천할 것'이란 가정학습 과제를 부여한다.

● 집안 정리 돕기, 간식 만들기처럼 어떤 것이든 선택할 수 있다. 단 그것을 사진이나 동영상, 포스터 등으로 남겨야 한다.

● 중요한 것은 친절한 행동을 할 때 어떤 느낌을 받았는지, 그리고 가능하다면 그 친절의 대상이 된 사람에게 어떤 느낌을 주었는지를 떠올려 보도록 하는 것이다.

시작 첫 해의 반응은 기대 이상이었다. 학교 전체가 열성적으로 친절한 행동을 실천했고 가정학습 과제물이 쏟아져 들어왔다. 아이들은 친절한 행동을 선택하는 데 놀라운 창의력을 발휘했다. 한 아이는 이웃 노인을 위해 엄마와 함께 장보기를 도와주었다. 또 다른 아이는 컵케이크를 구워 아빠와 함께 기차역에 가서 직장에서 돌아오는 통근자들을 맞이하기도 했다.

그 한 주 동안 학교에는 활기가 넘쳤다. 교직원들도 서로에게 차를 끓여주고 초콜릿을 주고받는 등 친절한 행동을 시작했다(하지만 내 시험지 채점 업무를 대신해준 사람은 없어서 조금 아쉬웠다). 그 주에는 영국교육기준청(Office for Standards in Education, Ofsted)의 무시무시한 감사가 있었는데, 감사를 나온 직원들까지도 멋진 친절 주간을 즐겼으며 다음과 같이 기록했다. "학생들은 '친절을 베푸는 멋진 일주일'에 적극적으로 호응하며 서로에 대한 배려와 친절을 보여주었다."

학교 밖으로 확장된 친절 베풀기

다음 해, 우리는 '친절을 베푸는 멋진 일주일'을 통해 확인했던 훌륭한 반응들을 좀더 확장하기로 마음먹었다. 우선 모든 아이들에게 각자 무엇이 됐든 친절한 행동을 수행하게 하는 과제를 주되, 작년과 다른 것을 시도하는 창의성을 발휘하도록 했다. 그리고 각 반별로 지역사회로 나가 반전체가 친절한 행동을 수행하도록 하는 과제를 주었다. 아래는 몇몇 반에서 실제로 진행한 일들이다. 여러분의 학급이 친절한 행동을 수행하도록 독려하는 데 영감을 얻기 바란다.

- 1학년 : 학교에서 맛있는 쿠키를 만들어 시내 중심가로 나가 사람들에게 나눠주었다.
- 2학년 : 학교에서 체험학습을 나갔을 때, '더 많이 웃고, 덜 걱정하자!'라고 적힌 대형 현수막을 만들어 통근자와 관광객, 일반 대중들이 모두 보고 즐길 수 있도록 했다.
- 3학년 : '친절 메모판'을 작성하여 지하철 배포신문 앞면에 붙이고, 지하철역에서 통근자들에게 나눠주었다. 이후 런던 지하철 전역으로 이 메모판이 붙은 신문이 돌게 되었고 학교로 수많은 이메일이 도착했다. 긍정 메시지를 전파한 아이들에게 감사를 전하는 내용이었다.
- 4학년 : "자신에게 진실하자." "그 미소는 네게 잘 어울려." 같은 긍정적 영감을 주는 인용구를 적어서 나눠주거나 사람들이 가져갈 수 있도

록 벤치에 올려놓았다.

- 5학년 : 아침 일찍 지하철역에서 〈Don't Stop Believing(믿음을 멈추지 말아요)〉라는 노래를 부르며 통근자들을 배웅했다. 지금까지 이렇게 많은 통근자들이 웃으며 노래를 부르고 박수치는 것은 본 적이 없었다.

- 6학년 : 차와 케이크를 만들어 학교의 확장공사를 하고 있는 건설인부들에게 휴식시간에 대접했다.

친절 주간이 끝난 후에도 아이들은 친절이 습관화되어 일 년 내내 무엇이 되었든 친절한 행동을 계속해나갔다. 친절 주간이 아니어도 친절한 행동을 계속할 수 있게 하는 가장 좋은 방법은 모든 교직원이 직접 친절의 모범을 보이는 것이다. 아이들과 동료들에게 웃어주고, 먼저 지나가도록 문을 잡아주고, '안녕하세요'라고 인사하고, 어떻게 지내는지 서로 묻고, 친절하게 피드백을 해주는 것이다. 이런 모든 행동들이 친절함을 학교의 DNA로 만들고 아이들에게 친절을 전파시킨다.

| 행 복 교 실 이 야 기 |

'친절을 베푸는 멋진 일주일' 동안 학교 밖 시민들로부터 아이들의 친절한 행동에 얼마나 감동했는지 모른다는 말들을 듣는 것은 언제나 정말 특별하고 분에 넘치는 경험입니다. 아래는 우리가 몇 년간 받은 많은

응답 중 하나로, 아이들의 작은 친절이 힘든 시기를 겪고 있는 누군가에게 꼭 필요한 것일 수 있다는 것을 보여줍니다.

안녕하세요, 교장 선생님.
몇 주 전부터 편지를 보내려고 했는데 이제서야 글을 드리게 되었습니다.
선생님들께서 아이들에게 친절한 행동을 통해 다른 사람들을 배려하도록 가르침을 주시는 것에 대해 진심으로 감사드립니다.
저는 맛있는 쿠키와 아름다운 포인세티아 꽃을 받았습니다. 저는 올해 남편을 잃었는데 이 친절한 행동에 얼마나 감사한지 이루 표현할 수가 없습니다.
정말 감사합니다.

선한 행동 나눔판

만약 운동장이나 공용 공간의 벽에 빈 공간이 있다면 '선한 행동 나눔판'으로 활기를 불어넣어 보면 어떨까? 방법은 아주 간단하다. 아이들이나 교사들이 누군가의 친절한 행동을 목격하면 그것을 '선한 행동 나눔판'에 기록하는 것이다. 이는 다른 사람의 친절한 행동을 칭찬하고 그로 인한 즐거움을 누릴 수 있게 해준다. 다시 말하지만, 친절한 행동을 목격하는 것만으로도 유대감을 높이고 스트레스를 줄여주는 행복 호르몬인 옥시토신이 분비될 수 있다.

'선한 행동 나눔판'은 다음과 같이 간단히 할 수 있다.

- 운동장의 벽면이나 학교 내부에 보드판 붙일 자리를 마련한다.
- 글씨를 쓸 수 있게 코팅된 종이 시트를 보드판에 붙이고 스테이플러로 고정한다.
- 유성펜을 비치한다.
- 교사나 6학년 학생들을 담당자로 정해 유성펜을 관리하고 아이들이 보드에 메시지 쓰는 것을 지도하게 한다.

우리 학교는 건물 확장 공사를 진행 중이었기에 운동장 대부분에 둘러진 임시 울타리가 빈 벽 역할을 했다. 우리는 그 벽을 '선한 행동 나눔판'으로 만들기로 결정했고, 아이들은 쉬는 시간이나 점심시간, 방과 후 언제든 그 나눔판을 채울 수 있었다. 학부모나 보호자들도 등하교 때마다 오가며 그 내용을 읽어볼 수 있었다. 나눔판에는 다음과 같은 내용들이 있었다.

- 셰인은 내가 슬퍼할 때 다가와 웃게 해줬어요. (샬롬)
- 3학년 아이 네 명이 넘어진 아이를 도와주는 걸 봤어요. 이 모습에 미소를 짓게 됐어요. (케이시 선생님)
- 역에서 어떤 남자분이 유모차를 가지고 계단을 내려가는 여자분을 도와

줬어요. (케리)

이렇게 간단하고 효과적인 방법을 통해 아이들뿐만 아니라 교사들도 일상에서 흔히 지나치기 쉬운 친절한 행동들을 사소한 것까지 모두 인식할 수 있게 된다.

기금 모금 행사

대부분의 초등학교에서는 기금 모금 행사를 진행하는데, 일 년 중 하루 특별한 의상을 입고 1파운드를 기부하는 것만으로는 큰 의미를 갖기 어렵다. 이것이 아이들에게 의미 있는 행사가 되도록 하려면 아이들이 흥미를 갖고 적극적으로 참여하도록 해야 한다. 연구에 따르면 다음과 같은 방법들을 통해 친사회적 지출이 행복에 더 크게 기여할 수 있다.

● 연결고리 만들기 : 일반적으로 사람들은 자신과 관련된 사람에게 돈을 쓸 때 더 큰 행복감을 느낀다(Aknin et al., 2011). 학교에서 기금 모금 프로젝트를 진행할 때에도 마찬가지로, 학교나 지역사회와 사회적 유대관계가 깊은 자선단체를 선택한다. 또는 학교 공동체 구성원에게 의미 있는 일을 선택해도 좋다.

이전 학교에서 있었던 예를 들면, 교직원 중 한 분이 남편을 갑작스러운 심장 발작으로 잃었다. 그다음 해 우리는 그녀의 허락을 받고 영국심장재단(British Heart Foundation)의 프로그램 중 하나인 '도전! 암벽등반'에 참여하기로 했다. 우리 학교 주위에는 산이 없었기 때문에 자격을 갖춘 강사들의 도움을 얻어 5미터 높이의 등반훈련용 암벽을 대여했다. 아이들은 이틀간 암벽 등반을 배웠고, 올라간 높이만큼 후원을 받았다. 방과 후에는 학부모와 보호자들도 기부금을 내고 암벽 등반을 할 수 있었다. 이것은 그해 가장 큰 기금 모금 행사였다.

● 결과 확인하기 : 대의를 위해 돈을 기부해도 그 돈이 어떻게 사용되었는지는 확인하지 못하는 경우가 많다. 하지만 기부한 돈이 어떤 영향을 미쳤는지를 알게 되면 친사회적 지출을 통한 행복 수준 향상이 훨씬 더 커질 수 있다(Aknin et al., 2013b). 기부한 돈이 어떻게 사용되었는지 잘 알려주는 자선단체들도 있다.

예를 들어 '화장실 지어주기(Toilet Twinning)'란 이름의 자선단체는 위생 상태가 나쁜 국가에 깨끗한 화장실을 지어주는 일을 하고 있는데, 해당 학교 화장실과 다른 나라 화장실을 일대일로 연결시켜주는 방식이다. 우리 학교에 4개의 화장실이 있다면 다른 나라에 4개의 화장실을 지을 수 있는 돈을 모아 보내주는 것이다. 화장실이 새로 지어질 때마다 완성된 화장실의 사진을 찍어 보내준다. 지역 자선단체를 지원하는 경우, 그곳 대표가 직접 학교에 와서 돈이 어떻게 사용되었는지 설명하는 모임을 갖는다. 이처럼 자선 모금 행사를 선택할 때 아이들의 기부금이 어떻게 쓰였는지 결과를 확인할 수 있도록 하는 것이 중요하다.

• 즐겁게 하기 : 아이들에게 자선단체에 기부하는 습관을 들이기를 원한다면, 그것이 즐거운 일이 되도록 해야 한다. 재미있는 자선 모금 행사에 참여하면 행복 호르몬이 분비되어 아이들은 그 일을 계속 하고 싶어질 것이다.

내가 근무했던 학교는 남성 교직원이 많은 편이었다(초등학교 교사 비율은 보통 여자 교사가 85퍼센트, 남자 교사가 15퍼센트 정도이다). 우리는 'Movember(수염을 뜻하는 moustache와 11월을 뜻하는 november를 조합한 말-옮긴이)'라는 이름의 행사에 참여하기로 결정했다. 이것은 남성들에게서 나타나는 전립선암, 고환암, 남성 자살 등의 문제에 대해 사회적 인식을 높이려는 목적으로 남자 교사가 11월 한 달 내내 수염을 기르는 행사이다. 11월 한 달 동안 남자 교사들의 모습은 꽤 우스꽝스러웠지만 (특히 수염을 기른 상태로 학부모 면담을 할 때), 마지막 날에는 모든 아이들과 여자 교사들까지 하루 동안 가짜 수염을 붙이고 있었다.

┃ 친절 명상

자애 명상의 일종으로 반에서 아이들과 함께 해볼 만한 것으로 '친절 명상(befriending meditation)'이 있다. 이 명상은 아이들이 자신과 타인에 대한 친절하고 친근한 감정을 기를 수 있게 돕는다. 이는 마크 윌리엄스와 데니 펜맨의 책 『8주, 나를 비우는 시간 (Mindfulness)』(2011)에서 영감을 받은 것이다. 명상 시작 전 우선 자신감 있게 똑바로 앉도록 하고, 아이들이 명상에 나오는 구절을 머릿속으로 조용히 되뇌이도록 시간을 준다.

먼저 세 번, 코로 숨을 깊이 들이마셨다가 입으로 내쉰다. 지금 여기 앉아 있는 자신의 몸과 호흡에 의식을 집중한다. 그런 다음 친절하고 상냥한 태도로 자신에게 조용히 말을 건넨다. '내가 건강하길 바랍니다, 내가 행복하길 바랍니다, 내가 평화롭길 바랍니다.' 이 구절들이 당신 안으로 깊숙히 스며드는 것을 느껴보라, 마치 깊은 호수에 작은 돌을 떨어뜨리듯. 자신에게 친절함을 표현하는 이 느낌을 즐겨본다.

그 다음으로 당신이 무척 사랑하고 아끼는 누군가를 떠올려본다. 그들이 당신 앞에 앉아서 웃고 있다고 상상하며 이렇게 조용히 말을 건넨다. '당신이 건강하길 바랍니다, 당신이 행복하길 바랍니다, 당신이 평화롭길 바랍니다.' 그러고 나서 그들이 평안하고 안정되며 행복해 보이는 모습을 즐겁게 바라본다.

이제 당신이 알고 있긴 하지만 그다지 친하지 않은 누군가를 떠올려본다. 학교에서 마주치는 사람일 수도 있고, 집 근처 상점에서 일하는 누군가일 수도 있다. 그들을 보면 알아볼 수는 있지만 그들에 대해 알고 있는 것은 없다. 그들이 당신 앞에 앉아 웃고 있다고 상상하며 그들에게 말을 건넨다. '당신이 건강하길 바랍니다, 당신이 행복하길 바랍니다, 당신이 평화롭길 바랍니다.' 그들에게 친절을 베푸는 느낌을 즐기면서, 그들이 행복해하는 모습을 즐겁게 바라본다.

마지막으로 당신과 마찬가지로 행복하기를 원하는 모든 생명체를 떠올려 본다. 지구라는 행성의 모든 생명체에게 친근하고 애정 어린 감정을 확장하여 다음과 같이 말을 건넨다. '우리 모두가 건강하길 바랍니다, 우리 모두가 행복하길 바랍니다, 우리 모두가 평화롭길 바랍니다.' 이 세상에 사랑과 친절을 보내는 이 느낌을 즐겨본다.

간단히 말하자면 타인에게 친절하고 동정심을 갖는 것은 그들과 연결되는 것이다. 자신을 다른 사람의 입장에 두고 자신의 행동이 다른 사람들에게 어떤 영향을 미치는지 생각할 때, 자기만을 위해 행동하지 않고 다른 사람들의 이익을 위해 행동할 가능성이 더욱 높아진다. 알버트 아인슈타인은 자신을 다른 사람들, 그리고 우주로부터 분리된 존재로 보는 것은 감옥에 있는 것이나 마찬가지라고 말하기도 했다. 그리고 이렇게 덧붙였다. "우리의 과제는 이 감옥으로부터 우리 자신을 자유롭게 놓아주는 것이며, 그 방법은 모든 생명체와 자연 전체를 포용할 수 있는 동정심(compassion)의 범위를 확장하는 데 있다."(Einstein, writing to Norman Salit on 4 March 1950) 아이들에게 친절함의 스킬을 가르치는 것이 아이들을 자유롭게 하는 방법일 수 있다.

- 인간은 타인에게 친절하도록 유전적으로 설계되어 있다. 친절은 사회적 연결과 유대감을 촉진하는데 이는 과거 부족사회에서 인간의 생존에 필수적이었다.

- 타인에게 친절과 동정심을 보일 때 우리 몸에서는 엔도르핀이나 옥시토신 같은 행복 호르몬이 분비된다. 이 호르몬들은 우리를 더 행복하게 만들 뿐만 아니라 건강을 증진시켜준다.

- 친절을 베풀면 더 행복해지고, 행복해질수록 친절을 베풀 가능성이 높아진다. 이렇게 친절의 선순환이 시작될 수 있다.

- 학교에서는 아이들이 무엇이든 친절한 행동을 하도록 장려하는 '친절 주간'을 마련할 수 있다. 반 전체가 함께 지역사회로 나가 친절한 행동을 실천하는 것도 가능하다.

- 학교에서 '선한 행동 나눔판'을 만들어 아이들이 일상에서 친절한 행동에 관심을 가질 수 있도록 한다.

- 학교 기금 모금 행사는 아이들과 기부 활동 간의 연결고리를 만들고 기부금이 어떤 영향을 미쳤는지 아이들이 결과를 확인할 수 있도록 하며, 행사 자체를 즐거운 활동이 되도록 한다.

- '친절 명상'을 통해 아이들이 자신과 타인에 대한 친절한 감정을 기르게 한다.

8장
디지털 웰빙

이 장에서는 디지털 기술이 아이들의 웰빙에 미치는 영향에 대해 자세히 살펴본다. 그리고 디지털 기술을 사용하는 것이 아이들에게 긍정적인 경험이 될 수 있도록, 아이들이 온라인 활동을 스스로 조절할 수 있도록 하는 방법들도 알아본다.

인간은 자신들이 만든 도구의 도구가 되었다.

| 헨리 데이비드 소로(Henry David Thoreau) |

| 디지털 원주민

디지털 기술은 21세기 아이들의 삶에서 중요한 부분이 되었다. 아이들은 이전보다 훨씬 더 어린 나이에, 훨씬 더 많은 시간을 온라인에서 보내고 있다. 오늘날의 아이들은 태어나면서부터 디지털 기술과 함께 성장해왔기에 이들을 '디지털 원주민(digital native)'이라 부른다. 하지만 온라인 생활이니, 기술의 사용이니, 소셜 미디어니 하는 표현들은 다소 일반적이고 모호한 측면이 있기 때문에 초등학교 아이들이 실제로 디지털 기술을 어떻게 얼마나 사용하고 있는지 살펴보는 것이 도움이 되리라고 본다. 표 8.1은 영국 아이들의 연령에 따른 디지털 기술 사용 실태를 보여주는 것으로, 연령이 높아질수록 사용량도 늘어남을 확실히 알 수 있다(Ofcom, 2022).

　부모, 교사, 그리고 사회 전반에서 아이들이 온라인에서 시간을 많이 보내는 것을 부정적으로 바라보며 우려하고 있다. 그렇다면 아이들의 웰빙 측면에서는 과연 어떨지, 디지털 기술과 아이들의 웰빙에 대한 연구 결과를 살펴보기로 하자.

[표 8.1] 연령별로 본 영국 아이들의 디지털 기술 사용 실태

	3~4세	5~7세	5~7세
자기 소유 스마트폰 소유	17%	28%	60%
자기 계정으로 된 SNS 프로필 소유	24%	33%	60%
동영상 공유 플랫폼 이용	89%	93%	95%
사이트나 앱의 메시지 기능 이용	50%	59%	84%
온라인 게임 이용	18%	38%	69%
온라인에서 걱정스럽거나 불쾌한 내용을 본 경험이 있음			32%

디지털 기기와 신체건강

디지털 기기 사용이 아이들의 정신건강뿐만 아니라 신체건강에도 영향을 미친다는 것은 말할 필요도 없다. 디지털 기기를 많이 사용할수록 아이들의 신체에 나쁜 영향을 끼친다는 연구 결과도 찾아볼 수 있다.

수면

대부분의 전자기기에서 방출되는 블루라이트는 수면과 생체 리듬에 영향을 미친다. 밤에 블루라이트가 나오는 기기를 사용하면 수면 유도 호르몬인 멜라토닌 분비가 감소되는 것으로 알려져 있다(OECD, 2019). 학령기 어린이와 청소년의 수면 패턴을 조사한 체계적 문헌고찰에서도 블

루라이트에 노출되는 시간이 길수록 수면 패턴에 부정적인 영향을 끼쳐 수면에 들기까지 시간이 오래 걸리고 수면시간이 줄어든다는 결과가 보고된 바 있다(Hale & Guan, 2015). 블루라이트를 차단하는 기기를 사용한다 해도 자극은 여전히 문제가 된다. 건강한 수면위생은 몸과 마음을 편안하게 이완시켜 수면을 취할 준비를 하는 것이다. 아이들이 잠자리에서도 기기를 놓지 못하고 게임, 채팅, 동영상 시청을 할 경우 뇌는 수면을 취할 적절한 준비를 하지 못할 가능성이 높다.

신체 활동 저하

아이들이 디지털 기기를 사용하는 동안은 대체로 앉아 있거나 누워 있기에 당연히 신체 활동이 저하될 수밖에 없다. 이는 기술의 '대체효과'를 야기하는데, 온라인에서 시간을 쓰는 만큼 스포츠나 친교 활동, 자연에서 하는 바깥 활동 등 좀더 '가치있는' 다른 활동을 하는 데는 시간을 쓰지 않게 되는 것을 의미한다. 하지만 문헌검토 결과를 보면 디지털 기기 사용 시간을 줄인다고 해서 청소년과 아이들이 더 많은 신체 활동을 하도록 동기부여가 되지는 않는다(Kardefelt Winther, 2017). 디지털 기기를 사용하며 장시간 앉아 있는 습성과 여가 시간을 이용해 신체적 활동을 하는 것은 서로 별개라는 연구 결과도 있다(Gebremariam et al., 2013). 다시 말해 적극적으로 신체 활동을 즐기는 아이들은 디지털 기기 사용이 신체 활동에 방해가 되지 않는다는 뜻이다.

눈 건강

어린 시절 어머니께서는 텔레비전을 너무 가까이에서 보면 안경이 필요해질 거라고 말씀하곤 하셨다. 나는 지금 안경을 쓰고 있지만 내 형제는 그렇지 않은 것으로 봐서, 해석은 각자 알아서 하면 될 것 같다. 그런데 최근 50년간 유럽과 미국에서는 근시가 큰 폭으로 증가했다.《더 랜싯(The Lancet)》(영국의 권위 있는 의학 및 과학분야 저널-옮긴이)에 발표된 체계적 문헌고찰에서는 스마트 기기와 컴퓨터 사용이 근시와 유의미하게 관련되어 있음을 보고했다(Foreman et al., 2021). 디지털 기기를 집중해서 보느라 눈의 긴장이 증가한 것이 원인일 것으로 생각된다. 하지만 근시의 증가는 실내에서 보내는 시간이 늘어난 것과 더 관련이 있을 수도 있다. 디지털 기기 사용은 대부분 실내에서 이뤄지기 때문이다. 아이들의 실외 활동을 매일 1~2시간씩 늘리는 것만으로도 근시 발생률을 최대 50퍼센트까지 줄일 수 있다는 연구 결과로도 짐작할 수 있다(Wu et al., 2020). 야외 학습을 해야 할 이유가 하나 더 늘어난 셈이다.

소셜 미디어와 정신건강

먼저 소셜 미디어 사용이 아이들의 정신건강에 어떤 영향을 미치는지 살펴보자. 이 책을 집필하는 시점에, 구글에서 '소셜 미디어가 야기하는 문제점(social media causes)'으로 검색한 상위 검색 결과는 다음과 같다.

- 우울증
- 불안
- 주의력 결핍 과잉행동장애(ADHD)
- 섭식 장애
- 사이버 폭력(cyberbullying)
- 고립감
- 낮은 자존감
- 외모에 대한 고민

아이들의 소셜 미디어 과다사용에 대해 많은 사람들이 우려하는 것은 당연하다. 루시 폴크스(Lucy Foulkes) 박사의 저서 『What Mental Illness Really Is (and what it isn't) (마음의 병이란 무엇인가 (그리고 병이 아닌 것은 무엇인가)』(2022)에서는 실증적인 연구 결과에 기반하여 이에 대해 상세히 살펴보고 있다. 이 책에 언급된 2018년의 매우 중요한 논문에서는 '우리가 아이들의 손에 쥐어준 디지털 기기는 아이들의 삶에 막대한 영향을 미치고 … 아이들의 행복 수준을 크게 저하시키고 있다는 강력한 증거가 있다'고 말했지만, 폴크스는 이 연구에 심각한 오류가 있음을 지적한다. 소셜 미디어 사용과 어린이 우울증 간에 상관 관계가 있음을 보여주는 것은 맞지만 인과 관계를 보여주는 것은 아니므로 소셜 미디어가 아이들의 행복 수준을 저하시키는 원인이라는 것은 입증되지 않았다는 것이다. 실제로는 학교나 가정에서 소외되고 교우관계도 별로 없으며 스포츠 활동도 하지 않아서 행복 수준이 떨어진 아이들이 온라인에서 많은 시간을 보내는 것일 수도 있다. 그리고 이런 아이들은 불면증으로 인해 잠을 잘 못 자기 때문에 온라인에서 보내는 시간이 더 많을 가능성이 있다. 그렇게 보면 그들의 정신건강에 문제를 일으킨 원인은 소셜 미디어라기보다는 수면 부족이라고 보는 게 더 합리적이다. 결론적으로 이 연구에는 고려하지 못한 변수가 너무 많기 때문에 소셜 미디어가 정신건강 문제의 원인이라고 단정지을 수 없다는 것이다.

대신 폴크스는 증거가 더 탄탄한 다른 연구에 주목했는데, 소셜 미디어가 우리가 생각하는 것처럼 그렇게 심각할 정도로 부정적인 영향을 미치는 것은 아니라는 내용이었다. 10세에서 15세까지 1만 2천 명을 대상으로 조사한 연구 결과, 소셜 미디어 사용량이 증가함에 따라 삶의 만족도가 감소하는 것으로 나타나긴 했지만 연관성은 매우 미미한 수준이었다(Orben et al., 2019). 또다른 종단 연구는 13세에서 20세까지의 청소년을 대상으로 소셜 미디어 사용과 관련된 불안과 우울증 수준을 조사한 것인데, 일반적인 수준보다 온라인에서 보내는 시간이 더 많은 경우에도 불안이나 우울증이 증가하지는 않은 것으로 나타났다. 물론 온라인에서 보내는 시간이 더 적은 경우에도 불안이나 우울증이 감소하는 결과는 나오지 않았다(Coyne et al., 2020).

위 연구 결과들로 볼 때 아이들의 소셜 미디어 사용에 대해 지나치게 염려할 필요는 없다고 볼 수 있다. 그렇다고 온라인에서 시간을 보내는 것이 아이들에게 전혀 해가 되지 않는다는 말은 아니며, 정작 중요한 문제는 아이들이 실제로 온라인에서 무엇을 하고 있는가이다. 폴크스도 이에 대해 나음과 같이 말하고 있다. "소셜 미디어가 징신건깅에 미치는 영향을 제대로 이해하려면, … 사용 시간을 측정하는 것만으로는 부족하다. 소셜 미디어를 이용해서 무엇을 하는지를 살펴야 한다."(Foulkes, 2022, p.131) 이 문제에 대해서는 뒤에서 좀더 자세히 살펴보기로 한다.

사이버 폭력과 사회적 비교

웰빙에 무조건적으로 부정적인 영향을 주는 두 가지를 꼽자면 주변 사람들로부터 괴롭힘이나 따돌림을 당하는 것과 다른 사람들과 자신을 비교하는 것-그래서 내 삶은 다른 사람들의 삶만 못하다고 여기는 것-이다.

사이버 폭력
다음은 2020년 영국통계청(Office for National Statistics, ONS)에서 밝힌 내용이다.

• 잉글랜드와 웨일스의 10~15세 아이들 중, 2020년 3월까지를 기준으로 최소 한 번 이상의 사이버 폭력을 경험한 아이는 5명에 1명 꼴(19퍼센트)로, 약 76만 4천 명에 이른다.
• 사이버 폭력을 경험하고도 아무에게도 이 사실을 알리지 않은 아이

는 4명에 1명 꼴(26퍼센트)이다.

● 가장 흔한 사이버 폭력 행태는 욕설, 모욕적인 말, 불쾌한 메시지 등으로, 10~15세 아이들 중 10퍼센트가 이를 경험했다.

유념해야 할 점은 사이버 폭력을 겪은 피해자 대부분은 직접적으로도 괴롭힘을 당하고 있다는 사실이다. 영국통계청(ONS)의 조사에 따르면 사이버 폭력을 경험한 학생 중 4분의 3에 해당하는 학생들이 학교에서도 괴롭힘을 당한 적이 있다. 이 분야의 전문가인 디터 울케(Dieter Wolke) 교수의 연구에 따르면, 사이버 폭력 피해자 중 오직 온라인으로만 괴롭힘을 당한 사람은 1퍼센트에 불과했다(Wolke et al., 2017). 울케 교수는 보고서에서 "사이버 폭력은 새로운 피해자를 만들어내는 것이 아니라 전통적인 방식으로 이미 괴롭혔던 피해자를 괴롭히기 위한 새로운 도구로 주로 쓰인다."라고 말한다. 이는 괴롭힘의 문제를 해결하는 일은 학교 안에서부터 시작해야 한다는 점을 강력히 시사한다.

사회적 비교

올림픽 메달 수상자를 대상으로 사회적 비교가 행복 수준에 미치는 영향을 밝힌 인상적인 연구 결과가 있다(Hedgcock et al., 2021). 간단히 말하자면 동메달 수상자가 은메달 수상자보다 더 행복하다는 것이다. 이유는 무엇일까? 이는 사회적 비교와 관련 있다. 금메달을 놓친 은메달 수상자는 위쪽의 금메달 수상자와 비교하여 만족도가 낮아진 반면, 동메달 수상자는 아래쪽과 비교하여 자신이 메달 수상자가 되었다는 사실에 감사하고 행복해 한다는 것이다.

이것이 소셜 미디어와 무슨 관련이 있을까? 대다수 소셜 미디어 플랫폼에서는 사용자들에게 삶의 인증샷을 공유하도록 장려한다. 우리는 다른 사람들의 생각을 엄청나게 신경쓰는 극도로 사회적인 동물이기에, 자신을 가장 돋보이게 하는 콘텐츠만 공유하려는 경향이 있다. 즉 가장 화려하게 편집된 삶의 단편들만 게시하며 끝없이 경쟁을 벌이고, 이 과정에서 다른 사람들의 삶과 자신의 삶을 비교하며 불행하다고 느끼게 될 수 있다. 셀카를 예로 들면, 2018년에 실시된 연구에서는 한 그룹의 여학생들에게 셀카를 찍어 온라인에 게시하도록 했다. 다른 그룹의 여학생들에게는 인터넷 뉴스 기사를 읽으라고 했다. 그 결과 셀카를 찍은 그룹은 과제 완료 후 불안감이 커지고 자신감과 외모에 대한 자기 평가가 낮아졌고, 인터넷 뉴스 기사를 읽은 그룹은 그런 양상을 보이지 않았다(Mills et al., 2018). 덴마크의 행복연구소(Happiness Research Institute)에서 실시한 또다른 연구에서는 한 그룹의 사람들에게 일주일 동안 페이스북 사용을 중단하도록 한 뒤, 평소대로 페이스북을 사용한 그룹과 비교해 보았다. 페이스북을 중단한 그룹은 일주일 후 행복 수준이 현저히 높아지고 외로움을 덜 느끼는 것으로 나타났다. 또 사회적 활동량이 늘어났고 자신의 사회적 삶에 대한 만족도도 상승했다(Wiking, 2019).

| 온라인 활동의 긍정적인 측면

끝으로 디지털 기술이 아이들의 삶에 미치는 긍정적인 측면에 대해서도 짚고 넘어가고자 한다. 실제로 아이들에게 온라인 생활에 대한 생각을 묻는 영국아동협회(The Children's Society)의 조사에서는 대체로 매우 긍정적인 결과가 나왔다(Moore & Raws, 2021). 2천 명을 대상으로 조사한 결과, 온라인 활동에 대한 만족도는 10점 만점에 8점, 온라인 안전에 대해서는 7.8점, 온라인 생활에 대해서는 7.7점으로 평가되었다(도표 8.1 참고). 이 수치는 대부분의 아이들이 온라인 생활에 만족하고 있음을 보여주는 꽤 양호한 수준으로, 우리 어른들을 안심시켜 줄 만하다. 그럼에도 온라인상의 위험에 상대적으로 취약한 아이들을 보호하기 위한 조치는 반드시 필요하다.

온라인 환경에서 아이들은 친구들과 소통하고 연결할 기회를 얻게 되는데, 이는 웰빙의 기본이 되는 중요한 요소이다. 루시 폴크스 박사는 자신의 책에서 '친구 관계의 네 기둥(four pillars of friendship)'으로 자기검증(validation), 자기개시(self-disclosure, 상대방에게 속마음을 털어놓는 것을 뜻하는 심리학 용어-옮긴이), 도구적 지원(instrumental support, 상대가 필요로 하는 정보나 물질을 제공함으로써 돕는 것을 가리킴-옮긴이), 우정(companionship)을 들고, 이들은 오프라인 세계뿐만 아니라 온라인에도 존재한다는 연구 결과를 내놓았다(Foulkes, 2022). 연령대가 조금 더 높은 아이들은 온라인에서 스트레스를 주는 문제에 대해 털어놓고 얘기하

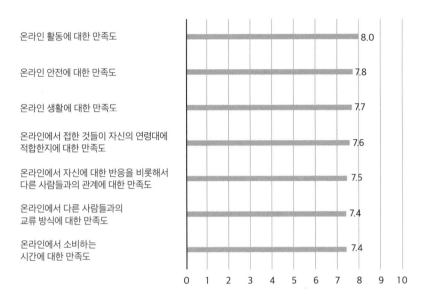

[**도표 8.1**] 10세에서 17세까지의 아이들을 대상으로 한 온라인 사용 관련 만족도

항목	점수
온라인 활동에 대한 만족도	8.0
온라인 안전에 대한 만족도	7.8
온라인 생활에 대한 만족도	7.7
온라인에서 접한 것들이 자신의 연령대에 적합한지에 대한 만족도	7.6
온라인에서 자신에 대한 반응을 비롯해서 다른 사람들과의 관계에 대한 만족도	7.5
온라인에서 다른 사람들과의 교류 방식에 대한 만족도	7.4
온라인에서 소비하는 시간에 대한 만족도	7.4

는 것을 통해 기분이 나아지기도 한다. 개인적인 문제에 대해 직접 얼굴을 보고 말하기보다 온라인에서 논의하는 것을 더 편하게 느끼는 아이들도 있는데, 서로 과제를 도와주기도 하고 외출할 때 무슨 옷을 입을지에 대해 조언해주기도 한다. 소셜 미디어를 통해 친구들과 재미를 누리는 기회를 얻게 되는 것도 있다. 폴크스는 "소셜 미디어가 인기를 끄는 가장 큰 이유는 사실 별것 아닐 수도 있다. 친구들과 즐겁게 놀 수 있는 방법이기 때문이다."라고 말한다(Foulkes, 2022, p.142).

디지털 기술은 이미 우리 곁에 존재하고 있으므로 아이들에게 이를 어떻게 제어하고 효과적으로 이용할 수 있는지 가르치는 것에 대한 원칙을 세우는 것이 아이들의 웰빙을 증진하는 일이 될 것이다. 아이들의 디지털 웰빙을 높이기 위한 방법에 대해 다음과 같은 주제로 아이들이나 학부모들과 대화를 시작해볼 수 있다.

온라인 안전

2010년에 교사가 된 이후 나는 근무했던 모든 학교에서 아이들에게 온라인 안전(e-safety)에 대해 가르쳐왔다. 따라서 여기서 공유하는 내용에는 혁신적이거나 혁명적인 것들은 없다. 실제로 웰빙의 측면에서는 오프라인에서든 온라인에서든 안전하다고 느끼는 것이 무엇보다 중요하다. 온라인에서 안전하게 지낼 수 있도록 아이들에게 다음과 같은 원칙들을 가르칠 필요가 있다.

- 신뢰할 수 있는 어른과 이야기하기 : 무엇이든 온라인에서 안전하지

않다거나 무서운 느낌이 들 경우, 신뢰할 만하고 실제로 도와줄 수 있는 어른에게 도움을 청하는 것이 가장 중요하다.

- 서로 존중하고 친절하게 대하기 : 온라인에서 만난 사람들과도 직접 만나서 하는 것과 마찬가지로 대화하고 소통하도록 한다. 자신이나 다른 사람들에게 친절하게 대하지 않거나 존중하지 않는 사람은 관리자에게 신고하거나 신뢰할 만한 어른에게 말하도록 한다.

- 개인정보 보호하기 : 개인정보가 노출되지 않도록 한다. 비밀번호, 집주소, 생일, 현 위치, 신체가 노출된 사진은 공유하지 않아야 한다.

- 공유하기 전에 한번 더 생각하기 : 게시물을 올리거나 공유하기 전에 잠시 멈추고 '이것이 나와 다른 사람들에게 도움이 될까? 혹시 나와 다른 사람에게 피해를 주진 않을까?'라고 자문하고, 의심스러울 경우 공유하지 않도록 한다.

- 사실 여부 확인하기 : 온라인에서 접한 것들이 모두 사실인 것은 아니다. 호기심을 갖되 의심스럽게 생각하고, 만약 확신이 들지 않는다면 신뢰할 수 있는 어른과 상의하게 한다.

이와 관련해 수업에서 사용할 수 있는 유용한 웹사이트로는 〈차일드넷(Childnet)〉 QR 8-01, BBC의 〈디지털 리터러시(BBC Bitesize Digital Literacy)〉 QR 8-02 가 있다.

디지털 디톡스

인생사 대부분이 그러하듯이 최상의 즐거움을 느끼기 위해서는 균형이 필요하다. 쾌락과 의미가 균형을 이뤄야 행복한 삶이 되는 것도 마찬가지다. 학습을 놓고 볼 때도 스트레스가 너무 많거나 너무 적지 않고 균형을 이루는 도전지대에서 성장이 일어난다는 것은 앞에서 이미 살펴보았다. 이는 디지털 기술 사용에 대해서도 해당되는 것으로, 너무 적게 사용하면 소외감을 느낄 수 있고 과도하게 사용하면 압박감을 느낄 수 있다. 따라서 아이들은 디지털 기술 사용을 적절히 조절하는 방법을 배우는 것이 중요하다. 혼자서 하기 힘든 경우에는 주변 어른들의 도움을 받는 것도 좋다. 다음 방법들은 아이들에게 생활에서 적절한 균형을 유지하는 방법을 가르칠 때 도움이 될 것이다.

- 아이들에게 온라인에서 즐겨하는 활동들(게임, 채팅, 영화감상 등)에 대해 말해보도록 한다. 그리고 디지털 기술이 어떤 도움이 되는지에 대해서도 의견을 나눠본다. '다른 사람들과 연결되는 창구가 된다', '웃음을 주고 스트레스를 줄여준다', '과제 조사에 도움이 된다', '새로운 것을 배울 수 있다'와 같은 의견들이 나올 수 있다. 디지털 기술을 통해 즐거움과 의미 있는 활동을 모두 경험할 수 있다는 것을 깨닫게 한다.
- 자신에게 도움이 되지 않는 온라인 활동의 부정적인 면에 대해 생각해보고 이에 대해 말해보도록 한다. '온라인에서 너무 많은 시간을 보

내는 것', '활동량이 줄어드는 것', '좋아하는 다른 취미활동을 하지 않는 것', '가족들과 소통하지 않는 것', '불쾌하거나 유해한 콘텐츠를 보는 것' 등이 나올 수 있다.

- 아이들이 온라인 사용량을 적정 수준으로 제어할 수 있는 방법에 대해 논의하고, 논의한 내용을 차트에 적어본다.
  - 온라인 활동 시간을 미리 정해두기
  - 취침 전 1시간 전에 로그아웃하기
  - 누군가 내 게시물에 '좋아요'를 누르거나 댓글을 남길 때마다 매번 알림을 받지 않도록 설정하기
  - 모든 기기를 꺼두고 디지털 디톡스(digital detox) 하기
  - 야외활동, 그림그리기, 독서 등 디지털 기기를 이용하지 않는 활동을 할 시간을 따로 정해두기
- 아이들에게 디지털 제한에 관한 포스터를 만들어보게 한다. 무엇보다 아이들이 집에서 이를 실천해보도록 하는 것이 중요하다. 가정학습과제로 디지털 제한을 두는 것을 내주고 어떻게 진행되었는지 수업시간에 발표하도록 한다.

| 행 복 교 실 이 야 기 |

덴마크의 한 기숙학교에서는 학생들이 기기에 너무 많은 시간을 사용하여

동급생 및 기숙사 친구들과 제대로 된 유대관계를 형성하지 못하는 것을 염려했다. 결국 학교에서는 다소 극단적인 결정을 내려, 시범적으로 한 학기 동안 디지털 기기와 소셜 미디어를 사용할 수 있는 시간을 하루 1시간으로 제한했다. 첫 학기가 끝나고 이 새로운 시스템에 대해 학생들의 투표가 진행되었다. 투표 결과에 따라 현행대로 디지털 기기 제한을 유지할 것인지, 아니면 기존처럼 원하는 만큼 사용할 수 있도록 할 것인지가 결정되는 것이었다. 예상을 깨고 80퍼센트의 학생이 현행 유지에 찬성했다. 교사와 학생 모두 디지털 기기에 시간을 덜 쓰고 주변 사람들과 소통하는 데 더 많은 시간을 쓰는 것이 더 행복해지는 길임을 깨닫게 된 것이다.

- 『The Key To Happiness(행복의 열쇠)』에 실린 사례 연구(Meik Wiking, 2019, p. 65)

디지털 시민의식

디지털 세계에서 좋은 시민이 된다는 것은 현실 세계에서 좋은 시민이 되는 것과 크게 다르지 않다. 부족교실을 통해 키우고자 하는 가치관이나 습관은 온라인 세계에서도 마찬가지로 적용된다. 다음 원칙을 주지시켜 아이들이 온라인에서 훌륭한 모범을 보이도록 지도하기 바란다.

● 팀 깃발이 상징하는 것을 명심한다 : 교실에서 실천하려고 하는 가치들은 온라인에서도 마찬가지로 중요하다. 서로 돕고 상호 존중하며 훌

류한 팀원이 되도록 한다.

- 항상 친절한 태도를 갖는다 : 친절의 과학은 온라인에서도 통하며 친절은 전파되는 것임을 아이들에게 주지시킨다. 친절은 우리를 더 행복하게 만들고 몸과 마음에도 긍정적인 영향을 끼친다.

- 실수는 반드시 사과한다 : 인간은 누구나 실수를 한다. 온라인에서 후회할 말이나 행동을 할 때도 있지만, 중요한 것은 그 실수를 인정하고 상처받고 마음이 상한 사람에게 사과하는 것이다. 그리고 다시는 같은 실수를 저지르지 않도록 해야 한다.

- 서로 지지하고 돕는다 : 누군가 다른 사람에게 불쾌하고 무례한 행동을 할 때 잠자코 있어서는 안 된다. 플랫폼에 신고할 수 있다면 그렇게 하도록 하고, 피해자에게 그들을 지지하고 있음을 알린다. 신뢰할 만한 어른의 도움을 구해도 좋다.

온라인 문제 발생 시 대처법

최선의 노력에도 불구하고 온라인에서 골치아픈 문제가 생겨 곤란한 상황에 처할 수도 있다. 나도 트위터에서 언쟁에 휘말려 알람이 폭증했던 적이 있었다. 로그인할 때마다 댓글이 몇 배나 늘어나 있어 몹시 불안하고 다른 일을 할 수 없을 지경이었다. 달리 생각하면 이러한 상황을 통해 우리는 언제 대응하고 언제 물러나야 할지를 배우게 되기도 한다. 온라인에서 문제가 발생했을 경우 다음과 같이 대처하도록 가르친다.

- 신뢰할 수 있는 어른과 이야기한다 : 이것은 내가 앞에서 몇 차례 언급한 바 있는데, 그만큼 아이들의 온라인 사용에 있어서 가장 중요한 원칙이기 때문이다. 신뢰하는 사람과 대화하면 마음의 짐을 덜게 되고 그들의 지원과 새로운 시각을 통해 문제 해결에 도움을 받을 수 있다. 특히 사이버 폭력을 당하고 있다고 느낄 때 더 필요한 원칙이다.

- 계정을 차단하고 음소거한다 : 이 기능은 대부분의 소셜 미디어에서 지원한다. 유해하거나 불쾌한 계정이 있으면 즉시 차단하도록 한다. 유해한 내용으로 인해 부정적인 영향을 받을 필요가 없다. 스트레스를 유발하는 스레드나 채팅에 들어 있다면, 음소거해서 더이상 업데이트 알림을 받지 않도록 한다.

- 알림 설정을 수정한다 : '좋아요'나 메시지 알림을 받으면 기분이 좋기는 하지만, 끊임없이 알림을 받는 것은 스트레스를 주고 현재 하는 일에 집중하기 어렵게 만든다. 알림을 끄고 시간을 정해서 앱을 확인하도록 한다.

- 디지털 디톡스를 한다 : 상황이 정말 안 좋아 우울할 정도라면 모든 기기를 끄고 완전한 휴식을 취하는 것이 나을 수도 있다. 대신 즐길 수 있는 활동을 찾아 자연 속에서 시간을 보내거나 반려동물이나 가족과 함께 시간을 보내도록 한다. 좋아하는 책에 빠져드는 시간을 갖는 것도 좋다.

● 활발한 신체활동을 한다 : 온라인에서든 오프라인에서든 스트레스를 받을 때 신체활동은 우리 몸에 쌓인 과다한 코르티솔과 아드레날린을 없애주는 가장 좋은 치료법이다. 몸을 움직이고, 밖으로 나가서, 좋아하는 사람들과 함께하는 것, 이 세 가지가 최고의 삼박자라 할 수 있다.

가정에서의 건강한 디지털 습관

아이들의 디지털 습관은 주로 부모나 보호자에게서 배운 것으로 집에서 어른들이 하는 것을 보고 그대로 따라하는 경향이 있다. 교사가 학교 밖에서 아이들이 디지털 기술을 사용하는 것까지 책임질 수는 없지만, 부모나 보호자에게 관련 자료를 제공하는 것은 가능하다. 이를 통해 가정에서 건강한 디지털 습관을 기르면 아이들에게도 좋은 영향이 미치게 된다. 간단한 인쇄물이나 소식지, 또는 학교 설명회 등을 통해 다음과 같은 지침을 학부모들과 공유하면 도움이 될 것이다.

● 디지털 기기를 사용하지 않는 시간 정하기 : 저녁시간 또는 주말 중 시간대를 지정해, 그 시간에는 디지털 기기를 사용하지 않고 가족이 함께하는 시간을 갖는다.
● 자녀가 사용하는 디지털 콘텐츠에 대해 이해하기 : 부모나 보호자는 아이들이 어떤 앱이나 게임, 웹사이트에서 시간을 보내는지 알아야 한

다. 아이들이 사용하는 디지털 콘텐츠에 대해 대화를 나눠본다.

● 함께 사용해보기 : 아이들과 함께 온라인에서 시간을 보내는 경험을 한다. 좋아하는 게임을 함께하거나, 좋아하는 유튜브 동영상을 시청하면서 유대감을 형성하는 기회로 활용하도록 한다.

● 디지털 기기 사용시간 제한하기 : 디지털 기기를 언제, 얼마 동안 사용할 수 있는지에 대해 명확한 기준을 정해두면 도움이 된다. 가족 모두가 이 기준을 명확히 알고 있도록 일관성을 유지한다.

● 가정 내 미디어플랜(media plan) 설계하기 : 미국소아과학회(The American Academy of Pediatrics)에서 제공하는 사이트를 활용하여 우리 가족만의 미디어플랜 QR 8-03 을 만들 수 있다. 가족 전용 미디어 플랜을 통해 어떤 디지털 콘텐츠를 사용하는지에 대해 아이들과 효과적으로 의견을 나눌 수 있고 기준을 정해 적절한 균형을 유지할 수 있다.

● 부모가 먼저 공부하기 : 키즈앤클릭(KidsnClicks) QR 8-04 은 부모들을 위해 부모들이 만든 유익한 웹사이트다. 디지털 기기 사용시간을 균형있게 조절하는 방법, 디지털 기술을 효과적으로 사용하여 아이들에게 좋은 롤모델이 되는 방법, 디지털 기술을 활용하여 신체활동을 촉진하는 방법 등에 대한 유용한 조언이 나와 있다. 또 연령별 맞춤 앱에 대한 정보도 찾아볼 수 있다. 부모나 보호자에게 공유하여 디지털 기기에 대해 배우는 데 도움이 되도록 한다.

● 좋은 롤모델이 되기 : 부모나 보호자가 먼저 디지털 기기 사용에 신

중해야 한다. 휴대전화 및 기타 전자기기 이용시간도 신경쓴다. 아이들이 대화하고사 할 때는 기기를 내려놓고 아이에게 온전히 집중하도록 한다.

온라인 활동에 대해 마음챙김하기

마음챙김을 통해 자신의 생각, 감정, 행동, 주변 사람들 및 세계를 인식하며 조화를 이루는 법을 깨닫듯이 온라인에서도 기기를 내려놓고 휴식이 필요할 때와 우리의 행동이 건강하지 못한 패턴으로 흐를 때를 알아차리는 것이 필요하다. 온라인 활동에서 아이들이 다음 사항에 대해 주의를 기울이도록 지도한다.

- 어떤 기분이나 감정이 드는가? : 온라인 활동 중 아이들이 자신의 감정을 자주 점검할 수 있도록 한다. 온라인에서 불쾌하거나 불편한 감정이 느껴지기 시작한다면, 온라인을 벗어나 휴식을 취해야 한다는 신호다.
- 언제 사용하는가? : 언제 온라인에 접속하고 싶은 욕구를 느끼는지 깨닫는 것도 도움이 된다. 스트레스를 받거나 기분이 안 좋을 때 주로 접속하는가? 만약 그렇다면 불편한 감정을 억누르거나 피하기 위해 디지털 기기에 매달리고 있는 것일 수도 있다.
- 감정을 효과적으로 관리하라 : 아이들이 불편한 감정을 느낄 때 디지털 기기가 아닌 다른 방식으로 자신을 진정시킬 방법에 대해 논의해 본

다. 신뢰하는 사람과의 대화, 운동, 짧은 명상, 창작 활동, 음악 듣기, 독서 등이 좋은 대안이 될 수 있다. 아이들에게 어떤 방법이 도움이 될지 생각해보게 한다.

● 자기 자신과 타인에게 친절한가? : 마음챙김은 친절한 관심과 호기심을 가지고 대상을 인식하는 것이다. 아이들 스스로 지금 사용하고 있는 온라인이 적합한 것인지 묻고, 다른 사람과의 상호작용에서 친절하고 배려심 있는 태도로 임하고 있는지 돌아보는 습관을 들이게 한다.

- 아이들이 온라인에서 점점 더 많은 시간을 보내는 것이 웰빙에 나쁜 영향을 미치지 않을까 우려하는 시각이 있다. 하지만 이러한 우려는 입증되지 않은 것으로, 대부분 아이들은 온라인 사용에 만족하고 있는 것으로 보인다.

- 소셜 미디어 사용은 아이들의 웰빙에 해가 될 수 있다. 사이버 폭력을 당하거나, 온라인상의 다른 사람들과 비교하여 자신을 부정적으로 평가할 경우가 이에 해당한다.

- 아이들의 온라인 활동에는 긍정적인 측면도 있다. 다른 사람들과 교류하고 학습에 도움을 받으며, 게임을 하고 즐거움을 느낄 수 있다.

- 아이들에게 온라인에서 안전하게 행동하는 법을 가르치는 것은 중요하다. 부적절하다는 느낌이 들면 신뢰할 수 있는 어른에게 곧바로 이야기하게 한다. 온라인에 공유하기 전에 신중하게 생각해보도록 하고 개인정보는 공개하지 않도록 해야 한다. 다른 사람에게 친절하고 예의 바르게 대하는 것, 그리고 정보의 진위 여부를 확인하는 것도 중요하다.

- 디지털 기술은 중독성이 있기 때문에 제한을 두어 적절한 균형을 유지하도록 한다.

- 아이들은 온라인에서도 시민의식을 지키는 법을 배워야 한다. 자신의 가치를 지킬 것, 타인에게 친절히 대할 것, 실수할 경우 사과할 것, 도움이 필요한 사람을 지지하고 도울 것 등과 같은 원칙을 지키도록 한다.

- 온라인에서는 때로 문제가 발생할 수 있다. 그럴 경우 아이들은 어른의 도움을 구하고, 차단 및 음소거 기능을 사용하거나, 기기를 끄고 신체활동을 해서 스트레스를 관리하는 법을 배워야 한다.

- 부모나 보호자가 가정에서 디지털 사용에 제한을 두고 적절한 균형을 유지할 수 있도록 유용한 방법과 자료를 제공한다.

- 아이들이 온라인 활동을 할 때 어떤 감정을 느끼는지 스스로 깨닫게 하고 부정적인 감정을 회피하기 위해서 디지털 기기를 사용하고 있지는 않은지 스스로의 마음 상태를 인식할 수 있도록 한다.

9장

생각이 현실을 만든다

이 장에서는 건강과 행복의 측면에서 긍정적인 태도를 취하는 것이 이득이 되는 이유에 대해 살펴본다. 아이들의 머릿속에 맴도는 생각들이 낙관주의에 미치는 영향에 대해 알아보고, 아이들이 삶의 밝은 면을 보도록 이끌 수 있는 방법을 찾아본다.

중요한 것은 당신에게 어떤 일이 일어나느냐가 아니고

당신이 어떻게 반응하느냐이다.

| 에픽테토스(Epictetus) |

낙관주의

많이 알려진 옛말 중에 이런 것이 있다. 반쯤 물이 차 있는 컵을 보고 낙관주의자는 '절반이나 차 있다.'고 말하고, 비관주의자는 '절반이나 비었다.'고 말한다는 것이다. 그런데 두 시각 차이에 무슨 의미가 있는 걸까? 최근 연구들은 낙관적인 태도가 행복과 웰빙에 여러 면에서 긍정적인 영향을 미친다는 것을 입증하고 있다. 연구 결과 낙관적인 사람들은 일반적으로 다음과 같은 특징을 갖고 있다.

- 주관적인 웰빙과 행복 수준이 더 높다(Ferguson & Goodwin, 2010)
- 긍정적인 감정의 수준이 더 높다(Chang & Sanna, 2001)
- 전반적인 건강 상태가 좋고 질병에 걸릴 확률이 더 낮다(Seligman, 2011)
- 병적인 우울증에 걸릴 확률이 더 낮다(Kahneman, 2011).

심리학자들의 정의에 따르면 낙관주의는 미래에 대하여 사회적으로 바람직하고 긍정적이며 즐거울 것이라고 기대하는 것이다. 낙관주의는 유전이나 양육 환경에 따라 영향을 받는다고 알려져 있지만 그럼에도 학습 가능한 스킬로 볼 수 있다. 마틴 셀리그먼은 낙관주의가 우울증의 해독제이자 삶의 만족도를 높이는 방법이며, 학습과 창의성 향상을 돕는 도구로 학교에서 가르칠 수 있는 스킬이라고 본다(Seligman et al., 2009).

맹목적인 낙관주의 vs 현실적인 낙관주의

낙관적인 태도를 갖는 것은 분명 이점이 있지만, 지나치게 낙관적인 태도는 단점이 있다는 점을 기억해야 한다. 연구에 따르면 지나치게 낙관적인 사람들은 다음과 같은 성향을 보일 수 있다.

- 더 큰 보상을 위해 즉각적인 만족을 미루는 만족 지연(delay of gratification) 능력이 부족하다.
- 상황을 현실적으로 평가하는 데 어려움을 겪으며 중요한 함정을 무시할 수 있다.
- 고도의 위험한 투자를 하는 등 지혜롭지 못한 결정을 내릴 수 있다 (Davidson & Begley, 2012)
- 헛된 희망 증후군(false-hope syndrome)에 걸려 포기하거나 전략을 변경해야 할 때조차 어리석은 기대에 계속 매달릴 수 있다(Dolan, 2015).

이런 성향은 종종 맹목적 낙관주의라고 불리며, 명백한 장애물이나 문제가 있음에도 불구하고 화려한 미래가 펼쳐질 것이라는 생각을 놓지 못하는 것이다. 대신 긍정심리학자들은 현실적 낙관주의를 추구하라고 권한다. 폴 돌란은 "최선을 기대해야 하지만 최악의 경우에 대한 대비책을 가지고 있어야 한다."라고 말한다(Dolan, 2015, p.97). 현실적 낙관주의는 주어진 상황에서 위험을 무시하지 않지만 방해가 되는 불필요한 부정적인 생각을 걸러내 준다.

설명 양식

우리가 낙관주의인지 비관주의인지는 '설명 양식(explanatory style)'이란 것으로 판단할 수 있다. 설명 양식은 좋은 일이나 나쁜 일이 일어났을 때 자신과 나누는 내적 대화나 생각을 뜻한다. 어떤 일이 일어났을 때 우리가 그것에 대해 '설명'하는 방식은 다음과 같이 구분할 수 있다.

- 그 일은 어쩌다 한 번 일어난 일시적인 것이다. VS 그 일은 앞으로도 계속 일어나는 영구적인 것이다.
- 그 일은 그 상황에만 해당되는 것이다. VS 그 일은 내 삶의 다른 부분에도 영향을 미친다.
- 그 일이 일어난 원인은 나와 관련 없는 것이다. VS 그 일의 원인은 나에게 있다.

[표 9.1] 부정적 사건에 대한 낙관주의자와 비관주의자의 설명 양식

낙관주의자	비관주의자
일시적 "내가 계획했던 것과는 다르지만 영원히 지속되지는 않을 것이다."	**영구적** "내가 무슨 노력을 하더라도 항상 이러할 것이다."
부분적 "이것은 그다지 좋지 않지만, 이것 외의 내 삶의 다른 부분은 잘되고 있다."	**전반적** "이것은 이제 모든 것이 다 망가졌다는 뜻이다."
비개인적 "나는 최선을 다했지만 이것은 내가 통제할 수 없는 일이었다."	**개인적** "이건 모두 내 잘못이다."

[표 9.2] 긍정적 사건에 대한 낙관주의자와 비관주의자의 설명 양식

낙관주의자	비관주의자
영구적 "지금 하는 것을 계속한다면 이번처럼 긍정적 결과를 기대할 수 있을 것이다."	**일시적** "이런 일은 앞으로 더는 없을 것이다."
전반적 "이것은 내 삶의 다른 부분에도 긍정적인 영향을 미칠 것이다."	**부분적** "이것이 잘되었다고 해서 다른 것들도 잘되리라는 보장은 없다."
개인적 "이것은 내가 열심히 노력해서 성취한 것이다."	**비개인적** "운이 좋았던 것뿐이고 이것은 나와 별 상관이 없다."

표 9.1과 표 9.2를 보면, 낙관주의자와 비관주의자의 시각은 좋은 일에 대해서든 나쁜 일에 대해서든 완전히 정반대다. 낙관주의자는 좋은 일이 일어났을 때 자신의 공으로 돌리고 이 일이 자신의 삶의 다른 부분에

도 긍정적인 영향을 미칠 것으로 본다. 반면 비관주의자는 좋은 일은 요행으로 여기고 그 일과 상관 없이 삶은 예전처럼 다시 형편없어질 것이라고 생각한다. 셀리그먼에 의하면 주로 다음의 두 가지 방식을 통해 우리는 어린 시절에 설명 양식을 형성하게 된다.

- 부모를 닮는다 : 부모, 특히 어머니가 좋은 일과 나쁜 일을 어떻게 설명하는가는 우리의 설명 양식을 형성하는 데 직접적인 영향을 준다. 우리는 부모의 낙관주의나 비관주의를 닮기 마련이다.
- 어른의 피드백 또는 비판 : 어른으로부터 칭찬이나 꾸중을 들으면 이때의 메시지가 내면화된다. 예를 들어 부모나 교사로부터 '너는 제대로 듣지 않는구나!'라는 말을 들은 아이는 자신이 어떤 상황에서든 집중하기 어렵다고 믿어버린다. 이는 결과적으로 행동에도 영향을 미치게 되는데, 자신에게 집중력이 없다고 믿고 아예 주의를 기울이지 않게 되기 때문이다(Seligman, 2002).

이와 같은 사실은 교사 역시 아이들이 설명 양식을 형성하는 데 중요한 역할을 한다는 것을 보여준다. 학생들이 따라할 만한 현실적이고 낙관적인 예시를 제공하고, 피드백을 줄 때 할 말을 신중하게 선택함으로써 학생들의 설명 양식 형성에 긍정적 영향을 줄 수 있다. 이에 대한 방법에 대해서는 실행 섹션에서 좀더 자세히 다루겠다.

ABC 모델

다행히 설명 양식과 낙관주의 수준은 다른 스킬과 마찬가지로 훈련 가능하다. 긍정심리학자 에드 디너(Ed Diener)는 '도움이 되지 않는 사고전략을 인식하고 긍정적인 사고전략으로 대체하는' 데 능숙해지도록 가르치는 것이 가능하다고 말한다(Diener & Biswas-Diener, 2008, p.193). 이를 위한 방법의 하나로 심리학자 앨버트 엘리스(Albert Ellis)의 연구에서 나온 ABC 모델이 있다. A는 역경(Adversity), B는 사건에 대한 신념과 사고(Belief and Thoughts), C는 그에 따른 감정과 행동(Consequent feelings & actions)을 가리킨다(도표 9.1 참조). ABC 모델의 핵심은 감정이 외부에서 일어난 사건로부터 필연적으로 발생하는 것이 아니라 그 사건에 대한 자신의 신념과 사고에 기인한다는 것이다. 실제로 사건에 대해 어떻게 생각할지를 선택할 수 있는 것은 그 자체로 대단한 통찰력이다. ABC 모델이 목표로 하는 것은 쓸모없는 부정적인 생각이 제멋대로 퍼져나가지 않도록 하고(3장에서 언급한 부정적 편향이 얼마나 강력한지를 떠올려보라). 그런 부정적인 생각에 문제를 제기하여 더 유연하고 정확한 사고를 통해 결과적으로 감정과 행동을 변화시키는 것이다.

예를 들어, 고참 교사의 참관을 받는 수업을 하게 될 예정이라고 하자(A-역경). 수업을 제대로 못하지 않을까, 피드백이 나쁠까 미리 걱정하기 시작한다(B-신념). 불안하고 스트레스를 받아 결과적으로 수업을 망칠 수 있다(C-결과). 하지만 자신의 생각과 믿음에 어느 정도 선택권을 갖

고 있기 때문에 수업이 잘되지 않을 것이라는 생각에 도전적으로 대응할 수 있다. 참관 때 긍정적인 피드백을 받았던 경험을 떠올려 보아도 좋다. 2장의 마음챙김에서 배운 스킬을 사용, 부정적인 생각을 인식한 다음 그대로 흘려보낼 수도 있을 것이다. 참관자인 고참 교사는 협조적이고 배울 점 많은 동료이기에 공정하고 정직한 피드백을 줄 것이라고 스스로 긍정적인 생각을 북돋울 수도 있다. 이처럼 부적절하고 부정적인 생각이 점점 악화되어 자신을 힘들게 만들도록 방치하지 않고, 그런 생각을 일찌감치 발견하고 도전적으로 대응하면서 자신에게 좀더 도움이 되는 방식을 선택할 수 있는 것이다.

빅터 프랭클(Victor Frankl)은 저서 『죽음의 수용소에서(Man's Search For Meaning)』에서 어떤 상황에서든 자신의 결정을 스스로 선택할 수 있는 인간의 능력을 완벽하게 그려내고 있다. 프랭클은 유대인 정신과 의사로서 제2차 세계대전 중에 아우슈비츠 수용소에 수감되었다가 살아남은

극소수 사람 중 하나였다. 그는 저서에서 다음과 같은 강력한 메시지를 전하고 있다. "인간에게서 모든 것을 빼앗아 갈 수 있지만 단 한 가지, 마지막 남은 인간의 자유, 주어진 환경에서 자신의 태도를 선택할 수 있는 자유만은 빼앗아 갈 수 없다."(Frankl, 1946, p.66)

관점바꾸기

셰익스피어의 『햄릿(Hamlet)』에 보면 이런 구절이 나온다. "아무 것도 좋다 나쁘다 할 것은 없다. 그저 생각이 그렇게 만드는 것일 뿐." 이는 어려운 상황에 직면했을 때 사용할 수 있는 또다른 기술인 '관점바꾸기(reframing)'의 핵심이 되는 것으로, 관점을 바꿔 부정적인 상황을 긍정적인 상황으로 새로운 시각에서 바라보는 프로세스를 말한다. 그래서 앞에서 예로 든 수업 참관은 '문제'가 아니라 자신의 교수법이 얼마나 향상되었는지 보여줄 수 있는 '기회'가 되는 것이다. 크리스마스에 다른 사람들에게 지나치게 많은 돈을 쓰는 '약점'은 관대하고 친절하다는 '강점'으로 볼 수 있다. 관점의 전환은 부정적인 사건도 얼마든지 다른 시각에서 바라볼 수 있다는 사실을 인정하는 것이다. 달라이 라마는 『행복론(The Art of Happiness)』에서 이렇게 말한다. "모든 현상, 모든 사건에는 보이는 것과 다른 측면이 있음을 깨달아야 한다. 모든 것은 상대적 성격을 갖고 있다."(His Holiness the Dalai Lama and Cutler, 1999, p.173)

하버드 비즈니스스쿨의 심리학자 앨리슨 우드 브룩스(Alison Wood Brooks)는 많은 실험을 통해 일종의 관점바꾸기에 해당하는 '불안의 재평가'에 대해 연구해왔다. 한 연구에서는 참가자들에게 대중 앞에서 연설하기나 수학시험 치르기 등 두려울 정도로 긴장되는 일을 하도록 요구했는데, 연구 결과 참가자들은 그러한 긴장을 '불안(anxiety)'이 아니라 '흥분(excitement)'으로 관점을 바꿔 인식할 때 더 좋은 성과를 보였다(Brooks, 2014). 교사도 이러한 기술을 잘 활용하면 자신뿐만 아니라 학생들의 불안과 스트레스 수준을 관리하는 데도 도움을 받을 수 있다. 5장에서 살펴봤듯이 교실에서도 적절한 수준의 흥분과 스트레스가 있을 때 최상의 성과를 낼 수 있기 때문이다.

점화

심리학자들은 우리가 의도한 대로 사람들이 생각하고 행동하도록 영향을 미치는 것이 가능하다는 것을 발견했다. 이를 '점화(priming)'라고 하는데, 실험을 예로 들면, 시트러스 공기 청정제를 사용하면 사람들이 위생에 더 신경쓰고 의학과 학생들 또한 손 위생 규정을 더욱 철저히 준수하는 경향을 보인다는 것이다(Dolan, 2015). 공기 중에 퍼지는 시트러스 향기는 마음을 무의식적으로 청정한 상태로 준비시키기 때문에 사람들은 보다 위생적인 방식으로 생각하고 행동하게 된다. 학교 화장실에서도 이 점을 고려하면 좋을 것이다.

점화를 통해 사람들을 더 낙관적이고 희망적으로, 경우에 따라서는 다른 사람에게 더 친절하게도 만들 수 있는 것으로 밝혀졌다. 캘리포니아 대학교의 심리학자 필립 쉐이브(Philip Shave)와 마리오 미쿨린서(Mario Mikulincer)는 불안정 애착을 보이는 사람들이 안정감을 느낄 수 있도록 하는 방법을 찾고 있었는데, 그들에게 '사랑(love)'과 같은 단어를 보여주거나 사랑하는 사람들과의 행복한 기억을 떠올리게 하는 것만으로 일시적으로나마 그런 변화를 일으킬 수 있었다. "애정과 관련된 말들은 포용력과 동정심이 부족한 불안정 애착 유형의 사람들에게도 편안한 감정을 불러일으켜 타인에게 포용적인 태도를 갖게 한다."라고 쉐이브는 말한다 (Goleman, 2015, p.35).

학교에는 학생들을 동기 부여하기 위한 명언과 격언들이 많은데 이 또한 점화의 또다른 형태이다. 주목할 만한 점은 운율이 맞아 입에 착 달라붙는 말일수록 더 끌리는 경향이 있다는 것이다. 인지과학자들의 연구를 보면 라임(rhyme, 단어나 구절의 끝소리 발음이 비슷하게 반복되어 읽을 때 리듬을 느낄 수 있는 것-옮긴이)이 잘 맞는 어구가, 그렇지 않은 말보다 더 진실되게 와닿는 경향이 있다고 한다(McGlone & Tofighbakhsh, 2000). 나폴레옹 힐(Napoleon Hill)의 "마음으로 꿈꾸고 믿는 것, 그것은 이룰 수 있는 것"이란 말을 바꾸어 "마음으로 꿈꾸고 있으며 믿고 있는 것들은 무엇이든 이룰 수 있다."라고 해보자. 아마도 전자가 더 마음에 와닿을 것이다. 이런 점에서 학교 곳곳에 붙은 문구나 포스터, 메시지는 중요한 역할을 한다고 볼 수 있다. 학생들과 교사들을 심리적으로 점화하여 그들의 생각과 행동에 영향을 미치기 때문이다.

학교에서 점화를 적용해볼 수 있는 또다른 방법은 자연과 음악을 접하도록 하는 것이다. 많은 연구를 통해 자연환경에 많이 노출될수록 행복 수준을 높인다는 사실이 입증되었다. 이에 대해서는 11장에서 더 자세히 다루도록 하겠다. 방안에 작은 식물 하나만 두어도 스트레스 수준을 낮출 수 있으며(Dolan, 2015), 7장에서 살펴봤듯이 직접 식물을 돌보면 행복 수준을 크게 높일 수 있다. 음악도 우리의 기분과 낙관주의 수준을 높여준다. 돌란의 설명에 따르면 "음악은 긍정적 감정 및 기억과 관련된 뇌 영역에 매우 강력한 영향을 미친다. 행복을 만들어내는 과정에 있어서 다른 어떤 것도 그렇게 강력한 영향을 주지는 못한다."(Dolan, 2015, p.150)

교사는 학생의 삶에 엄청난 영향을 줄 수 있다. 아이들이 학교에서 교사가 말한 내용을 가지고 가정에서 부모님께 이렇게 말하는 경우가 종종 있다. "사실 선생님께서 그렇게 말씀하셨어요." 또는 "선생님이 그렇게 하라고 하셨어요." 이런 말은 학생들이 실제로 교사가 하는 말을 받아들이고 있다는 것, 그리고 더 중요한 것은 교사가 학생들의 생각과 행동에 영향을 미치고 있다는 것을 보여준다. 이처럼 큰 영향력에는 책임이 따르는 법이다. 학생들이 영감을 받고 자율성을 가질 수 있도록 학생들의 사고를 형성하는 데 도움이 될 만한 방법들을 소개한다.

오늘의 한 마디

심리적인 점화를 통해 아이들의 생각을 더 낙관적으로 만들려면 '오늘의 한 마디'라는 것으로 아침을 시작해보는 것도 좋다. 이는 간단한 격언이나 인용구 같은 것으로, 아이들이 생각하게 하고 긍정적인 감정을 불러일으키는 것이다. '액션 포 해피니스(Action for Happiness, 영국에 본부를 두고 행복한 사회 건설을 목표로 하는 자선단체-옮긴이)'는 주기적으로 SNS에 아름다운 삽화와 함께 명언을 게시하는데 나는 이 명언들을 교실에서 종종 활용힌다. 디음과 같은 방법으로 해볼 수 있다.

- 영감을 주는 좋은 인용구나 문구를 선택하여 게시판에 게시한다.
- 아이들이 교실로 들어올 때 오늘의 한 마디에 적힌 문구를 조용히 읽고 그 의미에 대해 생각하게 한다.
- 모든 아이들이 오늘의 한 마디를 읽고 이해하는 기회를 가진 후, 한 사람이 문구를 소리내어 읽고 그 의미에 대해 토론을 진행한다.
- 포스터로 출력하여 오늘의 한 마디 게시판에 게시해도 좋다.

한번은 교실에서 오늘의 한 마디 덕분에 기분좋은 일이 있었다. 아침에 출석을 부를 때 내가 '안녕, 앤디!' 하고 부르면 평소에는 '안녕하세요, 선생님!'이라고 대답하는데, 하루는 앤디가 오늘의 한 마디를 이용해 "한 마디의 친절한 말이 누군가의 하루를 완전히 바꿀 수 있어요, 선생님!" 하고 대답한 것이다. 나는 미소를 지었고 다른 아이들은 웃음을 터뜨렸다. 이후 출석을 부르는 시간에 아이들은 새로운 방식으로 대답하기 시작했다. "친절하세요, 선생님", "기분 좋게 웃으면 에너지가 충전돼요, 선생님", "플랜 A가 실패하더라도 남은 알파벳이 25개나 더 있어요. 침착하세요, 선생님" 처럼 말이다. 지금은 아이들이 오늘의 한 마디를 말할 때 나 대신 출석부상의 자기 뒷사람을 지목해서 말한다. 어떤 아이들은 심지어 자신만의 오늘의 한 마디를 만들기도 하며, 학교 밖에서 읽은 구절을 말하기도 한다. 하루를 긍정적이고 낙관적으로 시작하기에 이보다 더 좋은 방법은 없을 것 같다.

　이것은 아이들이 특정한 것을 믿도록 세뇌시키는 것과는 다른데 핵심은 토론에 있다. 아이들은 오늘의 한 마디에 대해 자유롭게 문제를 제기하고 토론할 수 있다. 교사도 오늘의 한 마디를 선택할 때 신중해야 한다. 행복에 관한 문구나 격언들 중에는 쓸모 없고 문제가 있는 것들도 많기 때문이다. 예를 들어 '당신을 행복하게 하지 않는 일은 하지 마세요.' 같은 말은 완전 엉터리다. 어려운 프로젝트를 열심히 하는 것이나 속상해하는 친구를 위로하는 것처럼 즉각적으로 긍정적인 감정을 안겨주지 않더라도 중요하고 의미 있는 일들은 많다. 그러나 아이들이 오늘의 한 마디에 대해 논의하는 데 익숙해지고 더 창의적이고 유연한 사고를 하게 되면, '항상 행복하라'와 같이 논의의 여지가 있는 어구를 선택하여 아이들의 생각을 들어보는 것도 좋다. 아이들은 분명 그런 말들에 담긴 결함과 오류를 쉽게 찾아낼 것이다.

|　**행 복 교 실**　이 야 기　|

　오늘의 한 마디는 지난 3년간 우리 아침 게시판을 대표하는 것이었습니다. 아이들의 다양한 반응을 보는 것은 정말 즐겁습니다. 어떤 아이들은 등교하자마자 외투를 벗기도 전에 달려와 오늘의 한 마디부터 읽습니다. 힘든

순간에 읽어보겠다며 자신의 웰빙 노트에 기록하는 아이들도 많습니다. 자기가 만드는 오늘의 한 마디를 저에게 이메일로 보내는 아이들도 있습니다. 제가 수업에서 그것을 아이들과 공유하면 뿌듯한 미소를 짓습니다. 오늘의 한 마디는 반 전체의 토론을 이끌어내기도 하고, 며칠 내지 일주일 동안 인기가 지속되기도 합니다.

한번은 동료 교사가 2학년 학급을 대신 맡아준 적이 있는데 몇몇 학생들 이름이 발음하기 어려워 제대로 부르지 못했어요. 그래서 아이들에게 선생님이 이름을 제대로 발음할 수 있도록 도와달라고 부탁했더니 한 아이가 "걱정 마세요, 선생님. 여기서는 실수가 환영받습니다."라고 말한 겁니다. 그것은 교실에서 가장 인기 있는 오늘의 한 마디였거든요. 하루는 아침에 너무 바빠서 오늘의 한 마디를 게시하는 걸 잊어버린 적이 있었어요. 6학년인 우리 반 학생 하나가 실망한 표정으로 게시판 앞에 서 있는 모습을 보고서야 제 실수를 깨달았지요. 우리는 함께 오늘의 한 마디를 찾아서 게시판에 붙였어요. 그러자 그 아이는 "이제 좀 기분이 나아졌어요. 이것은 항상 제 기분을 따뜻하게 해줘요."라고 말했습니다. 자신의 감정을 표현하는 일이 드물었던 아이로부터 그런 말을 들었던 순간은 제게 정말 보석 같았답니다. 그리고 잊지 말고 항상 오늘의 한 마디를 찾을 것을 다시 한번 상기시키는 계기가 되었죠.

- 라이애넌 필립스 비앙코, 로마 국제학교 교사이자 웰빙 리더

낙관주의 설명 양식 형성하기

아이들이 갖고 있는 설명 양식은 제각각 다 다르겠지만, 아이들이 좀더 낙관적인 시각을 가질 수 있도록 교사로서 영향력을 끼칠 수 있는 방법들은 많다. 앞에서 살펴본 많은 방법들은 바로 점화를 통해 아이들이 낙관적으로 생각할 수 있도록 하는 방법들이기도 하다.

- 부족교실 만들기(1장) : 자신이 중요한 존재이며, 자신보다 큰 뭔가에 소속되어 있고, 다른 사람들이 자신을 소중히 생각한다는 것을 일깨워준다.
- 마음챙김(2장) : 생각은 실재하는 것이 아니기에 떠오르는 생각을 그대로 받아들일 필요가 없음을 가르쳐준다. 생각이 흘러가는 대로 내버려두면서 주의를 다른 곳으로 돌릴 수 있음을 알려준다.
- 긍정적 경험에 집중하기(3장) : 감사히 여길 것들은 항상 있으며, 일상 속 소소한 일들도 중요하다는 것을 깨닫게 해준다.
- 신경가소성, 유연하고 탄력적인 뇌(4장) : 새로운 것을 배우고 새로운 스킬을 습득할 능력과 잠재력을 갖고 있다는 것을 알려준다.
- 도전지대(5장) : 향상되기 위해서는 열심히 노력하는 것이 필요하고 실수도 좋은 점이 있다는 것을 알려준다. 어려운 과제에 도전함으로써 학습을 최상으로 끌어올릴 수 있고 이때 어느 정도 긴장하고 스트레스를 받는 것은 정상적이라는 것을 알려준다.

● 몰입과 강점(6장) : 열심히 노력하는 것에서 즐거움을 느낄 수 있다는 것, 어려운 과제에 도전하는 것이 기분 좋은 경험이 될 수 있다는 것, 그리고 우리 모두가 성장에 필요한 강점을 갖고 있다는 것을 알려준다.

● 친절은 멋지다(7장) : 친절을 주고받는 기쁨을 경험하게 해준다. 세상에는 선함이 있고 자신에게 그 선함을 전파할 능력이 있음을 깨닫게 해준다.

● 디지털 웰빙(8장) : 디지털 기술을 자신을 위해 사용하고 온라인에서도 의미 있고 만족스러운 경험을 할 수 있는 방법에 대해 알려준다.

교사는 아이들에게 칭찬이나 피드백을 줄 때 신중해야 하는데, 아이들은 교사의 칭찬이나 피드백을 내면화하여 자신의 설명 양식을 형성하게 되기 때문이다. 그러려면 교사가 먼저 자신의 설명 양식이 낙관주의에 해당하는지 비관주의에 해당하는지를 인식해야 한다. 아이들에게 피드백을 제공할 때 다음과 같은 사항을 고려한다.

● 긍정적 태도를 유지할 것 : 긍정적인 관계에서는 대체로 긍정적 코멘트와 부정적 코멘트의 비율이 5:1로 나타난다(Gottman, 1994). 1장에서 살펴보았듯이 아이들을 대상으로 할 경우 긍정적 코멘트의 비율을 더 높여야 할 수도 있다.

● 낙관적인 설명 양식을 모델로 삼을 것 : 문제가 발생한 상황이나 문제가 되는 행동을 다룰 경우, 이것이 일시적인 것("계속 이러진 않을 거

야."), 부분적인 것("이 부분은 문제가 생겼지만 나머지 다른 부분은 잘되고 있어."), 비개인적인 것("나쁜 선택을 하긴 했지만 네가 나쁜 사람인 것은 아니야.")임을 아이들에게 설명해줘야 한다.

- 비관적인 생각에 이의를 제기하고 관점을 바꿀 것 : 아이들의 비관적이고 바람직하지 않은 생각은 그냥 넘기지 말고 이의를 제기한다. 예를 들어 제니퍼가 수학 문제에서 어려움을 겪고 "전 수학을 정말 못하겠어요."라고 말하면 그 말이 '항상' 맞는 것인지 질문해본다. 그리고 제니퍼가 수학 과목에서 잘했던 수업이나 영역을 떠올려보도록 한다. 지금 어려움을 겪는 것은 도전지대에서 어려운 과제에 도전하고 있고 이 어려운 문제를 가지고 노력하는 과정을 통해 뇌가 크게 성장하고 있다는 의미라는 것을 알려줌으로써 상황을 바라보는 관점을 바꿀 수 있다.

│ 마음소리 골목

아이들이 설명 양식에 대해 생각해보게 하는, 모두 함께 참여하는 재미있는 방법이 있다. '마음소리 골목'이라고 하는 일종의 연극 활동인데 좋은 일이나 나쁜 일이 일어날 때 우리가 마음속으로 하는 나와의 대화나 생각이라고 아이들에게 설명할 수 있겠다.

- 아이들에게 생활 속에서 겪을 수 있는 나쁜 일들에 대한 목록(예를

들면 '시험을 망쳤다', '스포츠 경기에서 졌다', '친구와 싸웠다' 등)을 만들어보라고 한다.

- 그런 나쁜 일들을 겪고 나면 그 일에 대해 부정적인 생각을 갖게 되고 그런 부정적인 생각들이 상황을 더 나쁘게 만들 수 있다는 것에 대해 설명한다.

- 목록에서 나쁜 일 하나를 선택한다(예를 들면 '축구 시합에서 졌다'). 그리고 아이들 중 한 명을 골라 '마음소리 골목'을 걷게 한다. 나머지 아이들은 서로 마주보고 두 줄로 나란히 서서 선택된 아이가 걸어갈 골목을 만든다.

- 이제 선택된 아이가 골목을 따라 걸어가면 골목의 아이들은 차례대로 떠오르는 부정적인 생각을 숨기지 않고 큰 소리로 말한다. "나는 축구를 못해.", "아무도 나를 팀에 뽑아주지 않아.", "우리 팀은 정말 별로야.", "우리 팀은 어떤 시합에서도 이기지 못할 거야, 절대로!"

- 아이들에게 그런 부정적인 생각들을 하면 어떤 기분이 들지 생각해보도록 한다. 그 생각들은 친절한 것이었을까? 그 생각들은 맞는 것이었을까? 그 생각들은 문제를 해결하는 데 도움이 될까?

- 다시 한번 마음소리 골목을 걸어가는 활동을 하되, 이번에는 아이들에게 상황을 바라보는 관점을 바꿔 현실적으로 낙관적인 생각을 말하도록 주문한다. "괜찮아, 내 잘못이 아니야.", "연습을 통해 내 실수를 개선할 수 있어.", "우리는 최선을 다했어, 다만 상대팀이 오늘 더 잘했을 뿐이야.", "친구들과 함께 뛰어놀고 축구를 해서 기분 좋았으면 됐어."

- 아이들에게 다시 한번 생각해보게 한다. 이런 생각들은 기분에 어떤 영향을 줄까? 그 생각들은 더 친절한 것이었을까? 그 생각들은 더 맞는 것이었을까? 그 생각들은 문제를 해결하는 데 도움이 될까?
- 끝으로 ABC 모델(도표 9.1)을 보여주고, 어떤 상황에서든 우리는 우리 자신이 어떤 생각을 할지 선택할 능력이 있고, 이것이 우리의 감정과 행동에 영향을 미친다는 것을 설명하면 도움이 될 것이다. 유난히 부정적인 생각도 훈련을 통해 더 긍정적인 생각으로 바꿀 수 있다.

음악

음악 분야에서 일한 경험이 있어서 그런지 모르겠지만 나는 교사가 된 뒤에도 교실에서 음악을 많이 활용한다. 특히 아침에 수업 준비를 하거나 아이들이 등교할 때 음악과 함께하는 것을 좋아하고 수업 중에 음악을 틀어놓기도 한다. 다음과 같이 교실에서 음악을 활용해볼 수 있을 것이다.

- 아이들이 등교할 때 기분좋은 음악을 틀어두자. 나는 랠프 본 윌리엄스(Ralph Vaughan Williams)의 〈종달새는 날아오르고(The Lark Ascending)〉를 즐겨 튼다.
- 음악을 들으면서 게시판에 '오늘의 한 마디'를 게시하면 아이들이 자리에 앉으면서 생각할 시간을 갖게 될 것이다.

● 휴게실이나 복도처럼 학교의 공용 공간에서는 차분하고 평화로운 음악을 튼다.

● 수업 중에 과제에 조용히 열중하게 하고 싶다면 클래식이나 기악곡을 배경음악으로 틀어서 아이들의 집중력을 높이도록 한다. 음악을 너무 크게 틀어서 집중하는 데 방해가 되지 않도록 주의한다.

● 수업 사이사이 틈틈이 음악 듣는 시간을 갖는 것도 좋다. 수업이 끝나고 즐겨 듣는 곡들과 뮤직비디오를 아이들과 함께 공유한다. 아이들이 전에 들어보지 못했을 것 같은 음악 스타일과 장르를 소개해본다. 단 가사와 영상이 아이들 연령에 적합한지 반드시 확인해야 한다.

● 음악을 활용하여 아이들의 움직임을 유도하자. 흥겨운 비트와 리듬을 들으면 본능적으로 몸을 움직이고 싶어진다. 음악을 활용해 아이들이 의자에서 일어나 움직일 수 있도록 한다.

- 현실적인 낙관주의 인생관을 갖는 것은 건강과 웰빙에 많은 이점을 준다.

- 각자 가진 설명 양식이 낙관주의 수준에 지대한 영향을 끼친다. 설명 양식은 주로 부모의 영향을 받으며, 피드백과 비판을 받고 이를 내면화하는 과정을 통해 형성된다.

- 생활하면서 겪은 좋은 일이나 나쁜 일에 대해 생각하는 방식을 바꿈으로써 더 낙관적인 태도를 가질 수 있다. 우리가 읽는 것들이나 주변환경도 우리의 생각과 신념을 '점화'할 수 있다.

- 긍정적인 메시지를 주는 '오늘의 한 마디'로 하루를 시작한다. 아이들이 그 의미를 생각해보고, 행복과 어떤 관련이 있는지 토론하도록 한다.

- 학생들의 설명 양식에 긍정적인 영향을 주도록 노력한다. 낙관적인 설명 양식의 예를 보여주고, 아이들이 잘못된 부정적 믿음에 이의를 제기하고 관점을 바꿀 수 있도록 한다.

- '마음소리 골목'이라는 활동을 통해 낙관적 생각과 비관적 생각이 각각 우리의 감정과 행동에 어떤 영향을 주는지 알아본다. 아이들이 부정적 상황을 긍정적 시각으로 바라보도록 '관점바꾸기'를 반복해서 연습하도록 한다.

- 하루 동안 음악을 더 많이 접하도록 한다. 음악은 기분을 좋게 하고 몸을 움직이게 만들며 집중력을 높여준다.

10장
운동은 즐거워

이 장에서는 행복과 웰빙을 향상시킬 수 있는 방법으로 가장 과소평가된 방법인 운동에 대해 많은 것을 발견하게 될 것이다. 아이들이 운동을 할 때 뇌와 몸에서 어떤 일이 일어나는지 살피고, 학교 생활에 운동을 어떻게 통합할 수 있는지도 알아본다.

기분이 나쁠 땐 산책을 하라.

그래도 여전히 기분이 나쁘다면 또 산책을 하라.

| 히포크라테스(Hippocrates) |

| 운동 부족 문제

영국에서는 아이들의 운동 부족이 심각한 위험요인으로 대두되고 있다. 정부 통계에 따르면 2세에서 15세까지의 아이들 중 거의 3분의 1이 비만이고, 더 어린 아이들의 경우 비만에 진입하는 나이가 앞당겨지고 있으며, 비만 상태로 지내는 기간 또한 점점 더 늘어나고 있다(UK Government, 2017). 정부는 이 문제를 해결하기 위해 탄산음료에 '설탕세'를 부과하고 초등학교에 스포츠 예산을 증액하여 지원하도록 했다. 비만의 증가는 아이들의 운동 부족을 나타내는 명백한 신호다. 하지만 비만 여부를 떠나서 운동 부족은 건강에 좋지 않다. 마틴 셀리그먼의 저서 『플로리시(Flourish)』에 소개된 한 연구에서는 '비만이지만 체력이 있는 사람의 사망 위험성은 비만이면서 체력이 없는 사람의 절반 수준'이라는 결과가 나왔다. 함께 소개된 다른 연구에서는 체력이 없는 경우 정상 체중이나 비만인 사람 모두 사망 위험이 높게 나왔는데, 따라서 중요한 것은 비만이냐 아니냐가 아니라는 것이다(Seligman, 2011, p. 216-217).

좋은 소식은 이 책의 초판을 쓸 때에 비해 지금은 아이들의 신체 활동이 증가했다는 점이다. 하지만 아직도 많은 노력이 필요하다. 영국의 의료 총책임자는 5세에서 18세 사이의 아이들은 매일 최소 60분씩 중강도 이상의 운동을 해야 한다고 권고한다(Department of Health and Social Care, DHSC, 2019). 최근 조사에 의하면 이 목표를 달성한 비율은 전체의 약 45퍼센트이고(Sport England Active Lives Children and Young People Survey, 2022), 이전까지는 그 수치가 15~20퍼센트에 불과했다. 하지만 여전히 영국 아이들 절반 이상이 운동 부족인 현실이다. 사실 아이들이 앉아서 신체 활동 없이 하루 대부분의 시간을 보내는 곳(맞다, 바로 학교다!)을 생각한다면 이런 결과는 놀라울 것도 없다. 신체 활동이 부족한 상태가 성인기까지 이어지면 심장질환, 당뇨, 특정 암, 우울증 발생을 증가시키기 때문에 이는 심각한 문제가 아닐 수 없다(DHSC, 2019). 학교는 아이들이 의자에서 일어나 움직일 수 있도록 더 많은 노력을 기울여야 한다.

부모의 영향

아이들의 신체 활동 부족에 대한 책임을 학교에만 돌릴 수는 없다. 부모나 보호자의 역할도 크다. 실제로 부모가 모두 활동적인 아이는 그렇지 않은 아이들과 비교하여 활동적일 가능성이 6배나 더 높다는 연구 결과도 있다(Moore et al., 1991). 부모가 활동적인가 아닌가만 중요한 것은 아니다. 아이들에게 어느 정도의 신체 활동이 필요한지 부모가 잘 알고 있는 것 역시 중요하다. 실제로 대다수 부모는 아이들의 건강 유지에 필요한 신체 활동량을 모르고 있다(Youth Sport Trust, 2022). 조사에 따르면 최소 1시간 동안 중강도 이상의 운동이 필요하다는 기준에 대해 알고 있는 부모들은 30퍼센트에 불과했다. 아이들이 필요로 하는 신체 활동량을 하루 1시간 미만이라고 알고 있는 부모들도 58퍼센트나 됐다. 자녀의 신체 활동 여부에 부모의 역할이 매우 중요하기 때문에 이 문제를 해결하기 위해서는 부모들을 대상으로 하는 교육이 반드시 필요하다.

약이 되는 운동

영국공중보건국(PHE)에 의하면 비만으로 인해 영국국립건강서비스(NHS)에서 지출하는 비용은 매년 60억 파운드가 넘는 것으로 추정된다(Public Health England, 2017). 하지만 이런 상황에서 학교가 아이들에게 제공할 수 있는 좋은 약이 하나 있다. 이 약은 비만을 예방하는 데만이 아니라 비만으로 인한 부정적 영향을 되돌리는 데도 효과적이다. 게다가 이 약은 무료로 제공할 수 있고, 효과가 즉각적이며, 복용이 간편하고 재미도 있다. 부작용으로는 시도 때도 없는 미소와 넘치는 웃음 정도다. 짐작하겠지만 이 약은 바로 운동이다. 지금부터 운동이 우리의 몸과 마음에 어떤 긍정적인 영향을 미치는지 자세히 살펴보자.

건강 증진

운동은 근육과 뼈를 강화해 주고 면역체계를 강화시켜 건강을 유지시켜 준다. 체력이 좋은 사람은 병에 걸릴 가능성이 낮고 병에 걸려도 빠르게 회복할 수 있다. 신체 활동을 하지 않는 동안 우리 몸의 에너지원 역할을 하는 미토콘드리아는 에너지를 충전하며 대기한다. 그러나 너무 오랫동안 신체 활동을 하지 않으면 미토콘드리아는 체내 염증을 일으킬 수 있고 이것은 각종 질병을 유발한다. NHS에 따르면 규칙적인 운동은 심장질환, 뇌졸중, 제2형 당뇨 및 암과 같은 주요 질병의 발병 위험을 최대 50퍼센트까지 줄일 뿐만 아니라 조기 사망 위험도 30퍼센트까지 낮춘다(NHS Choices, 2015).

이는 신체 활동을 하면 체내에 마이오카인(myokine, 운동할 때 근육에서 생성되는 호르몬-옮긴이)이 분비되는데, 이것이 미토콘드리아의 활동을 약화시켜 체내 염증을 줄여주기 때문이다. 장시간 앉아 있는 것은 수명 단축과도 관련되며, 신체 활동을 많이 할수록 기대 수명이 늘어난다는 것을 뒷받침하는 확실한 연구 결과도 있다.

행복도 향상

운동은 기분을 좋게 만들어준다. 강도 높은 신체 활동을 할 때 우리 몸에서 분비되는 엔도르핀은 통증을 완화시키고 마음을 진정시켜 현재 수행 중인 작업에 집중할 수 있도록 해준다. 엔도르핀은 과거 사바나 초원에서 사자를 맞닥뜨렸을 때 어떤 엄청난 통증이라도 무시하고 맞서 싸우거나 도망치기 위해 자연이 선물한 최고의 진통제이다. 존 레이티는 저서 『Spark!(스파크!)』에서 엔노르핀이 상력한 신동세인 모르핀처럼 작용해 희열(euphoria)을 느끼게 한다고 설명한다(Ratey & Hagerman, 2010, p.117). 마라톤 종주를 완료한 후 느끼는 러너스 하이(runners' high)가 바로 이것이다. 하지만 이런 희열을 느끼기 위해 꼭 마라톤 풀코스를 달려야 하는 것은 아니다. 그것은 생각만 해도 피곤하다. 짧은 산책만으로도 우리의 기분은 훨씬 나아질 수 있다. 심리학자 폴 테일러(Paul Taylor)는 '걷는 것은 우리 몸에 약처럼 작용한다. 단 몇 걸음만 걸어도 그 효과는 시작된다'고 말한다(Montgomery, 2015, p.188).

운동은 자신의 신체에 대한 이미지와 자존감을 높여준다. 규칙적으로 운동하는 사람들은 일반적으로 자신에 대해 더 긍정적인 이미지를 가지고 있다. 바네사 킹은 이 점에 주목하며 '자신의 신체에 대한 부정적 이미지와 낮은 자존감은 남녀 모두를 불문하고 우울증이나 불안과 관련되고, 흡연이나 과도한 알콜 섭취, 극단적 다이어트처럼 건강을 해치는 행위를 초래할 가능성이 높다'고 말한다(King, 2016, p.83).

전반적으로 볼 때 규칙적인 운동을 하는 아이들은 자신의 삶에 대해 더 긍정적으로 느낀다. 학생의 웰빙에 대한 PISA 보고서는 활동적인 아이들일수록 학교를 결석할 가능성이 적고, 학업에 대한 불안을 덜 느끼며 괴롭힘을 겪을 확률이 낮다고 말한다. 또한 '신체적으로 활동적인 학생들은 삶의 만족도와 정신적 웰빙 수준이 더 높은 것으로 나타난다.'(OECD, 2017, p.5) 몸을 움직이면 삶이 더 나아진다고 볼 수 있다.

스트레스 및 불안, 우울증 개선

2장과 3장에서 언급했지만 우리 몸은 위험을 인식하면 뇌에서 편도체가 활성화되며 맞서 싸우거나 도망칠 준비를 한다. 아드레날린이나 코르티솔 같은 스트레스 호르몬이 대량 분비되어 남아돌 만큼의 에너지를 만들어냄으로써 스스로를 방어하거나 도망칠 수 있다. 그러나 현대인들은 도망치거나 싸우는 대신 가만히 앉아서 스트레스를 받고 걱정과 불안에 휩싸인 채 어찌할 바를 모른다는 것이 문제다. 우리 몸은 스트레스 반응 상황에서는 움직이도록 되어 있기 때문이다. 존 레이티는 "스트레스 반응 상황에서 운동을 하는 것은 인간이 지난 수백만 년 동안 진화해온 방식이다."라고 설명한다(Ratey & Hagerman, 2010, p.64). 스트레스 상황에서는 신체 활동을 해서 우리 몸에 가득찬 생화학물질과 불필요한 에너지를 모두 소모해야 한다. 이것들이 그대로 남아 있으면 우리 몸에 해를 끼칠 수 있다. 따라서 당연히 신체적으로 더 활동적인 사람들이 정서적 스트레스나 불안을 덜 느끼고, 일이 잘못되었을 때도 부정적 영향을 덜 받을 뿐만 아니라 회복도 더 빠르다(King, 2016). 운동은 스트레스와 불안 수준을 관리함으로써 회복탄력성을 높이는 데 도움을 준다.

운동이 병적 우울증을 겪는 사람에게도 도움이 된다는 연구도 있다. 연구자들은 우울증을 앓는 참가자들을 세 그룹으로 나누어 각각 다른 개입을 시도했는데, 첫 번째 그룹은 항우울제를 복용하게 하고, 두 번째 그룹은 매주 3회 45분간 운동하도록 했으며 세 번째 그룹은 약물과 운동을 병행하도록 했다(Babyak et al., 2000). 4개월 후 세 그룹 모두에서 행복 수준이 개선되었는데 이는 운동이 강력한 항우울제만큼의 효과가 있음을 입증한 것이다. 하지만 정말 놀라운 것은 6개월 후에 참가자들의 우울증 재발 여부를 평가한 결과였다. 약물을 복용했던 첫 번째 그룹의 우울증 재발률은 38퍼센트였다. 약물과 운동을 병행했던 세 번째 그룹의 재발률은 31퍼센트로 약간 더 좋은 결과를 보였다. 그런데 놀랍게도 운동만 했던 두 번째 그룹은 재발률이 9퍼센트에 그쳤다. 이 결과로 볼 때 운동은 기분을 좋게 만드는 데 빠르게 작용할 뿐만 아니라, 효과도 오래가는 것으로 보인다. 최근 아동과 청소년을 대상으로 신체 활동 개입을 시도한 연구들을 메타 분석한 결과, 이러한 개입은 우울증 증상 완화와 유의미한 관련이 있는 것으로 나타났다(Recchia et al., 2023).

뇌 기능 강화

뇌를 식물에 비유한다면 운동은 뇌가 성장하는 데 도움을 주는 비료를 생산한다고 말할 수 있다. 뇌에서 생성되는 '뇌유래신경영양인자(BDNF)'라는 물질은 뇌의 회로를 구축하고 유지하는 데 도움을 주는 것으로, 레이티는 BDNF를 두고 "뉴런의 기능을 향상시키고 성장을 촉진 및 강화시켜 세포의 자연적인 소멸 과정으로부터 보호한다."라고 설명한다(Ratey & Hagerman, 2010, p.40). 그리고 BDNF를 '뇌를 위한 기적의 비료(Miracle-Gro)'라고 묘사했다. 운동을 할 때 우리 몸은 BDNF를 생성하므로 운동은 뇌가 새로운 뉴런을 성장시키고 기존의 뉴런을 안정적으로 보호하는 데 직접적인 도움을 준다고 할 수 있다. 그런 이유로 성인이 되어서 신체 활동을 많이 하면 노년에 치매나 알츠하이머에 걸릴 확률이 낮아지는 것이다(King, 2016). 더구나 레이티가 인용한 2007년 연구를 보면 새로운 어휘를 학습할 경우에도 참가자들은 운동을 한 후 학습 속도가 20퍼센트 더 빨라졌는데, 이는 학습 속도가 BDNF의 증가와 관련이 있음을 보여주는 것이다(Ratey & Hagerman, 2010, p.45).

운동은 학습을 위해 뇌를 완벽하게 '점화'하는 것으로 보인다. 운동 직후에는 심장 박동이 빨라져 심장이 더 많은 혈액과 산소, 포도당을 뇌로 올려보낸다. 이는 뇌를 깨워 긴장시키고 새로운 정보에 주의를 기울일 수 있도록 한다. 운동 후에 방출되는 엔도르핀과 도파민 등의 행복 호르몬은 기분을 좋게 해주고, 창의적이고 유연한 사고를 하게 하며, 학습에 대한 동기를 부여한다. 체력적으로 건강한 아이들이 학업 성과도 더 우수하다는 다수의 연구 결과가 있다. 미국 의학연구소(American Institute of Medicine)는 체력적으로 건강한 아이들이 덜 활동적인 아이들에 비해 집중력이 더 높고, 인지처리 속도도 더 빠르며, 표준화된 시험에서 더 뛰어난 성적을 낸다고 보고했다(Institute of Medicine, 2013). 레이티는 아이들의 뇌 활동을 측정하고 "체력이 좋은 아이들의 뇌가 더 활동적이고, 특정 작업을 처리하는 데 필요한 주의집중력 관련 뉴런도 더 많이 활성화되고 있다."라고 설명했다(Ratey & Hagerman, 2010, p.25). 2019년에 UCL에서 수행한 메타분석 연구는 전 세계 아이들을 대상으로 기초적인 신체운동(예를 들면 스타 점프, 제자리뛰기 등)이 통합된 학교 수업에 관한 42건의 연구를 조사하여 다음과 같이 명확한 결론을 제시한다. "정적인 수업과 비교할 때 활동적인 수업을 받는 아이들이 학업 성과에서도 큰 개선 효과를 보여준다."(Norris et al., 2019)

적정 운동량

운동이 약이 된다면 앞에서 열거한 이점을 모두 누리기 위해 얼마만큼의 용량을 복용해야 할까? 운동별로 살펴보자.

걷기

시각적 재미가 있는 〈23시간 30분(23 and ½ hours)〉이라는 강연 **QR 10-01** 에서 마이크 에반스(Mike Evans) 박사는 하루에 30분 을 걷는 데 쓰고, 앉아 있거나 자는 데 보내는 시간을 나머지 23시간 30분으로 제한하는 것만으로도 큰 이점이 있다고 주장한다. 에반스의 강연은 빠른 걸음으로 걷는 것만으로도 충분하다는 희망적인 메시지를 주는 뛰어나고 설득력 있는 강연이다.

달리기

엘레인 와일리는 스코틀랜드 세인트 니니언 초등학교 교장으로 재직 시, 학교의 스포츠 코치로부터 체육수업에서 아이들이 워밍업만 하고도 녹초가 된다는 말을 들었다. 그녀는 아이들의 저조한 체력에 대해 뭔가 조치를 취해야겠다고 생각하고 '날마다 1마일(Daily Mile)'이라는 프로그램을 만들었다. 이 프로그램은 아이들이 매일 15분 동안 달리거나 빨리 걷도록 하는 것인데, 거리로 따지면 대략 1마일 정도(약 1.6킬로미터)에 해당한다. '날마다 1마일'의 성공적 운영으로 이 학교의 비만율은 국가 평균보다 45퍼센트나 낮게 나왔고(The Daily Mile, 2018), 이후 이 프로그램은 전국적으로 확대되었다.

2016년에는 런던 코퍼밀 초등학교에서 '날마다 1마일'의 효과를 평가하기 위한 연구가 진행되기도 했다(London Playing Fields Foundation, 2016). 5학년 두 반, 6학년 한 반 학생들이 8주 동안 주당 3회씩 '날마다 1마일'에 참여했는데, 학생들은 체력 수준에서 큰 개선을 보였을 뿐만 아니라 자존감도 높아진 것으로 나왔다. 프로그램을 완료한 6학년 학생들은 학력 평가 시험에서 읽기, 쓰기, 문법, 수학 성적이 전국 평균보다 훨씬 높게 나왔다. '날마다 1마일'을 학교 일과에 통합하는 자세한 방법은 뒤에 이어지는 '실행 속으로'에서 확인하기 바란다.

요가와 댄스

「스포츠와 댄스, 그리고 청소년(Sports, Dance and Young People)」이란 제목의 보고서에는 요가 같은 활동이 '불안, 우울, 분노를 개선하고 주의집중력과 주관적 웰빙 향상에 도움이 된다'는 내용이 나온다(What Works Centre for Wellbeing, 2017, p.3). 요가는 몰입을 경험하는 좋은 방법이다. 몰입에 관해 연구한 칙센트미하이는 '요가는 매우 철저하게 계획된 활동'

이라고 언급했다(Csikszentmihalyi, 2002, p.105). 요가는 몸과 마음에 모두 도움이 되는 운동이라고 할 수 있겠다.

보고서에서는 또 에어로빅이나 힙합 댄스에 참여하는 것이 기분을 좋게 만들고 스스로 자각하는 우울감을 낮추는 데 효과적이라고 밝히고 있다(What Works Centre for Wellbeing, 2017). 레이티는 변칙적인 리듬과 댄스 동작을 학습함으로써 신경가소성도 향상될 수 있다고 보았다(Ratey & Hagerman, 2010).

'실행 속으로'에서 요가와 댄스를 수업에 활용하는 방법에 대해 더 많은 정보를 소개하고 있으니 참고하기 바란다.

단체 스포츠 활동

신체 활동을 소속감과 접목하면 아이들의 행복에 매우 긍정적인 영향을 미칠 수 있다. 「스포츠와 댄스, 그리고 청소년(Sports, Dance and Young People)」이라는 제목의 보고서에서는 '스포츠를 비롯한 활동을 혼자 하는 아이들은 평균적으로 행복도와 목적 의식이 더 낮고 불안감은 높게 나왔다'고 보고했다(What Works Centre for Wellbeing, 2017, p.3). 이 책의 1장에서 소속감이 주는 영향력에 대해서 이미 살펴보았듯이 스포츠에 참여할 때도 혼자보다는 여럿이 함께할 때 행복도가 더 높아지는 것은 당연하다. 또 보고서에는 야외에서 하는 스포츠가 실내 스포츠보다 청소년의 행복에 더 좋다는 내용도 있다. 그러니 기회 있을 때마다 자연으로 나가보자.

이 장에서 기억해야 할 핵심은 신체 활동이다. 아이들이 앉아 있는 시간을 줄이고 더 많이 움직이도록 만들어야 한다. 다음은 이를 유도할 수 있는 활동들로 아이들의 학습에 보탬이 될 뿐만 아니라 장기적으로 건강한 습관을 형성하는 데도 도움이 될 것이다.

날마다 1마일

'날마다 1마일'을 학교에 도입하는 데 있어 가장 큰 장점은 비용이 전혀 들지 않는다는 것이다. 게다가 하루에 단 15분 정도면 충분하다. '날마다 1마일'을 통해 아이들은 수업 시간에 더 집중하게 되고 자신감을 키울 수 있으며 체력과 건강을 향상시킬 수 있다. 이 프로그램을 실행하는 데 있어 고려해야 할 중요한 사항들은 다음과 같다.

● 단순하게 할 것 : 복잡하게 만들지 말고 아주 단순하게 한다. 그저 아이들이 15분 동안 뛰거나 달릴 수 있는 안전하고 개방된 공간만 있으면 된다.

- 짧은 시간에서부터 시작할 것 : 우리 학교의 경우 이 프로그램을 단계적으로 도입하여, 첫 주에는 매일 5분씩, 둘째 주에는 매일 10분씩 뛰게 했고, 셋째 주에야 15분을 채웠다.

- 즐겁게 할 것 : 아이들이 뛰거나 걸을 때 서로 대화하고 이야기할 수 있도록 허용한다. 체력 단련만큼 여럿이 함께한다는 점도 중요하다.

- 교사도 함께 참여할 것 : 교사들이 함께 참여하는 것도 좋다. 나는 아이들과 함께 뛰는 것을 좋아하는데, 신선한 공기와 엔도르핀을 느낄 수 있을 뿐만 아니라 반 아이들과 이야기를 나눌 수도 있고, 관심이 필요한 아이들을 자연스럽게 살펴볼 수 있는 기회이기도 하다.

- 모두 참여할 것 : '날마다 1마일'은 시합이나 경주가 아니다. 모두가 자신의 속도로 15분간 가볍게 뛰거나 달리면 된다. 움직이는 데 문제가 있는 아이들은 각자의 상황에 맞게 조정한다.

- 유연하게 진행할 것 : 학교나 학급 일정에 맞춰 유연하게 진행하는 것이 가장 좋다. 우리 학급의 경우 매일 아침 같은 시간에 하고 있지만 날씨나 시간표 변경에 따라 그렇게 할 수 없을 경우에는 시간을 바꾸어 진행한다.

- 매일 할 것 : 비가 너무 많이 오거나 돌풍이 불지 않는 한 밖으로 나간다. '날마다 1마일'은 주당 최소 세 번은 하도록 한다. 체육수업 시간에 추가로 진행해도 되지만 워밍업에 그치지 않도록 한다.

- 복장을 따로 정하지 말 것 : 평소 학교에 등교할 때 입는 교복 차림으로 달려도 괜찮다. 다만 달리기에 적합한 신발을 신고 있는지는 반드시 확

인할 필요가 있다. 운동화로 갈아 신게 해도 되고, 아예 운동화를 교복에 포함시키는 것도 방법이 될 수 있다.

우리 학교는 이미 여러 해 동안 이 프로그램을 진행해 왔는데 아이들이 무척 좋아하며 적극적으로 참여한다. 내가 실수로 잊어버릴 경우 아이들이 먼저 내게 '날마다 1마일' 시간을 상기시킬 정도다. 이전 학교에서는 아이들을 프로그램에 참여시키기 위해 다음과 같이 프로그램에 신선함과 흥미를 더하는 방법들을 사용했다.

• 일주일에 한 번씩, 거리를 계산해주는 온라인 지도 ^{QR 10-02} 를 이용하여 아이들이 달린 거리가 세계 지도에서 얼마나 되는지 계산해 보았다. 만약 1학년부터 6학년까지 모든 학급의 모든 아이들이 1마일씩 뛴다면 하루에 180마일, 주당 900마일에 이른다. 이는 런던에서 시작해 베를린까지 도달하기 충분하고, 바르셀로나까지는 약간 부족한 거리에 해당한다. 아이들은 매주 얼마나 멀리까지 세계 여행을 했는지 확인하며 무척 즐거워했다.

• '날마다 1마일 마라톤 팔찌'를 만들었다. 아이들은 26회(26마일은 마라톤 풀코스인 42.195 킬로미터에 근접하는 거리임-옮긴이)를 완료할 때마다 이 팔찌를 받게 된다.

• 지역의 나이 드신 분들도 신체 활동을 하도록 장려하기 위해 하트퍼드셔주 의회는 '날마다 1마일'을 시행 중인 학교에 요청하여 아이들의 조

부모를 초대, 함께 1마일을 완주하도록 했다. 이전 학교에서는 주 의회의 도움을 받아 '할머니 할아버지와 힘께하는 날마다 1마일 아침'이란 행사를 개최하기도 했다.

- 우리 학교에는 학교를 상징하는 자랑스러운 개가 있다. '날마다 1마일'을 할 때 이따금 그 개가 함께하기도 했는데, 아이들을 움직이게 하는 데 가장 좋은 동기부여가 되었다.

┃ 행 복 교 실 이 야 기 ┃

우리 켄싱턴 초등학교에서 신체적 건강은 학습의 중심이자 우리 학교의 독창적인 커리큘럼의 핵심입니다. 우리는 매일 30분씩 운동 시간을 두고, 고강도 인터벌 운동(고강도의 운동과 짧은 휴식을 교대로 하는 운동 방식-옮긴이)부터 재미있는 게임까지 각종 신체 활동을 합니다. 대표적 게임으로는 공뺏기 게임, 술래잡기, 컵 뒤집기 게임 등이 있습니다. 우리는 시간표에 운동 시간을 넣기 위해 영어와 수학 수업시수를 줄이기까지 했습니다(네, 정말 그랬어요!). 수업 중에도 신체 활동을 위한 휴식시간을 두고 있고, 신체 활동이 수업의 핵심이 되는 '활동적인 수업'을 통해 아이들이 장시간 앉아 있지 않도록 했어요. 아이들은 원래 움직이는 것을 좋아하는지라 자연히 수업에 흥미를 갖고 참여하게 되죠.

우리 학교에서는 학기초와 학기말에 아이들의 체력 능력을 확인하는 연령별 체력 테스트를 실시합니다. 결과는 아주 놀라웠어요. 아이들이 이전보다 훨씬 더 건강해지고 강인한 체력을 갖게 되었지요. 웰빙에 관한 조사에서도 아이들이 이전보다 건강하고 행복해졌을 뿐만 아니라 학습에서도 더 많이 준비가 되어 있었고 집중력도 최상의 상태인 것으로 나왔습니다.

학교 내에 형성된 건강운동 문화는 아이들뿐만 아니라 교직원들에게도 좋은 영향을 미쳤습니다. 저만 해도 새로운 커리큘럼을 도입한 이후 병가 사용이 줄었어요. 켄싱턴 초등학교에서 도입한 새로운 건강체력 커리큘럼은 모든 면에서 성공적인 것으로 입증되었습니다.

- 벤 레빈슨, 켄싱턴 초등학교 교장

조금 덜 앉아 있기, 조금 더 움직이기

앞에서 언급한 연구들을 통해 아이들이 수업 중 활발히 움직일 때 더 집중할 수 있고 더 많은 것을 배우며 더 나은 진전을 이룰 수 있음을 알게 되었다. 그보다 더 중요한 것은 이렇게 움직임으로써 아이들은 몸 안의 염증을 줄이고 면역체계를 강화하며 건강한 몸을 만들고 행복해질 수 있다는 것이다. 하지 않을 이유가 없지 않은가?

더이상 초등학교 아이들이 움직이지 않고 한 시간 내내 앉아 있게 해서는 안 된다. 아이들을 30분마다 움직이게 만드는 켄싱턴 초등학교의 사례에서 배워야 한다. 다음 방법들을 이용하면 수업 중에 아이들을 더 많이 움직이도록 할 수 있다.

- 앉아 있는 시간 사이사이에 짧은 신체 활동 시간을 끼워넣는다. 예를 들면 스타 점프 20번, 운동장 두세 바퀴, 또는 힌두 스쿼트 10번, 이런 식으로 한다.
- 수업에 맞는 적절한 움직임을 도입한다. 예를 들면 수학 수업 시작 시 아이들에게 구구단을 외우게 하면서 의자에서 일어나 노래에 맞추어 위아래로 뛰게 하는 식이다.

학부모 및 보호자의 참여

학교는 학부모 및 보호자와 협력하여 학교에서뿐만 아니라 집에서도 아이들의 신체 활동을 늘리도록 노력해야 한다. 현재 내가 근무 중인 학교에서는 오전과 오후에 학부모 모임을 갖고 아이들의 웰빙과 신체 활동을 개발하는 일을 중점적으로 논의하고 있다. 너무 거창한 모임이 되지 않도록 간단한 다과 정도만 마련하고, 학부모와 보호자들이 참석 가능한 때로 모임 시간을 정하도록 한다. 아침에 아이를 등교시킨 직후나 오후에 하교시키기 전 시간이 편리하다. 또 일 때문에 시간을 낼 수 없는 경우 저녁에 온라인으로 모임을 진행하는 것도 괜찮은 방법이다. 학부모 모임에서는 다음과 같은 내용을 공유하면 도움이 될 것이다.

- 아이들은 매일 최소 1시간 이상의 신체 활동을 해야 한다.

- 영국의 전체 아이들 중 절반 이상이 위에서 언급한 수준의 신체 활동을 하지 않고 있다.

- 부모가 자녀들의 신체 활동에 미치는 영향력이 매우 크다. 부모가 활동적일 경우 자녀 역시 활동적일 확률이 6배나 더 많다.

- 신체 활동은 아이들을 더 건강하고 행복하며 똑똑하게 만든다.

- 가족들의 신체 활동을 늘릴 수 있는 다양한 방법들이 있다. 걷거나 자전거를 타고 등하교를 하거나, 피트니스 클럽에 가입하거나, 가족과 함께 자연 속에서 산책을 하고 자전거를 타는 것 등이다. 집에서도 앉아 있는 시간을 쪼개 틈틈이 움직이도록 한다.

힌두 스쿼트

존 레이티 박사의 TED 강연에서 내가 흥미롭게 봤던 것은 강연을 시작할 때 청중에게 힌두 스쿼트(Hindu squat)를 시키는 것이다. 사람들이 웃으면서 숨을 몰아쉬고 앉을 때에야 레이티는 "이제 학습할 준비가 되었습니다!"라고 말한다(Ratey, 2012). 그 강연을 본 후로 나도 교실에서 힌두 스쿼트를 사용하여 아이들이 휴식을 취하면서 뇌를 재부팅할 시간을 주고 있다. 방법은 다음과 같다.

- 힌두 스쿼트를 시작하기 전에 먼저 아이들에게 가슴에 손을 얹어 안정적인 심박수와 평소처럼 정상적인 호흡을 느껴보도록 한다. 그 상태로 몇 번 호흡을 한다.
- 그런 다음 아이들을 일으키고 의자를 책상 아래로 집어넣어 힌두 스쿼트를 하기에 충분한 공간을 확보하도록 한다.
- 똑바로 서서 양팔을 앞으로 쭉 뻗고 시작한다.
- 교사가 '하나!' 하고 외칠 때 아이들은 팔과 팔꿈치를 몸 쪽으로 당기면서 '붐!' 하고 외친다. '붐'이라고 외치는 것은 재미를 위한 요소이다.
- 그런 다음 쪼그려 앉아 손으로 바닥을 치고 다시 일어난다. 일어날 때 팔을 뻗은 상태로 다음 힌두 스쿼트를 준비한다.
- 이 과정을 10번 반복한다.
- 힌두 스쿼트를 10번 끝낸 후 아이들에게 다시 가슴에 손을 얹어 심장이 얼마나 세게 뛰는지, 호흡이 얼마나 빠른지 느껴보도록 한다. 이 짧은 운동만으로도 아이들의 뇌가 활성화되고 행복 호르몬이 분비되는 데는 충분하다.

고누들(GoNoodle)

GoNoodle은 레이첼이라는 선생님이 소개해준 자료다. 레이첼 선생님의 교실을 지나가다 화면에 원숭이 막시모의 애니메이션이 나오고 아이들이 서서 막시모의 지시에 따라 몸을 움직이고 있는 것을 보았다. 아이들 모두 GoNoodle에 따라 움직이면서 수업 중간에 '두뇌 휴식'을 가진 것이다. GoNoodle을 소개하는 표현을 빌자면 '교실에 적합한 율동; 아이들의 몸과 뇌를 깨우는 수백 개의 영상들'이다. 내가 GoNoodle을 좋아하는 이유는 다음과 같다.

- 가입과 사용이 모두 무료이다.
- 내용이 교육적이다.
- 신나고 재미있다.
- 아이들이 몸을 움직이게 만든다.
- 길이가 2~4분 정도로 짧아 쉬는 시간에 하기 알맞다.

gonoodle.com ^{QR 10-03} 에서 무료로 다양한 영상들을 살펴보기 바란다.

요가

아이들이 요가를 체험하고 연습하게 하는 데 효과적인 방법은 자격을 갖춘 요가 강사를 초대하여 가르치는 것이다. 요가 강사를 선정할 때 다음과 같은 사항을 고려한다.

- 사설 요가 강사를 고용할 자금을 어떻게 조달할지 결정한다. 학교 예산이나 기금을 이용하여 외부 업체를 고용할 수 있겠지만 이런 수업은 학교의 체육 수업과는 별도로 수업시작 전, 점심 시간, 방과후 시간 등에 해야 한다. 필요할 경우 학부모에게 후원을 요청할 수도 있다.

- 아이들과 함께한 경험이 있는 현지 강사를 찾아본다. 강사가 적절한 자격을 갖추었는지 확인해야 한다. 교육청 등에서는 아이들을 가르치는 데 필요한 자격을 확인하는 여러 절차를 거치고 있다. 해당 강사가 책임보험에 가입한 상태인지도 확인한다.

- 강사와 만나 면접을 진행하고 시범 수업을 요청하여 아이들과 어떻게 소통하는지 살펴본다. 강사가 학교에 적합한지도 확인한다.

학교에서 아이들에게 요가를 가르치기 위해 자격을 갖춘 요가 강사를 고용하는 것 외에도 교사가 교실에서 할 수 있는 방법이 있다. GoNoodle에는 기본적인 요가 동작을 기반으로 스트레칭을 소개하는 다양한 영상들이 있다. 아이들과 함께 영상에 나오는 동작을 따라해보는 것도 좋다. 학교에서 요가를 가르치기 위해 교육을 받기 원하는 교사들이라면 요가 교육을 제공하는 사이트도 참고할 수 있다.

댄스

춤추는 것은 스토리텔링과 마찬가지로 인간의 본능이다. 흥겨운 리듬이나 비트를 들으며 몸을 들썩이지 않을 수 있는가? 하지만 아이들에게 춤추는 것을 가르치는 것은 전혀 다른 문제다. 그런 의미에서 다시 한번 GoNoodle을 추천한다. GoNoodle에는 자체 제작한 댄스 가이드 영상이 있는데, 몇 가지 간단한 댄스 동작을 따라할 수 있다. 내가 개인적으로 가장 좋아하는 영상은 블레이저 프레시(Blazer Fresh)의 영상인데, 이들은 드라 소울(De La Soul)을 연상시키는 젊은 힙합 트리오이다. 또다른 훌륭한 자료로 BBC School Radio에서 만든 초등학교 댄스 웹사이트가 있는데, 교사들은 오디오 파일을 재생하여 아이들에게 댄스 동작과 방법을 안내할 수 있다. 교과과정과 관련된 내용이 많아 아이들은 춤을 추면서 런던 대화재, 제1차 세계대전, 튜더 왕조, 심지어 컴퓨터 코딩에 관해서도 배울 수 있다.

- 아이들의 신체 활동은 점점 줄어들고 있으며 가만히 앉아 있는 시간이 늘어나 비만이 증가하고 있다. 이러한 생활방식은 제2형당뇨, 심장질환 같은 성인병과 조기 사망으로까지 이어질 수 있다.

- 아이들의 신체 활동과 체력을 높이면 건강상 문제를 예방하는 데 도움이 된다. 또한 정신적 웰빙과 행복 수준을 높이고 수명을 늘리며, 학업 성취도를 향상시킬 수 있음도 입증되었다.

- 학교는 아이들이 매일 움직일 수 있도록 하기 위해 '날마다 1마일' 같은 프로그램을 도입할 수 있다. 이를 통해 아이들은 체력을 향상시키고 친구들과 소통하며 뇌가 학습하도록 준비된다.

- 교사들은 힌두 스쿼트나 짧고 집중적인 운동을 활용하여 수업 중간에 신체 활동을 배치할 수 있다. GoNoodle에는 교실을 활기차게 만드는 멋진 대화형 동영상들이 많이 있다.

- 요가는 아이들의 정신적 웰빙에 큰 도움이 되는 것으로 밝혀졌다. 학교에서 요가 수업을 진행할 강사를 찾아볼 수도 있고, 교사가 교실에서 간단한 스트레칭 동작들을 알려줄 수도 있다.

- 댄스 안무를 이용해 아이들이 다른 교과과정과 연계학습을 할 수 있도록 한다. 아이들의 심장 박동을 높일 수 있을 뿐만 아니라 신경가소성도 향상시킬 수 있을 것이다.

11장
자연 속의 치유

이 장에서는 우리 몸과 마음을 치유하고 학습 능력 향상에 도움이 되는 자연의 힘을 알아보려 한다. 자연을 가까이 함으로써 스트레스를 해소하고 우리 뇌의 집중력과 사고력을 향상시킬 수 있다.

자연은 서두르지 않지만 모든 것을 이루어낸다.

| 라오 추(Lao Tzu) |

│ 우리가 살아가는 자연

인간과 자연 사이의 밀접한 연결에 대해 이야기하자면 과거 부족사회를 다시 살피지 않을 수 없다. 인류는 대략 30만 년간의 존재 기간 동안 대부분 사바나 초원에서 수렵채집인으로 살았다. 전적으로 자연에 의존하여 생존해야 했기에 인간의 삶은 자연과 깊이 연결되어 있고 자연과 조화를 이루어야 했다. 초기 인류는 계절의 순환에 맞춰 먹을 수 있는 식물과 열매를 해로운 것과 구별할 줄 알아야 했고, 원천 재료들이 갖는 자연 방어기제-독소라든가 껍질 같은-에 주의하여 먹기 좋은 부분을 추출하는 방법도 익혀야 했다. 이 모든 것은 자연에서 이루어졌다.

인간이 도시에서 더 많은 시간을 보내며 살게 된 것은 인간의 역사로 보면 매우 최근의 일이다. 가장 오래된 도시라고 해봐야 약 6천 년 정도밖에 되지 않았다. 이는 존재해온 대부분의 기간 동안 인간은 자연 속에서 살아가는 생물종이었다는 것을 의미한다. 자연은 인간이 살아가는 본원의 서식지이고 그 안에서 가장 안전하고 건강하며 행복을 느낄 수 있다. 생물학자 에드워드 윌슨(Edward Wilson)이 저서 『바이오필리아(Biophilia)』(1984)에서 주장하는 바도 바로 이것이다. 인간의 뇌는 인간을 둘러싼 자연환경에 의해 형성되었기에 나무, 호수, 강, 초원 등처럼 인간의 생존 가능성을 높일 수 있는 것들에 더 긍정적으로 반응하도록 만들어졌다는 것이다. 자연은 인간에게 편안함을 주고 인간이 살아가는 데 필요한 모든 것을 제공해 주기 때문에 자연 속에 있으면 기분이 좋아지게 된다. 바이오필리아(biophilia, bio(생명)와 philia(사랑)를 조합한 용어로 우리말로 '녹색갈증'이라고도 함-옮긴이)는 인간에게 본질적으로 내재된 자연에 대한 친밀감 내지 사랑을 뜻한다. 랭건 차터지(Rangan Chatterjee) 박사는 '자연은 우리에게 심히 좋다. 정말 단순하면서도 쉬이 잊히는 사실이지만 인간은 자연의 일부이기 때문이다.'라고 말했다(Chatterjee, 2018, p.216).

자연과의 단절, 그리고 기후 불안증

인간은 자연의 일부임에도 점점 더 자연과 단절된 삶을 살아가고 있다. 2050년이 되면 전 세계 인구의 약 70퍼센트가 도시에서 살 것으로 예측되고 있는데(United Nations, 2018), 이는 바깥이 아닌 실내에서 스크린과 전자기기에 매여 살아가는 사람들이 더 많아진다는 뜻이다. 영국방송통신규제위원회(Ofcom)의 보고서에 따르면, 2020년 9월 기준으로 7~8세 아이들은 하루 평균 3시간을 온라인에서 보내고 있다(2021). 이 보고서는 코로나 19가 사람들의 전자기기에 대한 의존도를 한층 더 증가시켰음을 확인해준다. 자연과 더 긴밀하게 연결되어야 할 시기에 우리는 점점더 자연과 멀어지고 있는 것인지도 모른다.

인간에게 자연에 대한 사랑은 본질적인 것이기에, 자연이 인간의 활동과 산업 발달로 인하여 훼손되어 가는 상황을 지켜보는 것은 가슴아픈 일이다. 세계기상기구(World Meteorological Organization)는 기후 변화와 관련, 우리가 잘못된 방향으로 나아가고 있음을 분명히 지적하고 있다 (United in Science report, 2022). 최근 7년간 지구의 온도는 최고치를 기록했다. 팬데믹으로 인한 봉쇄조치로 인해 세계의 이산화탄소(CO_2) 배출량은 잠시 줄어들었지만 지금은 팬데믹 이전보다도 높은 수치를 보이고 있다. 보고서는 훨씬 더 확실하고 야심찬 대응 없이는 기후변화의 물리적, 사회경제적 영향이 앞으로 점점 파괴적으로 나타날 것임을 가감없이 지적한다.

이 긴급한 상황은 아이들의 정신건강과 행복에도 불가피하게 영향을 미치고 있다. 어린이와 청소년을 대상으로 기후 불안증(climate anxiety)에 대해 조사한 글로벌 조사 결과를 보면, 기후 변화에 대한 국가적 대응에 관해 '걱정된다'고 답한 아이들이 84퍼센트였고, 그중 59퍼센트는 '매우 걱정된다'고 답했다(Hickman et al., 2021). 조사 대상 1만 명의 절반 이상이 슬픔, 불안, 분노, 무력감, 무능감, 죄책감 같은 부정적인 감정을 느끼고 있었다. 75퍼센트는 미래가 두렵게 여겨진다고 했고, 83퍼센트는 인간이 지구를 제대로 돌보지 못했다고 했다. 이러한 통계 수치는 우리 모두에게 보내는 우려와 경고다. 우리 어른들이 세상을 아끼고 보호하기 위해 노력하고 있음을 아이들에게 보여주어야 한다. 그리고 아이들에게 그들 또한 지구라는 행성에 긍정적 영향을 미칠 수 있다는 희망을 주어야 할 것이다.

| 삼림욕

일본에서 1980년대에 나온 '신린요쿠(shinrin-yoku)'라는 흥미로운 개념이 있다. 자연과 사람을 연결하고 삶을 균형있게 만들자는 취지로, '신린(Shinrin)'은 '숲', '요쿠(yoku)'는 '목욕'을 뜻한다. 즉 마치 목욕을 하듯이 숲의 분위기를 온몸으로 느끼며 체험하는 것이다(Li, 2019). 일본 정부는 시민들의 스트레스, 불안, 우울증, 건강 위험 증가를 관리하기 위한 국립 건강 프로그램의 일환으로 '신린요쿠'를 발전시켰다. 일본국립의학교(Nipon Medical School)의 교수인 큉 리(Qing Li)는 저서 『Into the Forest(숲으로 가라)』(2019)에서 자연이 우리의 마음과 신체에 미치는 강력한 영향에 대한 방대한 연구 결과를 소개한다. 그는 온몸의 모든 감각을 사용하여 자연과 하나되는 두 시간 남짓의 삼림욕이 다음과 같은 효과가 있음이 풍부한 데이터를 통해 입증되었다고 설명한다(Li, 2019).

- 혈압을 낮춘다.
- 스트레스를 감소시킨다.
- 우울증이 완화된다.

- 에너지 수준을 높인다.
- 면역체계가 강화된다.
- 심혈관계가 강화된다.
- 집중력과 기억력이 향상된다.

간단히 말하면 마음을 챙기며 야외에서 시간을 보내고 자연의 기운을 만끽하는 것은 우리 몸 곳곳에 이로운 영향을 미친다는 것이다.

스트레스, 수면, 면역체계

자연과 연결되고 자연 속에서 살아갈 때 우리의 몸과 마음이 실제로 어떻게 반응하는지 좀더 자세히 알아보기로 하자.

스트레스

5장에서 살펴봤듯이 도전지대에서 학습이 이루어지는 데는 약간의 스트레스가 따르며 이는 꼭 필요한 것이기도 하다. 그러나 과도한 스트레스는 우리 몸의 코르티솔 수준을 높여 공황지대로 내몰 수 있다. 장기간 스트레스 상태가 지속되면서 휴식과 회복의 기회가 주어지지 않는다면 웰빙을 심각하게 위협할 수 있다. 반면 자연은 스트레스 수준을 낮추어 준다는 연구 결과가 있다. 자연 환경에서 시간을 보내는 것만으로도 우리 몸에서 코르티솔과 아드레날린 수준이 감소하여 '투쟁-도피 반응'을 유도하는 교감신경계를 억제하고, 안정과 회복을 촉진하는 부교감신경계를 촉진하여, 혈압을 낮추고 심장 건강을 개선하는 데 도움이 된다(Li, 2019). 실제로 방 안에 식물을 두기만 해도 스트레스 수준을 낮출 수 있다(Dolan, 2015). 콘크리트 건물들이 빽빽한 도시에서 살아가는 우리에게 도움이 될 만한 내용이다.

수면

수면이 웰빙과 학습에 얼마나 중요한지는 4장에서 이미 살펴보았다. 수면의 질에는 식사와 운동뿐만 아니라 자연과의 접촉도 중요하다. 스트레스가 수면의 질에 부정적 영향을 미치는 것은 이미 알려진 사실이지만, 만약 자연과의 접촉을 크게 늘릴 수 있다면 스트레스 수준을 낮추어 수면의 질을 높일 수 있다. 잠들기 어렵거나 깊은 잠을 자기 어렵고 일찍 깨는 등의 다양한 수면 문제를 겪는 사람들에게 삼림욕을 실시하여 그 영향을 조사한 연구가 있다(Morita et al., 2011). 삼림욕을 한 참가자들의 수면 시간은 최대 15퍼센트까지 늘어나 거의 1시간 가까이 더 수면을 취할 수 있었다. 뿐만 아니라 수면의 질도 향상되었고 불안감이 크게 줄어들었다. 흥미로운 점은 오후 산책이 아침 산책보다 수면에 미치는 영향이 더 크다는 것이다. 점심식사 후 아이들이 나른해하면 밖으로 내보내는 것을 고려해봄직하다.

면역체계

우리 몸의 면역체계를 테스트하는 방법 중 하나가 '자연살해세포(natural killer cells, NK 세포라고도 함) 수치를 측정하는 것이다. 자연살해세포는 백혈구의 일종으로, 바이러스에 감염된 세포나 암세포처럼 우리 몸에 해를 끼치는 세포를 공격하고 파괴한다. 일반적으로 자연살해세포 수치가 높은 사람은 암과 같은 중대 질병의 발생률이 낮다. 한 연구에서는 자연에서 시간을 보낼 경우-구체적으로 말하자면 숲에서 2박 3일간 체류하는 경우-자연살해세포가 50퍼센트 이상 활성화되며, 항암단백질의 양도 48퍼센트 증가했다고 보고했다(Li, 2019). 이처럼 짧은 시간 동안 자연에서 보낸 것만으로도 면역체계가 그 정도로 강화되었다면, 항상 자연에 둘러싸인 환경이라면 어떨까? 퀑 리 박사는 이를 조사하여 '나무가 적은 지역에 사는 사람들은 나무가 많은 지역에 사는 사람들보다 스트레스 수준과 사망률이 더 높다'는 것을 밝혀냈다(Li, 2019, p.87).

나무가 많으면 산소가 많이 배출됨으로써 공기가 더 깨끗해지고 우리 몸의 면역체계에 도움을 준다. 또한 피톤치드(phytoncides)라 불리는 식물성 화합물의 영향으로 특유의 숲 향기가 형성되는데 이를 단순히 들이마시기만 해도 자연살해세포 수치를 높일 수 있다는 사실이 밝혀졌다(Li, 2019). 자연의 치유 효과에 관한 유명한 연구가 있는데, 수술 후 회복 중인 환자들의 경우 야외에 나가지는 못하더라도 건물이 아닌 자연 풍경을 바라보는 침대에서 지낼 때 회복이 더 빨라졌다고 보고되었다(Ulrich, 1984).

자연은 박테리아, 세균 등 우리 장 속에 있는 수조 개에 달하는 미생물의 활동에도 영향을 미친다. 장내 미생물이 다양할수록 건강과 웰빙에 도움이 된다고 하는데, 야외 활동은 자연 속에서 흙에 노출되는 빈도를 높여주고 공기를 들이마실 때 흙 속에 사는 마이코박테리움 박케(Mycobacterium vaccae) 같은 유익한 박테리아균을 더 많이 흡입하게 되어 면역체계에 긍정적인 도움을 준다(Li, 2019). 장내 미생물은 거주지역이 도시인지 시골인지에 따라서도 달라질 수 있는데, 일반적으로 시골에 사는 사람들에게서 더 다양한 것으로 나타났다(Bowyer et al., 2022). 도시의 어린이집을 대상으로 생물다양성을 풍부하게 하고자 한 달간 바닥을 흙과 잔디, 숲과 같은 환경으로 꾸민 연구에서는, 아이들의 장내 미생물 분포가 다양해졌으며 시골의 어린이집을 다니는 아이들과 비슷한 수준까지 변화되는 것을 관찰할 수 있었다(Roslund et al., 2020). 자연을 가까이하는 것은 건강에 좋은 일이다.

인지, 학습, 행동

자연이 우리 몸에 이처럼 지대한 영향을 미친다면 마음에도 긍정적 영향을 미치는 것 또한 놀라운 일이 아니다. 자연이 기억과 인지에 미치는 영향을 조사한 미시건대학교의 연구를 보면 복잡한 도심지보다 자연 속에서 걸을 때 기억력이 20퍼센트 가까이 향상된다고 한다(Berman et al.,

2008). 이 결과는 이전에 제시된 '주의 회복 이론(Attention Restoration Theory)'을 뒷받침하는 것이기도 하다. 주의 회복 이론은 자연에 노출되면 우리 몸과 뇌가 휴식을 취하고 본래의 상태로 돌아가게 되어 결과적으로 주의력과 집중력이 향상된다는 주장이다(Kaplan, 1995).

자연이 아이들의 학업 성취도에 도움이 된다는 것도 점점 확실해지고 있다. 캐나다와 미국 등에서는 학교 안에 수목 비중이 많을수록 표준화시험 성적이 더 높아진다는 연관 관계를 밝힌 연구가 나오고 있다(Sivarajah et al., 2018; Tallis et al., 2018). 4~5세 어린이들을 자연과 밀접한 환경에서 교육하면 언어 발달에 긍정적인 영향을 주며, 전통적인 교실 환경에서 배우는 아이들보다 더 다양한 어휘를 사용한다는 연구도 있다(Richardson & Murray, 2016). 미국에서는 시카고 지역의 300개 이상의 학교를 조사하여 학생들이 얼마나 자연을 바라보고 접할 수 있는지를 측정한 결과, 자연을 접하는 비중이 증가할수록 수학 표준화시험 성적이 유의미한 향상을 보일 것으로 예측된다는 통계를 내놓았다(Kuo et al., 2018). 특히 풀보다 나무와 가까이 자주 접할 때 학업 향상도가 더 크게 나타났다. 대만에서는 교실에 수목을 이용한 자연환경을 조성해 그 영향을 조사했는데 기존 교실과 비교했을 때 학생들의 친사회적이고 친절한 행동이 증가하고 결석과 교사의 처벌이 감소했다는 결과가 나왔다(Han, 2009).

행복

지금까지 살펴본 모든 연구는 결국 자연이 우리를 더 행복하게 만들 것이라는 점을 시사한다. 자연에서 시간을 보내거나 그저 자연을 바라보는 것만으로도 스트레스 감소, 면역체계 강화, 질병 예방, 심장 강화, 장 건강 개선 등의 효과를 가져온다. 신체적 효과뿐만 아니라 정신적으로도 타인에 대한 친절과 집중력을 높여 학교생활을 더 잘하는 데 도움이 되며, 이는 결국 우리 삶의 질을 향상시킨다.

코로나19를 겪으면서 전자기기 및 스크린에 대한 의존도가 증가한 것은 맞지만 그만큼 자연에 대한 의존도도 증가했다는 연구가 있다. 코네티컷대학교의 박소현 교수는 사람들의 자연에 대한 인식이 어떻게 달라졌는지를 코로나19 이전 시기와 코로나 시기, 이후 시기로 나누어 SNS와 머신 러닝(machine learning, 컴퓨터 프로그램이 데이터를 통해 자체적으로 학습하는 일종의 인공지능 기술-옮긴이)상의 언어 사용을 통해 조사했다(Park et al., 2022). 조사 결과 사람들은 자연에 감사하는 마음이 커지고 자연환경을 더 많이 찾게 되었으며, 자연 속에 있을 때 정신적, 감정적으로 더 높은 경지를 경험했다고 말하는 사람들이 더 많아졌다.

수 세기 동안 우리는 자연을 당연한 것으로 여겨 왔다. 코로나19와 기후 변화는 우리에게 자연의 치유력을 깨닫게 하고 우리가 살아가는 자연과 긴밀하게 연결될 필요가 있음을 자각하게 해주었다. 아이들이 자연과 연결될 수 있도록 해주고 이를 통해 그들이 현재부터 미래에 이르기까지 자연을 감사히 여기고 보살필 방법을 찾게 할 방법들에 대해 알아보자.

야외 학습

야외 학습은 큰 관심을 끌고 있는 주제로 관련 서적이 여럿 나와 있으며, 이 책의 뒷부분에서도 참고할 도서 여러 권을 소개하고 있다. 여기서는 처음 시작하는 데 도움이 될 만한 방향 제시만 하도록 하겠다.

야외 학습의 기본원칙

줄리엣 로버트슨(Juliet Robertson)은 『Dirty Teaching: A Beginner's Guide to Learning Outdoors(더티 티칭: 야외 학습 초보자를 위한 가이드)(2014)』 에서 야외 학습을 위한 네 가지 기본원칙을 설명하고 있다.

- 지속 가능한 방식 선택 : 야외 학습 및 놀이가 이루어지는 환경을 잘 관리해서 학습 및 놀이를 통해 궁극적으로 환경이 더 좋아지는 데 도움이 되도록 해야 한다.
- 자유로운 놀이와 재미있는 학습 중심 : 현대의 삶과 교육은 정형화된 활동과 정해진 시간에 묶여 있다. 야외 학습에서는 재미있는 학습 방식을 채택하고 아이들이 시간과 공간에 구애받지 않고 놀이 그 자체를 즐길 수 있도록 한다. 이는 6학년까지도 포함하여 모든 학년에 해당하는 원칙이다.
- 자연 그대로의 양육 환경 제공 : 학교는 아이들의 건강과 웰빙에 도움이 되는 야외 환경을 제공해야 한다. 이는 녹지공간 및 자연환경을 충분히 접할 수 있음을 뜻한다. 야생의 자연일수록 더 좋다.
- 아이들의 창의적 역량 개발 : 야외 환경은 긍정적 위험 감수를 장려하고 문제 해결, 새로운 영역으로의 스킬 전이, 수평적 사고(lateral thinking, 창의력을 발휘하여 새로운 시각으로 사물을 바라보는 것-옮긴이)의 기회를 제공한다.

학교의 야외 공간을 둘러보고 야외 학습 방식을 점검하여 현재 이러한 기본원칙이 제대로 반영되고 있는지 확인해볼 필요가 있다. 야외 학습이 이러한 원칙을 준수할 수 있으려면 작게라도 어떤 변화가 필요할지 생각해본다.

미리 계획하기

교사들 중에는 야외 학습을 꺼리는 경우가 있다. 날씨나 아이들의 행동, 사고 등 예측할 수 없는 변수가 너무 많기 때문에 익숙하고 편안한 교실 환경에서 가르치는 것을 선호하는 것이다. 그러나 약간의 계획만 있으면 이러한 불안함을 해소하고 원활한 야외 학습을 할 수 있다.

● 기본 규칙 정하기 : 야외에서의 행동에 대한 기대치를 명확하게 정해 준다. 아이들이 기본 규칙을 정하는 데 참여하도록 하면 자연스럽게 규칙을 따르게 된다.

● 긍정적으로 위험 관리하기 : 요새 만들기(den-building) 같은 활동을 할 때 잠재적인 위험은 무엇인지, 그 위험을 어떻게 관리할 계획인지를 아이들에게 물어서 항상 확인한다. 아이들에게 자율권을 주고 잠재적 위험을 평가하고 관리하는 데 도움을 준다.

● 복장 준비하기 : 야외로 나갈 경우 부모나 보호자에게 미리 고지하여 장화나 방수복 등을 준비할 수 있도록 한다. 아니면 학교에 여분을 준비해 두는 것도 좋다.

● 모든 학생이 참여하도록 하기 : 야외 학습을 계획할 때 특별한 보살핌이 필요한 아이들을 고려해야 한다. 적절한 지원을 제공하여 모든 학생이 야외 학습에 온전히 참여할 수 있도록 한다 .

● 응급 상황에 대비하기 : 응급처치 키트와 흡입기나 알레르기 반응 치료제 등의 어린이용 약품을 상비하고, 추가로 도움이 필요한 경우 학교

에 신속히 연락할 수 있도록 한다.

야외 학습이 가능한 내용인지 확인하기

무엇을 가르치든 항상 '이것을 야외 학습으로 할 수 있을까?'를 자문해보도록 한다. 만약 '그렇다'라는 답이 나온다면, 약간의 계획을 통해 교사와 학생 모두 자연스럽게 야외 학습을 진행할 수 있다.

만약 측정에 관한 수학 수업이라면 학생들이 팀을 이뤄 운동장 일부의 길이를 측정하도록 할 수 있지 않을까? 식물의 생애주기에 대해 배운다면 실내에서 씨앗을 심어 식물을 키우는 것 외에도 식물의 다양한 생애주기 단계를 연구하러 야외로 나가는 건 어떨까? 스토리텔링을 할 경우 날씨가 좋으면 밖에 나가서 하는 것도 좋을 것이다. 교실에 있는 시간을 쪼개 틈틈이 야외 활동과 운동으로 채우면 어떨까? 야외에서 힌두 스쿼트를 해보는 것도 좋지 않겠는가? 학생들을 야외로 데려가 학습할 기회는 많을수록 좋다.

매주 시행하기

최소 일주일에 한 번 규칙적으로 야외 학습을 하도록 한다. 다음 주 수업 준비를 할 때 수업 하나를 야외 학습으로 바꾸는 방법만 생각하면 된다. 규칙적으로 하면 교사와 학생 모두 야외 학습에 자연스럽게 익숙해지고 매주 야외 학습 시간을 기대하게 된다.

밖에 나가 놀기

앞장에서 살폈듯이 지난 30년간 초등학교의 놀이 시간은 현저히 줄어들었으며 이는 웰빙과 학습 측면에서 좋지 않다. 아이들에게 놀이는 중요한 일이기에 학교는 아이들의 야외 놀이가 최대한 유익하게 이루어질 수 있도록 시간, 에너지, 자원을 투자해야 한다. 학생들이 야외 놀이를 활용하는 데 도움이 될 몇 가지 핵심적인 조언을 제시한다.

- 아이들이 자연환경을 접할 수 있도록 한다.
- 정기적으로 놀이 모임을 개최해 아이들이 가지고 놀고 만들고 실험할 수 있는 놀잇감(오래된 타이어, 상자, 원목 블록 등)을 소개할 수 있다.
- 놀이 장비나 놀잇감이 안전한지 정기적으로 확인하고 너무 낡거나 손상된 경우 교체한다. 이를 위해 학부모나 지역사회에 기부를 요청할 수도 있다.
- 놀이 대장을 뽑아서 아이들과의 게임을 이끌도록 하고 놀이가 끝나면 뒷정리하는 것을 통솔하도록 한다.
- 아이들이 운동장에서 놀이를 할 때는 반드시 교사가 감독하도록 한다.
- 야외에 '조용한 구역'을 만든다. 이곳은 아이들이 소란과 북새통을 벗어나 휴식하면서 식물과 자연을 누릴 수 있는 장소가 되게 한다.

학교에 녹지 조성하기

런던 시내 초등학교에 재직할 무렵에는 주변에 자연을 접할 수 있는 기회가 거의 없었다. 운동장은 콘크리트로 되어 있었고 인조 잔디로 덮여 있었다. 그럼에도 원예에 소질이 있고 열정도 있던 보조교사 헬렌은 대형 화분들에 관목과 이국적인 식물들을 심어 운동장을 채워나갔다. 그래서 우리 학교의 야외 공간은 녹색으로 가득하게 되었다. 도심에서도 녹색 공간을 만들어낸 우리 학교의 사례를 빌어 다음과 같이 해보면 어떨까 제안한다.

- 학교에 녹지를 조성함으로써 갖게 되는 강점을 적극 활용한다. 정원 가꾸기를 좋아하는 학부모나 교직원이 있는지 알아보고, 학교 외부 공간에 녹지를 조성하는 데 협력하거나 봉사해줄 의향이 있는지 알아본다. 대부분 기꺼이 협력해줄 것이다.
- 학교 소식지 등을 통해 학부모 및 보호자에게 야외 관목, 나무, 식물 등의 기부를 요청한다. 콘크리트로 된 무미건조한 외부 공간에 초록빛 생기를 불어넣고자 하는 취지를 알린다.
- 아이들이 주축이 되는 환경 동아리를 만들어 녹지가 많고 환경친화적인 학교를 만드는 활동을 하도록 한다.
- 야외 공간 일부를 농장으로 만들어 교직원과 학부모 자원봉사자의 도움을 받아 계절별로 과일과 채소를 재배한다. 아이들이 직접 작물을

심고 수확하고, 수확한 작물을 맛볼 기회를 줄 수 있다.

● 학교에 녹지가 충분하다면 일부 공간은 풀을 베지 않고 야생으로 두어 다양한 벌레와 곤충들이 살 수 있도록 한다.

｜ 행복교실 이야기 ｜

제가 지금 있는 학교에서는 교실에 식물을 더 많이 가져다두고 싶었지만 문제가 있었습니다. 쓸 수 있는 예산이 거의 없었어요. 지역 원예용품점과 원예농원에 연락해 보았지만 10파운드짜리 상품권을 기부해 준 친절한 한 분을 제외하고는 회신을 받지 못했지요. 가용 자금만으로는 8개의 교실과 도서관에 둘 식물을 구입하기에는 역부족이었어요.

그때 한 가지 아이디어가 떠올랐습니다. 제 이웃 중에는 식물 애호가들이 꽤 많았는데 몇몇은 가까운 곳에 따로 부지를 마련해 식물 재배를 하고 있었거든요. 그래서 페이스북에 다음과 같은 게시글을 올렸지요.

"안녕하세요, 이웃분들! 우리 학교는 교실에서 키울 수 있는 식물을 구하고 있습니다. 실내에 식물을 두고 자연을 가까이하면 스트레스 수준을 낮추고 공기를 정화하며 행동과 집중력을 개선해 주고 웰빙에도 도움이 된다는 연구 결과가 있어요. 그런데 예산이 없어 식물을 구매할 수 없는 상황이라 다음과 같이 도움을 부탁드리려 합니다.

- 식물을 기부해 주세요.
- 아이들이 키울 수 있는 식물의 꺾꽂이모를 보내주세요.
- 식물의 씨앗을 제공해 주세요.

도와주실 분들은 연락주세요!"

곧이어 여러 이웃들에게서 꺾꽂이모를 보내주겠다거나 식물을 기부해 주겠다는 답장이 왔습니다. 얼마 안 가 여러 이웃으로부터 약 15개의 식물을 얻게 되었어요. 이 식물들은 아이들이 잘 돌봐줘 지금까지도 생생하게 살아 있습니다. 벌써 일 년이 지났지만 지금도 현관에 이름 모를 식물이 놓여 있을 때가 있답니다.

- 에이드리언 베튠

교실에서 식물 기르기

보조교사 헬렌과 대화하던 중에 교실 안에 식물을 두고 싶다고 말한 적이 있었다. 며칠 후 그녀는 집에 있는 식물에서 삽지한 가지들을 갖다주면서, 그것들은 관리가 쉬워서 나 같은 사람도 충분히 키울 수 있을 거라고 했다. 나는 반 아이들과 함께 당번을 정해 매주 물을 주고 돌봤다. 처음에 받은 다섯 개의 꺾꽂이모는 잘 자라서 뿌리를 내리고 어엿한 식물이 되었다. 식물이 들어선 우리 교실은 색다른 느낌을 주었다. 3학년 팀이 과학시간에 식물에 대해 배운다고 해서 잠깐 우리 반 화분을 모두 빌려 준 적이 있었는데 그때 우리 반 아이늘의 얼굴에는 허전한 기색이 뚜렷했다. 마침내 우리 화분을 모두 되찾아왔을 때 아이들의 얼굴이 환하게 밝아졌던 것이 기억난다. 실제로 식물은 우리 교실을 더욱 생기 있게 만들어 주었다!

실내에 식물을 두면 마음이 진정되고 스트레스가 줄어드는 심리적 효과 외에도 실제로 공기 질도 개선된다. 실내 공기는 바깥보다 2~5배 더 오염되어 있기 때문에 실내 식물은 천연 공기청정기 역할을 한다(Li, 2019). 다음과 같은 방법을 통해 교실에서 식물을 기르는 데 도움을 받을 수 있다.

- 학교 커뮤니티의 장점을 활용하여 교사, 학부모, 보호자들에게 교실에서 키울 만한 식물이나 꺾꽂이모를 기부해줄 수 있는지 물어본다.
- 지역 원예농원이나 원예용품점에 연락해서 교실에서 키울 식물 기부를 요청해본다.
- 친환경 기금 모금행사(둘레길 걷기, 건강빵 판매하기 등)를 개최한다. 모금된 돈으로 학교에서 기를 실내 식물을 구입할 수 있다.
- 교실과 공용 공간에 관리가 쉬운 실내 식물을 가능한 한 많이 들여놓는다. 관리 당번을 정해 아이들이 주인의식을 갖고 돌보게 한다.
- NASA 추천 공기정화식물로는 스파티필름, 아이비, 국화, 관음죽, 접란 등이 있다.

⏐ 야외 미술 수업

미술 수업은 야외 학습을 할 수 있는 완벽한 기회다. 자연은 다채로운 색감을 통해 미술 작품에 영감을 줄 뿐만 아니라, 진흙, 점토, 나뭇가지 같은 자연에서 구할 수 있는 재료들을 미술에 활용할 수도 있다. 야외 미술 수업을 최대한 활용할 수 있는 방법들에 대해 알아보자.

• 자연 재료를 이용한 조각 작품을 만든 앤드류 골드워시(Andrew Goldsworthy, 영국 출신의 조각자이자 사진작가, 환경운동가─옮긴이) 같은 예술가에 대해 배우고 나서 아이들도 팀을 이뤄 자연 재료를 이용해 조각품을 만들거나 그림을 그려보게 한다.

• 계절마다 한 번씩 야외 미술 수업을 하여 지역 풍경에서 계절의 변화를 작품에 담아보도록 한다.

• 다른 미술 도구 없이 스케치북만 가지고 야외 수업을 나간다. 야외에서 구할 수 있는 자연 재료만을 이용해 그림을 그려보도록 한다.

⏐ 자연욕

학교 근처에 숲이 없을 경우, 삼림욕 대신 할 수 있는 것이 자연욕(nature bathing)이다. 자연욕은 우리가 이용할 수 있는 어떤 자연 환경에서든 할 수 있다. 이것의 핵심은 자연 속에서 천천히 움직이며, 모든 감각을 사용하여 내 마음을 챙기는 일이다. 다음은 도움이 될 만한 가이드이다.

- 아이들에게 자연욕이 무엇인지 설명해주고, 자연에서 시간을 보내면서 사람들이 느낀 다양한 이점들에 대해 알려준다.
- 아이들을 학교 안이나 근처에 있는 자연환경으로 데려간다.
- 아이들에게 자연욕은 조용한 상태에서 해야 모든 감각을 활용할 수 있어 가장 효과적이라는 점을 알려준다.
- 청각 : 새소리와 나뭇잎이 흔들리는 소리에 집중하여 듣는다.
- 시각 : 녹색과 갈색이 주를 이루는 자연의 다양한 색채와 나뭇가지 사이로 스며드는 햇빛에 온전히 집중한다.
- 후각 : 자연에서 뿜어져 나오는 강한 향기가 있는지 느껴본다.
- 미각 : 깊이 심호흡을 하면서 신선한 공기를 음미해본다.
- 촉각 : 나무껍질을 만져보고, 땅에 누워 손으로 나뭇잎을 쥐어본다.
- 자신을 완전히 풀어놓고 자연환경 속에서 이 순간을 온전히 즐겨본다. 눈을 감고 몸 전체로 자연을 받아들인다.

학교 농장

학교 내에 공간이 허락된다면 동물을 키우는 농장을 만드는 것도 정서적으로 매우 안정감을 주는 방법이다. 학교 농장은 아이들에게 동물 복지, 지속 가능성, 식량 자원, 건강한 식습관 등에 대해 가르치는 데 도움이 된다. 현재 내가 있는 학교는 교장 선생님이 학교 내에 동물 농장을 두는 것을 열렬히 지지하셨고, 그래서 지금 닭 몇 마리와 염소 두 마리가 있는데 우리 모두 이를 무척 뿌듯하게 여긴다. 아이들의 반응도 꽤 좋다. 풀어 놓고 기르는 닭들을 쫓아다니거나 울타리를 기어오르는 염소를 지켜보는 아이들도 종종 있다. 학교 농장을 운영하는 데 있어서 다음과 같은 점들을 고려해야 한다.

- 야외 공간을 확인할 것 : 준비된 야외 공간에 어떤 동물이 적합할지 알아보고, 동물을 위한 울타리와 보호 구조물을 짓는 데 필요한 비용을 계산한다.

- 학생 및 교직원과 논의할 것 : 학교 커뮤니티를 통해 어떤 동물을 선택할지 의견을 묻도록 한다.

- 지역사회의 참여를 구할 것 : 지역 수의사와, 방학 동안 동물들을 돌봐줄 자원봉사자들과 긴밀한 관계를 유지하여 도움을 받도록 한다.

- 관련 부처의 안전기준을 준수할 것 : 특정 동물은 사전에 등록하거나 허가를 받아야 하며, 농장도 등록이 필요할 수 있다.

- 학교 농장이 주는 즐거움은 모두 함께 누릴 것 : 학교 농장이 주는 이점은 아이들뿐만 아니라 교직원, 학부모 및 보호자 모두가 함께 누리는 것이다.

- 자연 환경은 인간이 원래 살던 곳이다. 바이오필리아(녹색갈증)는 인간이 수백만 년 동안 자연 속에서 살면서 진화해 왔기 때문에 자연 속에서 가장 편안함을 느낀다는 것을 나타내는 용어다. 인간은 자연 환경 속에서 가장 행복하다.

- 점점 더 많은 사람들이 도시에서 살면서 더 많은 시간을 실내에서 보내고 자연과 멀어지고 있다. 아이들은 지구의 미래에 대해 점점 더 불안해 하고 있다.

- 삼림욕은 숲과 삼림에서 시간을 보내면서 온몸의 감각을 동원해 자연 환경을 체험하는 일이다. 이것은 행복에 무척 도움이 된다는 것이 입증되었다.

- 자연 환경에서 시간을 보내면 스트레스 수준을 낮추고 수면의 질도 향상되며, 면역체계의 기능을 강화하는 데 도움이 된다. 야외에서 지내는 시간이 많을수록 장내 미생물의 다양성 또한 개선되는 것으로 보인다.

- 자연을 접하고 가까이하면 정신적으로도 이로우며 사고력과 집중력도 향상된다. 녹지가 많은 학교의 아이들이 학업 성적도 더 우수하고 행동도 더 개선되는 것으로 나타난다.

- 야외 학습을 적극적으로 활용하고 기회가 있을 때마다 아이들을 데리고 야외로 나가도록 한다. 단 미리 계획을 세우고 정기적으로 매주 하여 학생들과 교사 모두 익숙해지도록 한다.

- 아이들의 놀이 시간을 늘리고 아이들에게 탐험할 기회, 긍정적인 모험의 기회, 창의적인 야외 활동의 기회를 많이 제공하도록 한다.

- 학교 안에 더 많은 녹지 공간을 조성하고 교실에도 가능한 많은 식물을 둔다. 아이들이 그 식물들에 대해 주인의식을 갖도록 한다.

- 자연욕을 하며 모든 감각을 사용해 자연을 느껴본다.

- 공간이 허용된다면 학교 농장을 만들어 아이들에게 동물 복지, 식량 자원, 지속 가능성, 건강한 식습관에 대해 가르친다.

12장

교사의 웰빙

이 장에서는 교사들이 먼저 자신의 웰빙을 챙겨야 하는 이유, 그리고 그렇게 함으로써 학생의 웰빙까지 향상시키는 방법을 살펴본다. 교사의 웰빙을 가로막는 것들이 무엇인지 알아보고, 교사로서 단지 생존하기 위함이 아니라 좋은 교사가 되기 위한 실천방안들을 찾아본다.

단 하나의 양초로도 수천 개의 양초를 밝힐 수 있지만

그렇다고 그 양초의 수명이 줄어드는 것은 아니다.

행복도 나눈다고 해서 줄어드는 것이 아니다.

| 부처(Budda) |

교사의 웰빙 챙기기

가르치는 일에는 원래 스트레스가 따른다. 이는 부인할 수 없는 사실이다. 실제로 교직은 스트레스가 가장 많은 직업 중 하나라는 조사 결과도 있다(Health and Safety Executive, 2022). 최근의 교사 웰빙 지수에 따르면 교직원의 77퍼센트가 업무로 인해 심리적, 신체적, 행동적 증상을 경험한 적이 있고, 54퍼센트는 정신적 건강과 웰빙에 대한 압박으로 지난 2년간 교직을 떠날 생각을 한 적이 있다고 한다(Scanlan & Savill-Smith, 2021). 이는 교사들이 겪고 있는 만성적인 스트레스가 교사 자신을 좀먹고 있으며, 이를 막기 위해서는 교사 스스로 자신을 더 챙겨야 한다는 것을 뜻한다. 학교가 교사의 행복과 웰빙 수준에 많은 영향을 미치는 것은 맞지만, 스스로의 웰빙은 다른 누군가의 손에 맡기기에는 너무나 중요한 문제다. 교사의 웰빙은 교사 자신이 가장 우선적으로 챙기는 것이 절대적으로 필요하다.

그러나 2022년 티처탭(Teacher Tapp, 교사를 대상으로 각종 조사를 수행하는 플랫폼-옮긴이) 조사만 보아도 대체로 교사들은 자신의 웰빙을 제대로 챙기지 못하고 있다. 약 8천 명의 교사들을 대상으로 지난 학기 동안얼마

[표 12.1] 지난 학기 동안 학교에서 얼마나 자주 자신의 웰빙을 우선적으로 챙길 수 있었습니까?

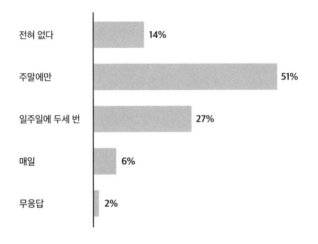

나 자주 자신의 웰빙을 우선적으로 챙길 수 있었는지 물었는데, 14퍼센트는 '전혀 그러지 못했다', 51퍼센트는 '주말에만 겨우 그럴 수 있었다'고 답했다(도표 12.1 참고). 즉 응답자의 3분의 2 이상은 근무일 중에는 자신의 웰빙을 전혀 신경쓰지 못하고 있는 것이다. 교사들이 웰빙을 추구하려면 주말, 아니면 방학까지 기다려야 했던 것이다. 너무나 충격적인 결과다. 그런데 한편으로 생각해 보면 응답자 대다수는 자신의 웰빙을 우선적으로 챙긴다는 말의 의미를 이해하지 못한 게 아닌가 싶다. 뭔가 대단한 일을 해야 하는 것으로 말이다. '자신의 웰빙을 우선적으로 챙긴다'는 것에 대한 내 정의는 다음과 같다.

"자신의 웰빙을 지지하는 작은 일들을 매일 하는 것을 우선순위에 둔다."

이 조사에서 자신의 웰빙을 '매일' 우선적으로 챙겼다고 답한 6퍼센트가 내가 정의한 바대로 행동한 사람들이 아닐까 싶다. 그들은 일상의 스트레스와 어려움을 감당하게 해주는 것이 사소한 것들임을 알고 있고 그래서 매일 그 사소한 것들을 반드시 하고 있는 것이다. 웰빙에 대한 이런 접근방식은 6퍼센트의 교사들만 가능한 것이 아니다. 우리 모두 다 그렇게 할 수 있지만 일부 사고관점의 변화가 필요하다. 웰빙을 높여주는 사소한 것들이 무엇인지를 인식하고 그런 사소한 것들의 중요성을 깨닫고 그것들을 할 시간을 따로 챙겨둘 필요가 있다.

교사의 웰빙이 왜 중요한가

이 책의 도입부에서 언급한 대로 교사의 웰빙은 현재 위기를 맞고 있다. 스트레스로 의료 상담을 받는 교사의 수도 역대 최고인데다 교사가 된 후 5년 이내에 교직을 떠나는 비율도 3분의 1이나 된다. 교사와 학교는 이 문제를 심각하게 생각해야 한다. 학교를 위해서도 교사의 웰빙이 우선되어야 하는데 구체적으로 다음과 같은 세 가지 이유에서다.

행복과 웰빙의 롤모델

아이들에게 행복과 웰빙을 가르치려면 교사 자신이 먼저 행복과 웰빙의 롤모델이 되어야 한다. 2008년 정부에서 의뢰한 정신건강보고서에는 스트레스를 받거나 의욕을 잃은 교사는 청소년에게 좋은 롤모델이 되지 못한다'고 나와 있다(Foresight Mental Capital and Wellbeing Project, 2008). 1장에서 소개한 아동심리학자 앨리슨 고프닉의 말을 떠올려보자. 아이들은 양육자가 의식적으로 가르치는 것보다 양육자의 무의식적인 태도 및 행동방식으로부터 더 많은 것을 배운다. 따라서 교사의 태도와 행동은 건강과 웰빙 측면에서 학생에게 바람직한 롤모델이 되어야 한다. 이 말은 교사가 완벽한 모범이 되거나 항상 행복해 보여야 한다거나 학생들에게 언제나 웃고 긍정적인 모습만 보여줘야 한다는 뜻이 아니다. 그것은 진실되지도 않고 현실적이지도 않다. 교사 역시 인간이므로 온갖 감정을 경험할 수 있다. 웰빙의 롤모델이 되는 것은 교사가 스스로를 돌보고 학생들을 소중히 여기는 만큼 자신을 소중히 여기는 것을 보여주는 것이다.

학업에 미치는 긍정적 영향

교사가 자신을 더 잘 돌볼수록 학생들의 학업 성적도 더 좋아진다는 것을 보여주는 증거가 있다. 랭커스터대학교와 교사지원네트워크에서 발표한 「건강한 교사, 높은 점수?(Healthy teachers, higher marks?)」라는 보고서는 학교가 교사라는 핵심 자원을 정말 잘 돌봐야 한다고 강력히 주장한다. 여러 산업 분야에서 웰빙이 높은 직원들이 더 생산적이고, 작업 수준과 창의성이 더 뛰어나며, 전반적으로 더 좋은 성과를 낸다는 점에 주목하며, 교사의 웰빙과 학생의 학력평가 점수 간에 통계적으로 유의미한 긍정적 상관관계가 있다는 근거를 제시하고 있다(Bajorek et al., 2014). 직

원의 웰빙 수준이 낮으면 작업 성과가 하락하고 결근이 증가한다. 2018~
2019년에 영국에서 발생한 교시의 결근일을 모두 합하면 213만 일에 달
한다는 충격적인 통계도 있다(Department for Education, 2022b).「교사
의 웰빙은 학교 성공의 열쇠(Staff wellbeing is key to school success)」라는
제목의 또다른 보고서는 교사가 행복하고 건강할 때 학생들의 학업 성적
도 좋아지는 선순환이 일어날 가능성이 높다고 하면서 다음과 같이 보고
하고 있다. "교사의 웰빙과 학생의 학업 성적은 쌍방향 관계에 있다. 교사
웰빙 수준이 높아지면 학생의 학업 성적 향상으로 이어질 수 있으며, 학
생의 학업 성적이 향상되면 교사의 웰빙 증가로 이어질 수 있다."(Briner
& Dewberry, 2007)

교사 자신의 삶

교사의 행복은 다른 이유가 있어서가 아니라 그 자체로 중요하다. 학생의
웰빙이 성적보다 더 중요한 것처럼 마찬가지로 교사의 웰빙도 그 무엇보
다 중요하다. 행복을 '최고의 가치'로 여기기 시작하면 모든 것이 달라진
다. 가르치는 것이 교사 자신과 학생들에게 의미 있고 즐거운 것이 되도
록 만드는 방법을 저절로 찾게 될 것이다. 자신에게서 에너지를 빼앗는 일
을 덜 하게 되고 활력이 넘치게 만드는 일을 더 많이 하게 될 것이다. 그렇
게 되면 가르치는 일이 행복의 원천이 되어 오래도록 지속적으로 교직이
라는 경력을 즐길 가능성이 훨씬 높아진다.

충분히 좋은 교사

1950년대에 영국의 소아과 의사이자 심리분석학자인 도널드 위니코트 (Donald Winnicott)는 '충분히 좋은 엄마(good-enough mothering)'라는 용어를 만들어냈는데, 극도로 복잡하고 어렵고 끊임없이 진화하는 육아의 장에서 충분히 잘해내고 있는 엄마를 지칭하는 것이었다. '충분히 좋은 엄마'는 아이의 요구에 부응하고 맞추기 위해 최선을 다하지만 늘 잘하는 것은 아니다. 엄마의 최선이 아이의 요구에 부응하지 못하는 이 어긋남을 통해 아이는 자신이 엄마와 별개의 존재임을 깨닫게 되고, 어려움에 대처하는 방법을 배울 기회를 갖게 된다. 이런 어긋남 없이 완벽하다고 좋은 것이 아니다. 완벽한 엄마가 되는 것 자체가 불가능하기도 하지만, 이런 어긋남이 없다면 아이에게 중요한 발달 과정이 일어나지 못하게 되기 때문이다. 독립적인 개인이 되는 법과 삶의 시련과 고난에 대처하는 법을 배우지 못하게 되는 것이다.

나는 교육에 있어서도 '충분히 좋은 교사'가 필요하다고 생각한다. '뛰어난 교사'가 되어야 한다는 압박으로 완벽주의를 추구하는 것에 맞서라는 의미에서다. '충분히 좋은 교사'는 최선을 다해 학생들을 보살피고 가르친다. 수업을 흥미롭게 만들기 위해 노력하며 학생들에게 배우는 기쁨을 알려주고 싶어 하고, 학생들이 잠재력을 최대한 발휘할 수 있도록 돕는 것을 목표로 한다. 안전하고 안정적인 학습 환경을 조성하려 애쓰고 학생들의 신체적, 정서적, 정신적인 요구에 부응하고자 한다. 학생들이 행복하기를 바라고 학교를 좋아하게 되기를 바란다. 하지만 충분히 좋은 교사도 때로 잘못할 때가 있다. 어떤 수업은 따분할 수 있고, 피곤해서 화를 낼 때도 있으며, 평소와 다르게 불친절하고 학생들의 요구에 즉각 반응하지 못할 수도 있다. 가끔은 거대한 책임감으로부터 탈출하고 싶어 하기도 한다. 하지만 대체로 교사로서 일을 좋아하고 자신이 하는 일에 믿음을 갖고 자신이 잘하고 있다고 생각한다. 충분히 좋은 교사도 결국 인간이기에 일시적인 문제나 실수는 얼마든지 있을 수 있는 일이다.

완벽주의라는 장벽

'충분히 좋은 교사'가 되는 것을 가로막는 것 중 하나가 완벽함에 대한 열망이다. 교사가 되기 위한 교육과정을 마치고 졸업하던 날, 한 교수님이 이제 막 교사 자격을 갖게 된 우리들을 향해 이렇게 말했다. "만약 여러분이 완벽주의자라면 자신을 바꾸든지 아니면 직업을 바꾸는 게 좋을 겁니다." 지금은 이 조언을 분명히 기억하고 있지만 그 당시에는 그 말을 귀담아 듣지 않았다. 그저 그런 말은 1년 전에 해줬으면 좋았을 텐데 하고 혼자 생각했었던 것 같다. 과거에 나는 완벽한 교사가 되려고 애썼었다. 오랜 시간을 쏟아 수업 계획을 세웠고 웹사이트를 뒤져 가며 최고의 수업 자료를 찾았다. 학교 밖에 있을 때도 항상 수업에 대해 생각하며 수업에서 활용할 만한 아이디어가 있는지 찾았다. 매일 해야 할 일 목록에 있는 것을 다 하려고 지칠 줄 모르고 애썼고(당시에는 이것이 불가능하다는 사실조차 깨닫지 못했다), 수업 참관이나 교안 검토를 받을 때는 '우수' 평가를 목표로 했다. 필요 이상으로 늦게까지 학교에 남아 학교 경영진과 학부모를 만족시키기 위해 세세한 데까지 다 챙겼다. 문제는 그렇게 하는 것이 지속될 수도 없고 실제로 가능하지도 않다는 것이다. 나는 스스로에게 엄청난 압박과 스트레스를 불필요하게 주고 있었으며, 외부의 보상과 인정을 좇느라 교사로서 본연의 기쁨을 잃어버렸다.

완벽주의가 행복에 장벽이 될 수 있음을 보여주는 연구는 많다. 심리학자 배리 슈워츠(Barry Schwartz)와 동료들은 '최대를 추구하는 사람(maximiser)'과 '만족을 추구하는 사람(satisficer)'이라는 두 유형의 사람들에 대해 연구했다(Schwartz et al., 2002). '최대를 추구하는 사람'은 항상 최상의 결과를 추구하려 노력하는 완벽주의자이며, '만족을 추구하는 사람'은 충분히 좋으면 만족할 줄 아는 사람이다. 최대를 추구하는 사람은 다음과 같은 두 가지 이유로 만족을 추구하는 사람보다 덜 행복한 것으로 나타났다.

- 최대를 추구하는 사람은 하지 않은 선택이나 결정을 곱씹으며 후회하는 경우가 더 많다. ('그 수업은 좀 무미건조했어. 다른 자료를 사용했으면 더 좋았을 텐데.')
- 최대를 추구하는 사람은 자신을 타인과 더 자주 비교한다. 동료와 같은 업무를 할 때, 그들이 느끼는 행복은 자신이 동료보다 더 잘했

는지 못했는지에 큰 영향을 받는다. ('저 교사의 수업은 '우수' 평가를 받았는데 내 수업은 겨우 '양호' 평가를 받다니, 믿을 수 없어.')

교사가 교직을 떠나는 이유 중에는 완벽주의도 있을 수 있다. 루이스 코졸리노는 이렇게 말한다. "가장 높은 수준의 헌신과 이상적 기대를 가진 교사들일수록 교직에 임할 때 더 많이 소진되거나 현장을 떠날 가능성이 높다."(Cozolino,2013, p.127) 지금은 교사들이 '충분히 좋은 교사', 또는 '만족을 추구하는 교사'를 목표로 해야 할 때가 아닌가 싶다. 이는 무사안일이나 직무 태만을 의미하는 것이 아니다. '충분히 좋은 교사'나 '만족을 추구하는 교사'는 최선을 다하는 것을 목표로 하되 완벽함을 목표로 하지는 않을 만큼의 현명함을 갖추고 있는 교사를 말한다. 이들은 다른 사람들로부터 한결같이 인정받기를 바라지 않는다. 충분히 좋은 교사이자 만족하는 교사가 된다는 것은 가르치는 일 본연의 즐거움과 목적을 가로막는 불필요한 스트레스와 압박으로부터 벗어나는 것을 뜻한다.

오랜 습관에서 벗어나기

습관을 버리는 것은 사실상 불가능하다는 말을 어디선가 읽은 적이 있다. 그저 기존의 습관을 새로운 습관으로 대체하는 것일 뿐이다. 하지만 새로운 습관이 뿌리내리기란 쉽지 않은데 기존의 행동 방식에 의지하게 되는 경우가 많기 때문이다.

새로운 행동방식을 촉진하려면 그것을 쉽고(easy), 매력적이며(attract-ive), 사회적이고(social), 시기적절하게(timely) 만들어야 한다. 이것은 영국의 행동통찰팀(Behavioural Insights Team)이 주장한 것으로 'EAST'라고 불린다(Service et al., 2015). 이들은 큰 성과를 거두기 위해서는 작은 변화와 전환이 필요하다는 점에 주목한다. 웰빙을 위해 삶 전체를 바꿀 필요는 없다. 할 수 있는 선에서 작은 변화를 시도하는 것이 핵심이다. 새로운 습관이 뿌리내리려면 보통 두 달 정도 걸린다고 한다(Lally et al, 2010). EAST가 의미가 의미하는 바를, 신체 운동량을 늘리고 싶은 교사의 경우를 예로 들어 살펴보자.

● 쉽게(Easy) : 새로운 행동의 번거로운 요소를 최소화하려고 노력한다. 특정 행동을 하길 원한다면 그 행동에 대한 저항을 최소한으로 줄여야 한다. 기본값(default)의 힘을 활용하라. 사람들은 기본값을 선택하려는 경향이 강하기 때문에 원하는 행동을 기본값으로 설정하면 선택될 가능성이 높아진다. 반대로 특정 행동을 중단하길 원한다면 그 행동을 하기 어렵게 만들면 된다. 예를 들면, 운동복을 전날 밤 미리 현관에 내놓거나 학교에 운동화를 가져가면 운동을 하게 될 가능성이 높아진다. 또 버스나 기차표 정기권을 취소하여 걷거나 자전거로 출근할 가능성을 높이는 것도 마찬가지 이유다.

● 매력적으로(attractive) : 우리는 보통 새로운 것, 흥미나 관심이 가

는 것, 나와 관련된 것을 하게 될 가능성이 더 많다. 예를 들어 운동의 중요성을 강조한 마이크 에반스 박시의 〈23시긴 30분〉이라는 강의 엉상을 보고 달리기를 시작할 수도 있다. 아니면 새로운 자전거나 멋진 운동화를 스스로에게 선물하여 운동 욕구를 키우는 방법도 있다. 그렇게 시작해서 8주 동안 꾸준히 하다 보면 새로운 습관으로 자리잡게 될 것이다.

- 사회적으로(Social) : 인간은 사회적 동물이라 다른 사람들과 비슷하게 행동하는 경우가 많다. 즉 다른 사람이 뭔가 하고 있는 것을 보면 자신도 그 행동을 따라할 가능성이 높아지는 것이다. 또한 누군가와 뭔가를 하겠다고 약속하면 실제로 그것을 할 가능성이 더 높아진다. 예를 들어 요가를 시작하고 싶다면 요가학원에 등록하여 그룹의 일원이 됨으로써 매주 참석할 가능성이 높아진다. 여기에 더하여 친구에게 요가를 시작했다고 말하면 요가학원에 갈 가능성이 더 높아진다. 아니면 요가에 관심 있는 동료 교사들과 함께 학교에서 요가 수업을 진행할 강사를 찾아볼 수도 있다.

- 시기적절하게(Timely) : 새로운 행동을 습관으로 정착시키는 데 성공하려면 그 행동을 언제 시작하는지, 즉 시기도 중요한 역할을 한다. 이사, 이직, 결혼, 출산 등 인생에서 큰 전환점이 되는 일로 기존의 습관이 깨질 때가 새로운 행동을 시작하기는 더 쉽다. 새 학년이 시작될 때 변화를 꾀하는 것이 가장 좋을 수도 있다. 방학 기간도 기존의 습관에서 벗어나 새로운 의지로 새롭게 시작할 수 있는 기회다. 매일 또는 매주 같은 시간에 운동하여 새로운 루틴을 형성하면 기본값이 되는 습관으로 만들 수 있다.

| 교사 자신의 삶에도 적용하기

이 책을 읽는 동안 아이들의 행복뿐만 아니라 여러분 자신의 삶에도 이 책의 내용을 어떻게 적용할 수 있는지 생각해 보았기를 바란다. 부족교실에 대해 읽고 교무실에 좀더 단합된 분위기를 만들어볼 수 있지 않을까 생각했을 수도 있다. 교사의 행복에 중점을 둔 웰빙 팀을 구성하는 것을 생각해봤을지도 모르겠다. '긍정적 경험에 집중하기'를 읽고 매일 밤 잠들기 전 하루 동안 있었던 좋은 일 세 가지를 적을 일기장을 사기로 결심했을지도 모른다. 주변을 둘러보고 여러가지 방법들을 생각해보는 것도 좋지만 웰빙 수준을 높이기를 원한다면 행동으로 옮겨야 한다. 행복과 웰빙을 우선 순위에 두면 교사와 아이들 모두에게 유익하다. 교실은 더이상 에너지를 소모하는 곳이 아니라 쉴 수 있는 곳이 될 것이다. 시도할 만한 방법들은 많다. 하지만 기억할 것은 작은 변화부터 시작하는 것이다. 이 책에 나온 모든 방법들을 시도하면서 또 자신의 웰빙까지 챙기느라 기력을 소진한다면 오히려 상황이 더 나빠질 것이 뻔하다. 명심할 것은 스스로의 웰빙을 다스릴 수 있는 여지가 생각보다 많다는 것이다. 자신의 웰빙을 챙길 때 다음과 같은 점을 염두에 두기 바란다.

작은 변화를 꾸준히 이어가기

탈 벤 샤하르는 웰빙을 향상시키는 핵심이 무엇인지를 묻는 질문에 대해 '작은 변화를 꾸준히 이어가는 것'이라고 답했다(Ben-Shahar, 2021). 교사로서의 웰빙을 향상시키는 것 역시 드라마틱한 삶의 변화를 만들어내는 것이 아니다. 그러한 변화는 대부분 실패하게 된다. 대신 가르치는 방식과 일상의 생활방식을 조금씩 바꾸고 변화시켜 이것들이 점점 쌓이면 장기적으로 삶에 긍정적인 변화를 주게 되는 것이다. 자신의 웰빙을 먼저 챙긴다는 것은 바로 이런 의미이다. 매일, 매주 해나가는 작은 일들이 결국 웰빙을 만들어낸다.

다음은 내가 웰빙을 챙기기 위해 매일 습관적으로 하는 일들이다.

- 매일 아침 5분간 명상하기
- 학교에 있을 때는 점심 시간에 혼자 산책하기
- 하루에 최소 8천 걸음 이상 걷기
- 목요일 저녁마다 친구들과 축구하기
- 건강하고 균형 잡힌 식단 유지하기
- 매일밤 TV 시청 시간을 30분 줄이고 일찍 잠자리에 들기
- 매일 아내와 자녀들과 함께 좋은 시간 보내기
- 휴대전화 사용 시간 줄이기(아직 진행 중이다)

이것들은 내가 매일 또는 매주 하는 일과의 일부일 뿐이다. 위에 나온 여덟 가지 습관 중 서너 가지를 하지 않는다 해도 나는 매일 내 웰빙에 기여하는 서너 가지는 하고 있는 셈이다. 이것들은 나에게 도움이 되는 것들이고, 여러분의 목록은 다를 것이다. 여러분이 자신의 웰빙을 얼마나 챙기고 있는지 다음 사항들을 확인해보기 바란다.

- 자신의 웰빙에 좋다고 생각해 매일 또는 매주 꾸준히 하고 있는 사소한 일들을 목록으로 작성해본다.
- 자신에게 도움이 되리라 생각되는 작은 일 두어 가지를 추가할 수 있는가?
- 이 활동들을 반 학기 동안 꾸준히 한 다음 어떤 변화가 있는지 확인한다.

단순화하기

교사로 전직했을 때 나의 일상은 믿을 수 없을 만큼 바쁘고 복잡했다. 학교 일정은 수업과 수업 외 활동으로 꽉 차 있었고 2주에 한 번은 학교 행사, 현장 체험, 외부인사 방문 등이 있었다. 그외에 특별한 행사를 계획해야 하는 경우도 있었다. 바쁜 교사 생활은 웰빙의 측면에서 전혀 유리하지 않다. 최근의 뇌 스캔 결과를 보면, 하루종일 정신 없이 바쁜 사람들의 뇌는 편도체가 매우 긴장 상태에 있다(Way dt al, 2010). 앞에서 살펴봤듯이 편도체는 스트레스 상황에서 활성화되어 투쟁-도피 반응을 일으킨다. 바쁘게 살다 보면 시간에 쫓겨 맡은 업무를 모두 처리할 시간이 부족하다고 느끼게 된다. 그러면 조급해져서 과로를 하게 되고, 계속 일에 끌려다닌다. 하지만 꼭 그럴 필요는 없는 것이다.

탈 벤 샤하르는 저서 『해피어(Happier)』에서 교사든 아니든 누구나 삶을 단순화해야 한다고 말한다. "삶을 단순화한다는 것은 시간을 허비하지 않는 것이고, 사람에게든 기회에 대해서든 거절할 줄 아는 것이다. … 우선순위를 정해 내가 진정으로 하고 싶은 일을 선택하고 나머지는 버리는 것이다."(Ben-Shahar, 2008, p.154) 또한 의무감, 두려움, 지위, 기쁘게 해주려는 욕구 등 외부적인 요인 때문에 어쩔 수 없이 하는 일들을 줄이고, 자신이 진정 하고 싶은, 내재적 보상을 주고 의미 있고 즐거운 일들을 늘려야 한다고 말한다. 궁극적으로 삶을 단순화한다는 것은 통제와 자율을 통해 자신에게 맞는 생활방식을 만들어가는 것이다.

나는 그의 철학에 전적으로 공감하며, 가능한 한 개인적인 일이든 업무와 관련된 일이든 단순화하려고 노력한다. 직장에서는 스스로 명확한 경계를 정하고 대부분의 학교 업무는 학교에서 끝내고 집에 가져오지 않으려고 한다. 나는 보통 아침 8시에 학교에 도착하고 늦어도 오후 5시에는 퇴근한다. 현재 나는 여러 군데의 학교 및 교육 기관을 위해 글을 쓰고 강연을 하는 등 학교 외부 활동이 많아서 업무를 아주 체계적으로 진행해야 한다. 나는 모든 업무의 우선순위를 정해 중요한 업무는 매일 처리하지만, 여력이 안되면 미루기도 한다. 내가 근무 중인 학교에서도 업무를 단순화할 수 있는 방법을 찾아 교장 선생님께 제안하기도 했다. 모두는 아니지만 일부 제안이 받아들여져 제출해야 할 수업계획서가 간소해지고, 보고서 양식도 길이가 절반으로 줄었으며, 아침 회의 횟수도 다섯 번에서 한 번으로 줄어들었다. 그 덕분에 교사들은 다른 일을 할 시간 여유가 생겼다. 나는 자녀들을 돌보기 위해 시간제 근무를 선택할 수도 있게 되었다. 직장 생활을 단순화하려는 노력 덕분에 업무에 휘둘리는 대신 오히려 업무가 내게 맞춰주는 것처럼 느껴진다.

이제 스스로에게 물어봐야 할 중요한 두 가지 질문은 다음과 같다.

- 어떤 방식으로 나의 직장 생활을 단순화할 수 있을까?
- 어떻게 하면 내가 정말 하고 싶은 일에 더 많은 시간을 할애하고, 어쩔 수 없이 하는 일에 쓰는 시간을 줄일 수 있을까?

유연 근무

일과 삶의 균형, 즉 워라밸을 위한 한 가지 방법이 유연 근무이다. 유연 근무는 기본적으로 일하는 방식, 일하는 시간, 일하는 장소에 대한 생각을 달리하는 것이다. 유연 근무의 네 가지 방식을 소개한다.

- 파트타임 근무 : 근로시간을 줄이고 이에 비례하여 급여를 받는다.
- 직무 공유 : 하나의 직무를 둘 이상의 사람이 공유하며 모두 파트타임으로 근무한다.
- 압축 근무 : 전체 근로시간은 유지하되 근로일수를 줄인다.
- 재택 근무 : 일부 또는 전체 업무를 집에서 수행한다.

영국에서는 모든 근로자가 유연 근무를 요청할 법적 권리를 가지며 고용주는 이 요청을 신중하게 고려해야 한다. 학교 또한 법에 따라 유연 근무제를 마련해야 한다. 수업의 경우 유연 근무 방법에 있어서 한계가 분명히 있다. 소파에 편히 기대어 수업을 하면 좋겠지만 그런 일은 아직 일어날 것 같진 않다. 다만 일부 학교에서는 교사들이 수업계획 및 준비, 평가(planning, preparation and assessment, PPA)를 학교 이외의 장소에서 할 수 있도록 허용하는 유연 근무를 시행하고 있다. PPA 시간을 유연하게 쓸 수 있으면 일주일에 한 번 정도 학교에 늦게 출근하거나 일찍 퇴근하는 것이 가능해지는데, 이는 큰 변화를 가져올 수 있다. 내가 근무했던 학교 중 한 곳에서는 교사들이 학기 중 방과후 교실을 운영할 경우 하루씩 대체 휴가를 줬다. 이 휴가는 교사들이 주말에 붙여 사용하거나 학기 중 휴가를 원할 때 유용하게 사용할 수 있었다. 사실 학교와 교사는 일주일에 5일, 9시부터 5시까지 일해야 한다는 업무 관행에 구속받지 않아도 될 것 같다. 교사의 근무 방식에 좀더 융통성을 둘 수 있다고 본다.

아내와 내가 첫 아이 출산을 앞두고 있을 때의 일이다. 출산 예정일이 학년 초였던 데다 새로운 학교에서 막 일을 시작했을 무렵이었다. 갓 태어난 아이를 집에 두고 풀타임 근무를 하기가 망설여져서 나는 교장 선생님을 찾아가 첫 학기 동안 파트타임으로 일할 수 있는지 여쭸다. 교장 선생님의 동의를 얻어 나는 9월부터 1월까지 일주일에 4일 근무를 했다. 아내와 갓 태어난 아기에게는 내가 일주일에 하루를 더 쉴 수 있다는 것이 엄청나게 큰 도움이 되었다. 그 덕분에 나도 바쁜 가을 학기 동안 잠시나마 숨을 돌릴 수 있었고 새로 얻은 가족과 행복한 시간을 보낼 수 있었다. 다음 학기에 아내가 파트타임으로 다시 일을 시작하게 되자 나는 아이를 돌보기 위해 일주일에 3일 근무를 요청했다. 이번에도 교장 선생님은 이를 수용해 파트타임 근무를 승인했다. 사실 교장 선생님은 내 요청을 거절할 수도 있었다, 하지만 그렇더라도 일단 요청했다는 점이 중요하다. 유연 근무가 일과 삶의 균형을 조절하는 데 도움이 되겠다고 생각한다면 교장 선생님에게 요청해 보기 바란다. 유연 근무를 요청하기 위해 반드시 부모가 되어야 할 필요는 없다. 정부에서 제공하는 유연 근무에 관한 가이드를 참고하기 바란다. 이를 통해 교사의 권리와 학교가 부담해야 하는 책임에 대해 알 수 있을 것이다.

에너지 충전 활동 찾기

내가 매일 하는 일을 돌아보고 어떤 활동이 동기부여가 되는지, 어떤 활동이 에너지를 고갈시키는지 알아보면 큰 도움이 된다. MBCT(마음챙김 기반 인지치료, Segal et al., 2002)에서 힌트를 얻어 '에너지 충전' 활동과 '에너지 소모' 활동을 구분해보자. 방법은 다음과 같다.

- 먼저, 일어나서 잠들기 전까지의 일상적인 활동을 모두 떠올려본다.
- 그다음 그것들을 목록으로 작성한다.
- 이제 목록에 적힌 것들 중에서 에너지를 주거나 기분을 좋게 만들고 기운이 나게 해주는 활동들이 어떤 것들인지 선택한다. 이것들은 에너지를 충전시키는(nourishing) 활동이므로 옆에 'N'이라고 표시한다.
- 다음에는 에너지를 고갈시키거나 스트레스를 주고 의기소침하게 만드는 활동들이 어떤 것들인지 선택한다. 이것들은 에너지를 소모시키는(depleting) 활동이므로 옆에 'D'라고 표시한다. 표 12.1에 목록의 예시가 나와 있다.

우리 일상 활동 중 얼마나 많은 것들이 에너지를 빼앗고 소모시키는지 알아보면 꽤 흥미롭다. 결과를 보고 심란해할 필요는 없다. 자신이 하루하루를 어떻게 살아가는지 제대로 인식할 수 있게 된 것에 의미를 두면 된다. 작성한 목록이 완벽한 균형을 이루지 않아도 괜찮다. 진정으로 활력소가 되는 에너지 충전 활동 하나가 여러 개의 에너지 소모 활동보다 훨씬 더 큰 역할을 할 수도 있는 것이다.

[표 12.1] '에너지 충전' 활동 vs. '에너지 소모' 활동 목록

일상 활동	에너지 충전 vs. 에너지 소모
알람 끄기	D
샤워하기	N
옷입기	N
아침식사하며 뉴스 보기	N/D
학교까지 운전해가기	D
수업 준비하기	N/D
이메일 확인하기	D

자신의 일상 활동들이 어떤 영향을 미치는지 제대로 알게 되었다면, 이제 다음 두 가지 질문을 스스로에게 던져보기 바란다.

• 에너지 소모 활동이나 평범한 활동을 에너지 충전 활동으로 바꾸려면 어떻게 해야 할까?

알람을 '삐-' 소리에서 경쾌한 음악소리로 바꾸기, 아침식사 시간에 TV뉴스 끄기, 매일 아침을 이메일 확인으로 시작하지 않기처럼 단순한 것들이 방법이 될 수 있다. 사소하지만 세심한 변화를 시도하면서 어떤 효과가 있는지 알아본다.

• 일상에 에너지 충전 활동을 더 많이 포함시키려면 어떻게 할까?

몰입할 수 있는 활동에 참여하기, 예전에 즐겼던 취미를 다시 시작하기, 맛집 찾아가기, 친한 친구와 전화로 수다떨기 등을 해볼 수 있다. 시도할 만한 에너지 충전 활동 목록을 만들어 매일 최소한 하나씩 시도해보면서 삶에 균형을 찾아갈 수 있다.

과부하 상태에서 벗어나기

스트레스에 짓눌려 무기력해지고 힘든 상황을 어떻게 헤쳐나가야 할지 막막해질 때가 있다. 교사로서의 업무와 개인적 삶의 무게에 눌려서 삶에 대한 통제력을 잃어가는 것 같은 느낌이 들 수도 있다. 하지만 의외로 간단한 방법들을 통해 일상의 삶에 대한 통제권을 되찾고 주체성을 회복할 수 있다.

- 깊게 호흡하기 : 잠시 멈추고 몇 분간 호흡에 집중하는 것만으로도 투쟁-도피 모드에서 차츰 벗어날 수 있다.
- 즐거움을 주는 일 하기 : 에너지 충전 활동 목록을 활용해본다. 산책하기, 좋아하는 음악 듣기, 친구와 만나기, 오래 목욕하기, 마사지 받기, 좋아하는 음식 먹기, 코미디 영화 보기 등, 오직 나 자신을 위해 뭔가를 하면 걱정을 잊게 되고 에너지가 충전된다.
- 어떤 것이든 작은 일을 마무리하기 : 방 하나를 청소하거나 자동차

검사를 하는 것 정도로도 삶을 어느 정도 통제하고 있다는 느낌을 가질 수 있다.

● 도움 청하기 : 만약 과부하를 느끼고 있다면 누군가에게 도움을 청하도록 한다. 그 사람 역시 여러분처럼 과부하 상태일 수 있지만 적어도 자신이 혼자가 아님을 깨닫게 될 것이다. 주저하지 말고 상사에게 업무량 때문에 겪는 어려움에 대해 말하고, 친구나 가족들에게 걱정거리를 털어놓도록 한다. 교사지원 서비스나 상담 등을 이용해 정신건강과 웰빙에 관한 지원을 받도록 한다. 도움을 청하는 것은 용감한 행동이며, 결코 부끄러워할 일이 아니다.

유머

웃음은 긴장과 스트레스를 해소하는 가장 빠른 방법 중 하나다. 웃을 때 몸이 행복 호르몬으로 채워지면 스트레스 수준이 낮아지고 기분이 좋아진다. 그뿐만이 아니다. 웃음은 전염성이 있다. 다른 사람과 함께 웃으면 연대감을 형성할 수 있다. 웃을 때만큼은 스트레스나 압박감으로부터 자유로워진다! 다행히 초등학교 교사에게는 웃을 수 있는 소재가 충분하다. 한번은 '플라밍고(flamingo)'라는 단어를 가르치는데 한 아이가 계속 '플라망고(flamango)'라고 해서 모두 함께 웃었던 적도 있다. 이렇게 아이들이 잘못 말해서 웃기게 들리는 일이라든지, 내 경우에는 축구를 하다

바지가 완전히 찢어져버린 것처럼 교사의 개인적인 경험까지, 일주일 내 내 웃을 기회가 가득하다. 그런 기회를 그냥 지나치지 않도록 하자. 학생들과 동료 교사들과 재미있는 일화들을 함께 즐기고 너무 심각하게 고민하지 않도록 한다. 지금 바로 아래와 같은 일들을 시도해 보자.

- 교직에 있으면서 세 번의 가장 기억에 남는 웃음의 순간을 떠올려 본다. 무슨 일이 일어났으며 누가 거기에 있었는지, 그리고 왜 그렇게 웃었는지 생각해 본다.
- 그 웃음의 순간들을 동료 교사나 친구와 공유하며 다시 그때의 감정을 느껴본다. 눈물이 날 때까지 실컷 웃어보자.
- 이런 일을 종종 반복한다.

중요한 것에 집중하기

교직에 몸담은 지 첫 2년간 나는 교육계로 직업을 바꾼 것이 과연 옳은 선택이었는지 회의를 느낀 적이 많았다. 교직은 내 기대에 못 미쳤고, 빽빽한 시간표로 수업 내용을 소화하느라 허우적대고, 아이들의 정서적 건강이나 웰빙에 집중할 시간이 부족해 보이는 것도 마음에 들지 않았다. 교사가 된지 2년째 되던 해 초 나는 그해 말에는 교직을 떠나 다른 일을 하겠노라고 결심했었다. 그러고 나니 나는 중요하다고 생각하는 것에 좀 더 집중하고 시간 낭비라고 생각되는 것에는 시간을 덜 쓰는 것이 낫겠다고 판단했다. 우리 반 아이들과 함께 더 많이 명상하고, 신체 활동을 위한 휴식 시간을 더 많이 갖고, 작게나마 웰빙 수업을 시작해서 웰빙에 관한 소소한 지식을 가르치기 시작했다. 그렇게 일 년이 흘렀고 어느덧 나는 가르치는 일을 즐기며 아침마다 즐겁게 학교로 출근하는 교사가 되어 있었다. 연말이 되자 나는 너무 섣부른 결정을 했을지도 모른다고 생각하고 딱 일 년만 더 해보기로 했다. 그게 12년 전의 일인데 나는 아직까지 교직에 몸담고 있다.

교사로서 일 년만 더 해보자고 결심하자 시야가 넓어지는 것을 느꼈다. 중요한 것과 중요하지 않은 것을 구분하게 되었고, 그에 맞게 교수법을 조정할 수 있었다. 인생은 짧고, 내 교사 생활도 언제까지나 계속되지는 않을 것이므로 교실에 있는 동안만큼은 최대한 많은 즐거움을 누리고 의미를 찾도록 노력하는 게 더 낫다는 것을 깨닫게 되었다.

만약 올해가 교직에서의 마지막 해라고 가정하고, 스스로에게 다음과 같이 질문해 보면 어떨까?

- 중요하다는 걸 알기에 계속 해야 한다고 생각하는 것은 무엇인가?
- 가치를 두지 않기에 버리거나 덜할 것은 무엇인가?
- 다르게 할 용기가 필요한 것은 무엇인가?

용감해지기

행복에 관해 많은 사람들이 잘못 생각하고 있는 것이 있다. 행복한 삶을 미래로 미뤄놓고 어떤 일이 일어나 삶이 더 나아지면 행복해질 것이라고 믿는 것이다. 교사라면 이렇게 생각할지 모른다. '교육청 감사가 끝나면 난 행복해질 거야.', '이 학기가 끝나면 행복해질 거야.', '이 프로젝트를 완료하면 행복해질 거야.' 그러나 행복을 느낄 순간은 바로 지금이다! 행복은 날마다 느끼는 것이며, 평범하고 때로는 지루한 일상 속에서도 느낄 수 있다. 벤 샤하르는 이렇게 말한다. "행복한 삶-혹은 더 행복한 삶-은 인생을 바꿀 만한 어떤 놀라운 사건으로 만들어지지 않는다. 경험이 쌓이고 순간순간이 쌓여 점진적으로 만들어진다."(Ben-Shahar, 2008, p.168) 우리 모두에게는 스스로의 행복을 만드는 디자이너이자 건축가가 될 능력이 있다.

하지만 학교에서 행복과 웰빙을 가르치고, 그에 관해 배운 것을 자신의 삶에 적용하려면 용기가 필요하다. 두려워하지 않고 남들과 다른 길을 가야 할 수도 있다. 내가 묻고 싶은 것은 과연 잃을 것이 무엇이겠느냐는 것이다. 그러므로 나는 여러분에게 도전과제를 주려고 한다. 먼저 학교에서 이런저런 다양한 변화를 시도해보라. 여러분의 웰빙과 아이들의 웰빙을 최우선으로 생각하라. 대담하게 용기를 내어 시도해보라. 여러분의 인생이고 교사로서의 여러분의 경력이므로, 삶에 대한 주도권을 회복하고 자신의 인생 항해를 시작하라. 메리 올리버(Mary Oliver)는 〈The Summer

Day(어느 여름날)〉에서 이렇게 썼다. "말해보라, 당신의 하나뿐인 소중한 삶을 걸고 하려는 당신의 계획이 무엇인가?" 자, 이제 여러분의 인생으로 무엇을 할 계획인가?

- 교사의 에너지가 소진된 상태에서는 학생들에게 아무 것도 해줄 수 없기 때문에 교사는 자신의 웰빙을 우선적으로 챙겨야 한다. 교사는 아이들에게 좋은 롤모델이 되고 교사의 웰빙은 아이들의 학업에 영향을 미칠 수 있기에 교사의 웰빙은 그 자체로 중요하다.

- 완벽주의는 행복을 가로막는 방해물이다. 완벽한 교사가 아닌 '충분히 좋은 교사'를 목표로 하면 교실에서 기쁨과 의미를 찾을 수 있다.

- 행동방식을 바꾸고 싶다면 쉽고, 매력적으로, 사회적으로, 그리고 시기적절하게 변화를 주어야 한다.

- 교사는 이 책에서 배운 모든 내용을 자신의 삶에 적용할 수 있다.

- 작은 변화들이 꾸준히 이어져 쌓이면 웰빙을 크게 향상시킬 수 있다.

- 직장 생활을 단순화하면 더 많은 시간을 확보할 수 있고, 개인 생활과 업무의 경계를 명확히 정할 수 있으며, 압박감을 덜 느끼게 된다. 균형잡힌 삶을 위해 유연 근무를 요청하는 것도 선택할 수 있다.

- 웃을 기회를 찾아라. 유머는 스트레스를 해소하는 좋은 방법이다.

- 스스로가 과부하 상태라고 느낄 때는 즐거운 일을 하거나 작은 일부터 완료하거나 다른 사람에게 도움을 청함으로써 압박감을 덜 수 있다.

- 올해가 교사로서의 마지막 해라고 생각해봄으로써 균형잡힌 시각을 되찾을 수 있다. 정말 중요하기 때문에 계속하고 싶은 것, 중요하지 않기 때문에 버리고 싶은 것, 그리고 짧은 인생에서 꼭 시도해 보고 싶은 것은 무엇인지 생각해보라.

- 용감하고 대담하게 행복과 웰빙을 가르치고, 가르치는 일을 자신에게 적합하게 만들라!

| 참고 문헌 |

Achor, S. (2011), *The Happiness Advantage: The Seven Principles of Positive Psychology that Fuel Success and Performance at Work*. London: Virgin Books.

Adler, A. (2016), 'Teaching well-being increases academic performance: Evidence from Bhutan, Mexico, and Peru'. Publicly Accessible Penn Dissertations. 1572.

Aknin, L. B., Barrington- Leigh, C. P., Dunn, E. W., Helliwell, J. F., Burns, J., Biswas-Diener, R., Kemeza, I., Nyende, P. and Ashton-James, C. E. (2013a), 'Prosocial spending and well-being: Cross-cultural evidence for a psychological universal', *Journal of Personality and Social Psychology, 104, (4), 635–652*.

Aknin, L. B., Dunn, E. W., Whillans, A. V., Grant, A. M. and Norton, M. I. (2013b), 'Making a difference matters: Impact unlocks the emotional benefits of prosocial spending', *Journal of Economic Behavior and Organization, 88, 90–95*.

Aknin, L. B., Sandstrom, G. M., Dunn, E. W. and Norton, M. I. (2011), 'It's the recipient that counts: Spending money on strong social ties leads to greater happiness than spending on weak social ties', *PLoS ONE*, 6, (2), e17018.

Amass, H. (2022), 'Why it matters whether your students like you', TES, www.tes.com/magaz ine/teach ing-learn ing/gene ral/attachm entthe ory-peter-fon agy-psycho analyst-interview

American Psychological Association (2017), 'Secret to happiness may include more unpleasant emotions', www. apa.org/news/press/ relea ses/2017/08/secret-happin ess.aspx

Babyak, M., Blumenthal, J. A., Herman, S., Khatri, P., Doraiswamy, M., Moore, K., Craighead, W. E., Baldewicz, T. T. and Krishnan, K. R. (2000), 'Exercise treatment for major depression: Maintenance of therapeutic benefit at ten months', *Psychosomatic Medicine, 62, (5), 633–638*.

Bajorek, Z., Gulliford, J. and Taskila, T. (2014), 'Healthy teachers, higher marks? Establishing a link between teacher health and wellbeing, and student outcomes', The Work Foundation (Lancaster University), https:// f.hubspotuserconten t10.net/hubfs/7792519/ healthy_teachers_ higher_marks report.pdf

Barraza, J. A. and Zak, P. J. (2009), 'Empathy toward strangers triggers oxytocin release and subsequent generosity', *Annals of the New York Academy of Sciences, 116, 182–189*.

Ben-Shahar, T. (2008), *Happier: Can You Learn to be Happy?* New York: McGraw Hill.

Ben-Shahar, T. (2021), 'Small changes consistently applied make a big difference', Facebook, https://m.facebook. com/DrTalBenShahar/videos/small-chan ges-make-a-big-differe nce/1425 4541 1042 420

Berman, M. G., Jonides, J. and Kaplan, S. (2008), 'The cognitive benefits of interacting with nature', *Psychological Science*, 19, (12), 1207–1212.

Bethune, A. and Kell, E. (2020), *A Little Guide for Teachers: Teacher Wellbeing and Self-Care*. London: SAGE Publications.

Bethune, A. (2023), 'Seeds of Happiness Positively Impacts Pupil Wellbeing', Teachappy https://www.teachappy. co.uk/post/ seeds-of-happiness-positively-impacts-pupil-wellbeing

Bjork, E. L. and Bjork, R. A. (2011), 'Making things hard on yourself, but in a good way: Creating desirable difficulties to enhance learning', in M. A. Gernsbacher, R. W. Pew, L. M. Hough and J. R. Pomerantz (eds), *Psychology and the Real World: Essays Illustrating Fundamental Contributions to Society*. New York: Worth Publishers, pp. 56–64.

Black, S. (2001), 'Morale matters: When teachers feel good about their work, research shows, student achievement rises', *American School Board Journal*, 188, (1), 40–43.

Blackwell, L. S., Trzesniewski, K. T. and Dweck, C. S. (2007), 'Implicit theories of intelligence predict achievement across an adolescent transition: A longitudinal study and an intervention', *Child Development*, 78, 246–263.

Bowyer, R. C. E., Twohig-Bennett, C., Coombes, E., Wells, P. M., Spector, T. D., Jones, A. P. and Steves, C. J. (2022), 'Microbiota composition is moderately associated with greenspace composition in a UK cohort of twins', *The Science of the Total Environment*, 813, 152321.

Bregman, R. (2021), *Humankind: A Hopeful History.* London: Bloomsbury.

Brickman, P., Coates, D. and Janoff -Bulman, R. (1978), 'Lottery winners and accident victims: Is happiness relative?', *Journal of Personality and Social Psychology*, 36, (8), 917–27.

Briffa, J. (2014), *A Great Day at the Office: Simple Strategies to Maximize Your Energy and Get More Done More Easily.* London: Fourth Estate.

Briner, R. and Dewberry, C. (2007), 'Staff wellbeing is key to school success: A research study into the links between staff wellbeing and school performance', Worklife Support, www.teachertoolkit.co.uk/wp-content/uploads/2014/07/5902birkbeckwbperfsummaryfinal.pdf

British Nutrition Foundation (2021), www.nutrit ion.org.uk/heal thysust aina ble-diets/hydrat ion/

Brockington, G., Gomes Moreira, A. P., Busoc, M. S., Gomes da Silvad, S., Altszylerg, E., Fischerh, R. and Mol, J. (2021), 'Storytelling increases oxytocin and positive emotions and decreases cortisol and pain in hospitalized children', *Proceedings of the National Academy of Sciences*, 118, (22), e2018409118.

Brooks, A.W. (2014), 'Get excited: Reappraising pre-performance anxiety as excitement', *Journal of Experimental Psychology: General*, 143, (3), 1144–1158.

Brown, S. L., Smith, D. M., Schulz, R., Kabeto, M. U., Ubel, P. A. Poulin, M., Yi, J., Kim, C. and Langa, K. M. (2009), 'Caregiving behavior is associated with decreased mortalityrisk', *Psychological Science*, 20, (4), 488–494.

Callard, S. (2022), Investigating the effectiveness of the Seeds of Happiness positive psychology programme for improving the wellbeing of primary school children in England, www.teachappy.co.uk/post/seeds-of-happiness-positively-impacts-pupil-wellbeing

Chang, E. C. and Sanna, L. J. (2001), 'Optimism, pessimism, and positive and negative affectivity in middle-aged adults: A test of a cognitive-affective model of psychological adjustment', *Psychology and Aging*, 16, (3), 524–531.

Chatterjee, R. (2018), *The Stress Solution.* London: Penguin Random House.

Clark, A., Flèche, S., Layard, R., Powdthavee, N. and Ward, G. (2018), *The Origins of Happiness: The Science of Well-Being Over the Life Course.* Princeton: Princeton University Press.

Coyle, D. (2018), *The Culture Code.* London: Penguin Random House.

Coyne, S. M., Rogers, A. A., Zurcher, J. D., Stockdale, L. and Booth, M. (2020), 'Does time spent using social media impact mental health? An eight year longitudinal study', *Computers in Human Behavior*, 104, 106160.

Cozolino, L. (2013), *The Social Neuroscience of Education: Optimizing Attachment and Learning in the Classroom.* New York: W. W. Norton & Co.

Cozolino, L. (2014), *Attachment-Based Teaching: Creating a Tribal Classroom.* New York: W. W. Norton & Company.

Csikszentmihalyi, M. (1998), *Finding Flow: The Psychology of Engagement With Everyday Life.* New York: Basic Books.

Csikszentmihalyi, M. (2002), *Flow: The Psychology of Happiness*. London: Rider.

Darwin, C. R. (1871), *The Descent of Man, and Selection in Relation to Sex* (Volume 1, 1st edn). London: John Murray.

Davidson, R. J. (2004), 'What does the prefrontal cortex "do" in affect: Perspectives on frontal EEG asymmetry research', *Biological Psychology*, 67, (1–2), 219–233.

Davidson, R. J. and Begley, S. (2012), *The Emotional Life of Your Brain: How Its Unique Patterns Affect the Way You Think, Feel, and Live – and How You Can Change Them*. London: Hodder and Stoughton.

Davidson, R. J., Kabat-Zinn, R., Schumacher, J., Rosenkranz, M., Muller, D., Santorelli, S. F., Urbanowski, F., Harrington, A., Bonus, K. and Sheridan, J. F. (2003), 'Alterations in brain and immune function produced by mindfulness meditation', *Psychosomatic Medicine*, 65, (4), 564–570.

Deak, J. (2011), *Your Fantastic Elastic Brain: Stretch it, Shape it*. San Francisco: Little Pickle Press.

Department for Education (DfE) (2017), 'Flexible working in schools', www.gov.uk/government/publications/flexible-working-in schools

Department for Education (DfE) (2022a), 'School workforce in England: Reporting year 2021', https://explore-education-statistics. service.gov.uk/find-statistics/school-workforce-in-england

Department for Education (DfE) (2022b), '"Teacher sickness absence" from "School workforce in England" ', https://explore-education-statistics.service.gov.uk/data-tables/permalink/1f720783-f8a2-4898-980c-d7adf2b2c0e9

Department for Health and Social Care (DHSC) (2019), 'Physical activity guidelines: UK Chief Medical Officers' report', www.gov.uk/government/publications/physical-activity-guidelines-uk-chief-medical-officers-report

Diener, E. and Biswas-Diener, R. (2008), *Happiness: Unlocking the Mysteries of Psychological Wealth*. Oxford: Wiley-Blackwell.

Dolan, P. (2015), *Happiness by Design: Finding Pleasure and Purpose in Everyday Life*. London: Penguin.

Dunbar, R. (1992), 'Neocortex size as a constraint on group size in primates', *Journal of Human Evolution*, 22, (6), 469–493.

Dunn, E. and Norton, M. (2013), *Happy Money: The New Science of Smarter Spending*. London: Oneworld Publications.

Dunning, D., Tudor, K., Radley, L., Dalrymple, N., Funk, J., Vainre, M., Ford, T., Montero-Marin, J., Kuyken, W. and Dalgleish, T. (2022), 'Do mindfulness-based programmes improve the cognitive skills, behaviour and mental health of children and adolescents? An updated meta-analysis of randomised controlled trials', *Evidence Based Mental Health*, 25, (3), 135–142.

Durlak, J. A., Weissberg, R. P., Dymnicki, A. B., Taylor, R. D. and Schellinger, K. B. (2011), 'The impact of enhancing students' social and emotional learning: A meta-analysis of school-based universal interventions', *Child Development*, 82, (1), 405–432.

Dweck, C. S. (2007), 'The perils and promises of praise', *Educational Leadership*, 65, (2), 34–39.

Dweck, C. S. (2012), Mindset: *Changing the Way You Think to Fulfil Your Potential*. London: Robinson.

Dylan Wiliam Centre (2014), 'Is the feedback you're giving students helping or hindering?', www.dylanwiliamcenter.com/2014/11/29/is-the-feedback-you-are-giving-students-helping-or-hindering

Education Endowment Foundation (EEF) (2021), 'Cognitive science approaches in the classroom: A review of the evidence', https://educationendowmentfoundation.org.uk/public/files/Publications/Cognitive_science_a pproaches_in the classroom_-_A_review_ of_the_evide nce.pdf

Eisenberg, N. and Fabes, R. A. (1990), 'Empathy: Conceptualization, measurement, and relation to prosocial behavior', *Motivation and Emotion*, 14, (2), 131–149.

Ellis, A. (1962), *Reason and Emotion in Psychotherapy*. New York: Lyle Stuart.

Emerson, R. W. (1965), *Selected Writings of Ralph Waldo Emerson*. New York: Penguin Classics.

Emmons, R. (2008), *Thanks! How Practicing Gratitude Can Make You Happier*. New York: HarperOne.

Emmons, R. (2010), 'Why gratitude is good', Greater Good Science Center, https://greatergood.berkeley.edu/article/item/why_gratit ude_is_good

Ferguson, S. J. and Good win, A. D. (2010), 'Optimism and well-being in older adults: The mediating role of social support and perceived control', *International Journal of Aging and Human Development*, 71, (1), 43–68.

Foreman, J., Salim, A. T., Praveen, A., Fonseka, D., Shu Wei Ting, D., He, M. G., Bourne, R. R. A., Crowston, J., Wong, T. Y. and Dirani, M. (2021), 'Association between digital smart device use and myopia: A systematic review and meta-analysis', The Lancet, 3, (12), E806–E818.

Foresight Mental Capital and Wellbeing Project (2008), 'Final project report – executive summary', Government Office for Science, www. gov.uk/government/uploads/system/uploads/attachment_data/file/292453/mental-capital-wellbe ing-summary.pdf

Foster, R. (2022), *Life Time*. London: Penguin Life.

Foulkes, L. (2022), *What Mental Illness Really Is... (and What It Isn't)*. London: Vintage.

Fowler, J. H. and Christakis, N. A. (2010), 'Cooperative behavior cascades in human social networks', *Proceedings of the National Academy of Sciences of the United States of America*, 107, (12), 5334–5338.

Frankl, V. E. (1946), *Man's Search for Meaning*. Boston, MA: Beacon Press.Fredrickson, B. L. (2013), 'Positive emotions broaden and build', *Advances in Experimental Psychology*, 47, 1–53.

Fredrickson, B. L., Cohn, M. A., Coffey, K. A., Pek, J. and Finkel, S. M. (2008), 'Open hearts build lives: Positive emotions, induced through loving-kindness meditation, build consequential personal resources', *Journal of Personality and Social Psychology*, 95, (5), 1045–1062.

Gebremariam, M. K., Bergh, I. H., Andersen, L. F., Ommundsen, Y., Totland, T. H., Bjelland, M., Grydeland, M. and Lien, N. (2013), 'Are screen-based sedentary behaviors longitudinally associated with dietary behaviors and leisure-time physical activity in the transition into adolescence?', *International Journal of Behavioral Nutrition and Physical Activity*, 10, (1), 9.

Geirland, J. (1996), 'Go With The Flow – Interview with Mihaly Csikszentmihalyi', Wired, www.wired.com/1996/09/czik

Gerhardt, S. (2014), *Why Love Matters: How Affection Shapes a Baby's Brain*. Abingdon: Routledge.

Goldman, R. and Papson, S. (1998), *Nike Culture: The Sign of the Swoosh*. London: SAGE Publications.

Goleman, D. (2015), *A Force for Good: The Dalai Lama's Vision for Our World*. London: Bloomsbury.

Gopnik, A. (2016), *The Gardener and the Carpenter: What the New Science of Child Development Tells Us About the Relationship Between Parents and Children*. London: The Bodley Head.

Gottman, J. M. (1994), *Why Marriages Succeed or Fail*. New York: Fireside.

Gowin, J. (2015), 'Why your brain needs water', Psychology Today, www.psychologytoday.com/intl/blog/you-illuminated/201010/why-your-brain-needs-water

Grenville-Cleave, B., Guðmundsdóttir, D., Huppert, F., King, V., Roffey, D., Roffey, S. and de Vries, M. (2021), *Creating the World We Want to Live In.* Oxfordshire: Routledge.

Gutman, L. M. and Vorhaus, J. (2012), 'The impact of pupil behaviour and wellbeing on educational outcomes', DfE research report DFE-RR253, https://ass ets.publishing.service.gov.uk/government/uploads/system/uplo ads/atta chment_d ata/file/219 638/DFE-RR253.pdf

Hale, L. and Guan, S. (2015), 'Screen time and sleep among schoolaged children and adolescents: A systematic literature review', *Sleep Medicine Reviews*, 21, 50–58.

Hamilton, D. R. (2017), *The Five Side Effects of Kindness: This Book Will Make You Feel Better, Be Happier and Live Longer.* London: Hay House UK.

Han, K. T. (2009), 'Influence of limitedly visible leafy indoor plants on the psychology, behavior, and health of students at a junior high school in Taiwan', *Environment and Behavior*, 41, (5), 658–692.

Hanson, R. (2009), *The Buddha's Brain: The Practical Neuroscience of Happiness, Love, and Wisdom.* Oakland, CA: New Harbinger.

Hanson, R. (2014), *Hardwiring Happiness: How to Reshape Your Brain and Your Life.* London: Rider.

Harvey-Craig, A. (2020), *18 Wellbeing Hacks for Students: Using Psychology's Secrets to Survive and Thrive.* London: Jessica Kingsley Publishers.

Health and Safety Executive (2022), 'Work- related stress, depression or anxiety statistics in Great Britain 2022', www.hse.gov.uk/sta tist ics/causdis/str ess.pdf

Hedgcock, W. M., Luangrath, A. W. and Webster, R. (2021), 'Counterfactual thinking and facial expressions among Olympic medalists: A conceptual replication of Medvec, Madey, and Gilovich's (1995) findings', *Journal of Experimental Psychology: General*, 150, (6), e13–e21.

Hickman, C., Marks, E., Pihkala, P., Clayton, S., Lewandowski, R. E., Mayall, E. E., Wray, B., Mellor, C. and van Susteren, L. (2021), 'Climate anxiety in children and young people and their beliefs about government responses to climate change: A global survey', *The Lancet*, 5, (12), E863–E873.

His Holiness the Dalai Lama and Cutler, H. C. (1999), *The Art of Happiness: A Handbook for Living.* London: Hodder and Stoughton.

Hughes, K. et al. (2018), 'Sources of resilience and their moderating relationships with harms from adverse childhood experiences', *Report 1: Mental illness. Welsh ACE and Resilience Study.*

Hulleman, C. S. and Harackiewicz, J. M. (2009), 'Promoting interest and performance in high school science classes', *Science*, 326, (5958), 1410–1412.

Hume, D. (1826), *The Philosophical Works of David Hume (Volume 3).* Edinburgh: Adam Black and William Tait.

Humphrey, J. and Hughes, D. (2021), *High Performance: Lessons from the Best on Becoming Your Best.* London: Penguin Random House.

Hutchinson, J. K., Huws, J. C. and Dorjee, D. (2018), 'Exploring experiences of children in applying a school-based mindfulness programme to their lives', *Journal of Child and Family Studies*, 27, 3935–3951.

Hwang, Y., Bartlett, B. Greben, M., and Hand, K. (2017), 'A systematic review of mindfulness interventions for in-service teachers: A tool to enhance teacher wellbeing and performance', *Teaching and Teacher Education*, 64,

26–42.

Institute of Child Education and Psychology (ICEP), *Teaching Happiness: Positive psychology for behaviour and learning, Module 2: Positive psychology in the classroom.*

Institute of Child Education and Psychology (ICEP), *Teaching Happiness: Positive psychology for behaviour and learning, Module 3: Mobilising motivation and signature strengths.*

Institute of Medicine (2013), 'Educating the student body: Taking physical activity and physical education to school', Washington, DC: National Academy of Sciences, www.nationalacademies.org/hmd/Reports/2013/Educating-the-Student-Body-Taking-Physical-Activity-and-Physical-Education-to-School/Report-Brief052313.aspx

Jenkin, M. (2014), 'How two minutes of mindfulness can calm a class and boost attainment', *Guardian*, www.theguardian.com/teachernetwork/teacher-blog/2014/jun/03/mindfulness-class-stude ntseducation

Kabat-Zinn, J. (2013), *Full Catastrophe Living: Using the Wisdom of Your Body and Mind to Face Stress, Pain, and Illness (revised edn).* London: Piatkus.

Kahneman, D. (2011), *Thinking, Fast and Slow.* London: Penguin.

Kahneman, D., Fredrickson, B. L., Schreiber, C. A. and Redelmeier, D. A. (1993), 'When more pain is preferred to less: Adding a better end', *American Psychological Society*, 4, (6), 401–405.

Kaplan, S. (1995), 'The restorative benefits of nature: Towardan integrative framework', *Journal of Environmental Psychology*, 15, (3), 169–182.

Kardefelt Winther, D. (2017), 'How does the time children spend using digital technology impact their mental well-being, social relationships and physical activity? An evidence-focused literature review', UNICEF Innocenti, www.unicef-irc.org/publications/925-how-does-the-time-children-spend-using-digital-technol ogy-imp act-their-men tal-well.html

Kaufer, D. (2011), 'What can neuroscience research teach us about teaching?', Berkeley Graduate Division, https://gsi.berkeley.edu/programs-services/hsl-project/hsl-speakers/kaufer

Killingsworth, M. A. and Gilbert, D. T. (2010), 'A wandering mind is an unhappy mind', *Science*, 330, (6006), 932.

King, V. (2016), *10 Keys to Happier Living.* London: Headline Home.

Kuo, M., Browning, M. H. E. M., Sachdeva, S., Lee, K. and Westphal, L.(2018), 'Might school performance grow on trees? Examining the link between "greenness" and academic achievement in urban, high-poverty schools', *Frontiers in Psychology*, 9, 1669.

Kuyken, W., Weare, K., Ukoumunne, O. C., Vicary, R., Motton, N., Burnett, R., Cullen, C., Hennelly, S. and Huppert, F. (2013), 'Effectiveness of the Mindfulness in Schools Programme: Non-randomised controlled feasibility study', *The British Journal of Psychiatry*, 203, (2), 126–131.

Lally, P., van Jaarsveld, C. H. M., Potts, H. W. W. and Wardle, J. (2010), 'How are habits formed: Modelling habit formation in the real world', *European Journal of Social Psychology*, 40, (6), 998–1009.

Langer, E. J. and Rodin, J. (1976), 'The effects of choice and enhanced personal responsibility for the aged: A field experiment in an institutional setting', *Journal of Personality and Social Psychology*, 34, (2), 191–198.

Layard, R. (2011), *Happiness: Lessons From a New Science.* New York: Penguin.

Layard, R., Clark, A. E., Cornaglia, F., Powdthavee, N. and Vernoit, J. (2013), 'What predicts a successful life? A life-course model of wellbeing', Centre for Economic Performance, https://cep.lse.ac.uk/pubs/download/

dp1 245.pdf

Lehrer, J. (2012), *Imagine: How Creativity Works*. New York: Houghton Mifflin Harcourt.

Li, Q. (2019), *Into the Forest*. London: Penguin Random House.

London Playing Fields Foundation (2016), 'Coppermile: Implementing a daily exercise programmeat Coppermill Primary School', https://thedailymile.nl/wp-content/uploads/2017/01/Coppermile-report.pdf

Lutz, A., Brefczynski-Lewis, J., Johnstone, T. and Davidson, R. J. (2008), 'Regulation of the neural circuitry of emotion by compassion meditation: Effects of meditative expertise', *PLoS ONE*, 3, (3), e1897.

Lykken, D. and Tellegen, A. (1996), 'Happiness is a stochastic phenomenon', *Psychological Science*, 7, (3), 186–189.

Lyubomirsky, S. (2006), 'Is it possible to become lastingly happier? Lessons from the modern science of well-being', in *The Vancouver Dialogues*. Vancouver: Truffle Tree Publishing, pp. 53–56.

Lyubomirsky, S. (2007), *The How of Happiness: A Practical Guide to Getting the Life You Want*. London: Piatkus.

Lyubomirsky, S., Sheldon, K. M. and Schkade, D. (2005), 'Pursuing happiness: The architecture of sustainable change', *Review of General Psychology*, 9, 111–131.

MacLean, K. L. (2004), *Peaceful Piggy Meditation*. Illinois: Albert Whitman & Company.

MacLean, K. L. (2009), *Moody Cow Meditates*. Massachusetts: Wisdom Publications.

Maguire, E. A., Gadian, D. G., Johnsrude, I. S., Good, C. D., Ashburner, J., Frackowiak, R. S. J. and Frith, C. D. (2000), 'Navigation-related structural change in the hippocampi of taxi drivers', *Biological Sciences*, 97, (8), 4398–4403.

Main, E. (2017), 'Does mindfulness training affect levels of selfregulation in children aged 8–11?', undergraduate, University of Portsmouth.

Martela, F., Lehmus-Sun, A., Parker, P. D., Pessi, A. B. and Ryan, R. M. (2022), 'Needs and well-being across Europe: Basic psychological needs are closely connected with well-being, meaning, and symptoms of depression in 27 European countries', *Social Psychological and Personality Science*, DOI: 10.1177/19485506221113678.

McGaugh, J. L. (2004), 'The amygdala modulates the consolidation of memories of emotionally arousing experiences', *Annual Review of Neuroscience*, 27, 1–28.

McGaugh, J. L., Introini-Collison, I. B., Cahill, L. F., Castellano, C., Dalmaz, C., Parent, M. B. and Williams, C. L. (1993), 'Neuromodulatory systems and memory storage: Role of the amygdala', *Behavioural Brain Research*, 58, (1–2), 81–90.

McGlone, M. S. and Tofighbakhsh, J. (2000), 'Birds of a feather flock conjointly(?): Rhyme as reason in aphorisms', *Psychological Science*, 11, (5), 424–428.

Mills, J. S., Musto, S., Williams, L. and Tiggemann, M. (2018), '"Selfie" harm: Effects on mood and body image in young women', *Body Image*, 27, 86–92.

Mindfulness All-Party Parliamentary Group (MAPPG) (2015), 'Mindful Nation UK', https://mindf ulnessinscho ols.org/wp-content/uploads/2017/09/Mind fulness-APPG-Report_ Mind ful-Nation-UK_Oct2015-1.pdf

Montgomery, C. (2015), Happy City: *Transforming Our Lives Through Urban Design*. London: Penguin.

Moore, L. L., Lombardi, D. A., White, M. J., Campbell, J. L., Oliveria, S. A. and Ellison, R. C. (1991), 'Influence of parents' physical activity levels of young children', *The Journal of Pediatrics*, 118, (2), 215–219.

Moore, L. and Raws, P. (2021), 'Exploring happiness with life online among children in the UK', What Works

Wellbeing, https://whatworkswellbeing.org/blog/exploring-happiness-with-life-online-among-children-in-the-uk

Morita, E., Imai, M., Okawa, M., Miyaura, T. and Miyazaki, S. (2011), 'A before and after comparison of the effects of forest walking on the sleep of a community-based sample of people with sleep complaints', *BioPsychoSocial Medicine*, 5, (13),DOI: 10.1186/1751-0759-5-13

NHS Choices (2015), 'Benefits of exercise', www.nhs.uk/Livew ell/fitness/Pages/whyb eact ive.aspx

NHS Digital (2021), 'Mental health of children and young people in England 2021 – wave 2 follow up to the 2017 survey', https://digital.nhs.uk/data-and-information/publications/statistical/mental-health-of-children-and-young-peo ple-in-engl and/2021-follow-up-to-the-2017-survey

Nitschke, J. B., Nelson, E. E., Rusch, B. D., Fox, A. S., Oakes, T. R. and Davidson, R. J. (2004), 'Orbitofrontal cortex tracks positive mood in mothers viewing pictures of their newborn infants', *Neuroimage*, 21, (2), 583–592.

Norris, E., van Steen, T., Direito, A. and Stamatakis, E. (2019), 'Physicallyactive lessons in schools and their impact on physical activity, educational, health and cognition outcomes: A systematic review and meta-analysis', *British Journal of Sports Medicine*, 54, (14), 826–883.

Nussbaum, D. and Dweck, C. S. (2008), 'Defensiveness vs. remediation: Self-theories and modes of self-esteem maintenance', *Personality and Social Psychology Bulletin*, 34, (5), 599–612.

OECD (2017), 'Are students happy? PISA 2015 results: Students' wellbeing', PISA in Focus, No. 71, Paris: OECD Publishing, www.oecd.org/pisa/PISA-in-Focus-No-71-Are-stude nts-happy.pdf

OECD (2019), 'What do we know about children and technology?',www.oecd.org/education/ceri/Book let-21st-cent ury-child ren.pdf

Ofcom (2021), 'Online Nation 2021 report', www.ofcom.org.uk/__data/ass ets/pdf_file/0013/220414/online-nat ion-2021-report.pdf

Ofcom (2022), 'Children and parents: media use and attitudes report 2022', https://www.ofcom.org.uk/__data/assets/pdf_file/0024/234609/childrens-media-use-and-attitudes-report-2022.pdf

Office for National Statistics (ONS) (2020), 'Online bullying in England and Wales: Year ending March 2020', Census 2021, www.ons.gov.uk/peoplepopulationa ndcommunity/crimeandjustice/bulletins/onlinebu llyinginenglandandwales/yearendingmarch2020

Oliner, S. P. (2002). 'Extraordinary acts of ordinary people: Faces of heroism and altruism', in S. G. Post, L. G. Underwood, J. P. Schloss, & W. B. Hurlbut (eds), *Altruism and Altruistic Love: Science, Philosophy, and Religion in Dialogue*. New York: Oxford University Press, pp. 123–139.

Oliver, M. (1992), House of Light. Boston, MA: Beacon Press.

Orben, A., Dienlin, T. and Przybylski, A. K. (2019), 'Social media's enduring effect on adolescent life satisfaction', *Psychological and Cognitive Sciences*, 116, (21), 10226–10228.

Oxford Impact (2020), 'Wellbeing impact study: The impact of promoting student wellbeing on student academic and nonacademicoutcomes: An analysis of the evidence', https://oxfordimpact.oup.com/home/wellbe ing-impact-study

Park, N. and Peterson, C. (2006), 'Character strengths and happiness among young children: Content analysis of parental descriptions', *Journal of Happiness Studies*, 7, (3), 323–341.

Park, N. and Peterson, C. (2009), 'Strengths of character in schools', in Gilman, R., Huebner, E. S. and Furlong, M. J.

(eds), *Handbook of Positive Psychology in Schools*. New York: Routledge, pp. 65–76.

Park, S., Kim, S., Lee, J. and Heo, B. (2022), 'Evolving norms: Social media data analysis on parks and greenspaces perception changes before and after the COVID 19 pandemic using a machine learning approach', *Scientific Reports*, 12, 13246.

Parry-Langdon, N. (ed) (2008), 'Three years on: Survey of the development and emotional wellbeing of children and young people', Office for National Statistics, https://lx.iriss.org.uk/sites/default/files/resources/child_development_mentalhealth.pdf

Peterson, C., Park, N. and Sweeney, P. J. (2008), 'Group well-being: Morale from a positive psychology perspective', Applied Psychology, 57, 19–36.

Prince, T. (2017), *100 Ideas for Primary Teachers: Mindfulness in the Classroom*. London: Bloomsbury Education.

Public Health England (2014), 'The link between pupil health and wellbeing and attainment: A briefing for head teachers, governors and staff in education settings', https://assets.publishing.service.gov.uk/government/uploads/system/uploads/attachment_data/file/370686/HT_b riefing_ layoutvFINALvii.pdf

Public Health England (2017), 'Health matters: Obesity and the food environment', www.gov.uk/government/publications/healthmatters-obesity-and-the-food-environment/health-matters-obesity-and-the-food-environment--2

Quoidbach, J., Wood, A. M. and Hansenne, M. (2009), 'Back to the future: The effect of daily practice of mental time travel into the future on happiness and anxiety', *The Journal of Positive Psychology*, 4, (5), 349–355.

Ratey, J. J. (2003), *A User's Guide To The Brain*. London: Abacus.

Ratey, J. J. (2012), 'Run, jump, learn! How exercise can transform our schools', TEDx Talk, www.yout ube.com/watch?v=hBSV ZdTQ mDs

Ratey, J. J. and Hagerman, E. (2010), *Spark! How Exercise Will Improve the Performance of Your Brain*. London: Quercus.

Recchia, F.etal. (2023), 'Physical activity interventions to alleviate depressive symptoms in children and adolescents', JAMA Pediatrics, 177 (2), 132.

Richardson, T. and Murray, J. (2016), 'Are young children's utterances affected by characteristics of their learning environments? A multiple case study', *Early Child Development and Care*, 187, (3–4), 457–468.

Richerson, P. J. and Boyd, R. (1998), 'The evolution of human ultrasociality', in I. Eibl-Eibisfeldt and F. Salter (eds), *Indoctrinability, Ideology, and Warfare: Evolutionary Perspectives*. New York: Berghahn, pp. 71–96.

Rilling, J., Gutman, D., Zeh, T., Pagnoni, G., Berns, G. and Kilts, C. (2002), 'A neural basis for social cooperation', *Neuron*, 35, (2), 395–405.

Roberts, M. (2022), 'School mindfulness lessons don't work for teenagers, study says', BBC News, www.bbc.co.uk/news/health-62126567

Robertson, J. (2014), *Dirty Teaching*: A Beginner's Guide to Learning Outdoors. Carmarthen: Independent Thinking Press.

Robinson, K. (2006), 'Do schools kill creativity?', TED Talk, www.ted.com/talks/ken_robinson_says_ schools_kill creativity

Robinson, K. (2010), *The Element: How Finding Your Passion Changes Everything*. London: Penguin.

Roslund, M. I., Puhakka, R., Grönroos, M., Nurminen, N., Oikarinen, S., Gazali, A. M., Cinek, O., Kramná, L., Siter,

N., Vari, H. K., Soininen, L., Parajuli, A., Rajaniemi, J., Kinnunen, T., Laitinen, O. H., Hyöty, H., Sinkkonen, A. and ADELE research group (2020), 'Biodiversity intervention enhances immune regulation and health-associated commensal microbiota among daycare children', Science Advances, 6, (42), eaba2578.

Russell, B. (2014), *Do Nice, Be Kind, Spread Happy: Acts of Kindness for Kids*. Brighton: Ivy Press.

Ryan, R. M. and Deci, E. L. (2000), 'Self-determination theory and the facilitation of intrinsic motivation, social development, and wellbeing', *American Psychologist*, 55, (1), 68–78.

Ryan, R. M. and Powelson, C. L. (1991), 'Autonomy and relatedness as fundamental to motivation and education', *The Journal of Experimental Education*, 60, (1), 49–66.

Scanlan, D. and Savill-Smith, C. (2021), 'Teacher Wellbeing Index 2021', Education Support, www.education support.org.uk/media/qzna4 gxb/twix-2021.pdf

Schnall, S. and Roper, J. (2011), 'Elevation puts moral values into action', *Social Psychological and Personality Science*, 3, (3), 373–378.

Schwartz, B., Ward, A., Monterosso, J., Lyubomirsky, S., White, K. and Lehman, D. R. (2002), 'Maximizing versus satisficing: Happiness is a matter of choice', *Journal of Personality and Social Psychology*, 83, (5), 1178–1197.

Segal, Z. V., Williams, J. M. G. and Teasdale, J. D. (2002), *Mindfulness-Based Cognitive Therapy for Depression: A New Approach to Preventing Relapse*. New York: The Guildford Press.

Selhub, E. (2022), 'Nutritional psychiatry: Your brain on food', Harvard Health Publishing, www.health.harv ard.edu/blog/nutritional-psychiatry-your-brain-on-food-201511168626

Seligman, M. (2002), *Authentic Happiness: Using the New Positive Psychology to Realise Your Potential for Lasting Fulfilment*. New York: Atria Paperback.

Seligman, M. (2011), Flourish: *A New Understanding of Happiness and Wellbeing – and How to Achieve Them*. London: Nicholas Brealey Publishing.

Seligman, M. E. P. and Csikszentmihalyi, M. (2000), 'Positive psychology: An introduction', *American Psychologist*, 55, (1), 5–14.

Seligman, M., Ernst, R. M., Gillham, J., Reivich, K. and Linkins, M. (2009), 'Positive education: Positive psychology and classroom interventions', *Oxford Review of Education*, 35, (3), 293–311.

Seligman, M., Steen, T. A., Park, N. and Peterson, C. (2005), 'Positive psychology progress: Empirical validation of interventions', *American Psychologist*, 60, (5), 410–421.

Service, O., Hallsworth, M., Halpern, D., Algate, F., Gallagher, R., Nguyen, S., Ruda, S. and Sanders, M. (2015), 'EAST: Four simple ways to apply behavioural insights', The Behavioural Insights Team, www.bi.team/wp-cont ent/uploads/2015/07/BIT-Publ ication-EASTFA_WEB.pdf

Sheldon, K. M. and Lyubomirsky, S. (2007), 'Is it possible to become happier? (And if so, how?)', *Social and Personality Psychology Compass*, 1, (1), 129–145.

Siegel, D. J. and Bryson, T. P. (2012), *The Whole-Brain Child: 12 Proven Strategies to Nurture Your Child's Developing Mind*. London: Robinson.

Sivarajah, S., Smith, S. M. and Thomas, S. C. (2018), 'Tree cover and species composition effects on academic performance of primary school students', *PLoS ONE*, 13, (2), e0193254.

Slatcher, R. and Pennebaker, J. W. (2006), 'How do I love thee? Let me count the words: The social effects of expressive writing', *Psychological Science*, 17, (8), 660–664.

Smith, J. L., Harrison, P. R., Kurtz, J. L. and Bryant, F. B. (2014), 'Nurturing the capacity to savor: Interventions to enhance the enjoyment of positive experiences', in Parks, A. C. and Schueller, S. M. (eds), The *Wiley Blackwell Handbook of Positive Psychological Interventions*. Hoboken: Wiley-Blackwell.

Snel, F. (2014), *Sitting Still Like a Frog: Mindfulness Exercises for Kids (and Their Parents)*. Boulder, CO: Shambhala Publications.

Soneson, E., Puntis, S., Chapman, N., Mansfield, K. L., Jones, P. B. and Fazel, M. (2022), 'Happier during lockdown: A descriptive analysis of self-reported wellbeing in 17,000 UK school students during Covid-19 lockdown', *European Child and Adolescent Psychiatry*, DOI: 10.1007/s00787-021-01934-z.

Speer, M. E. and Delgado, M. R. (2017), 'Reminiscing about positive memories buffers acute stress responses', *Nature Human Behaviour*, 1, (5), 0093.

Sport England (2022), 'Active Lives Children and Young People Survey: Academic year 2021–22', www.sport engl and.org/research-and-data/data/active-lives

Suttie, J. (2012), 'Can schools helps students find flow?', *Greater Good Magazine*, https://greatergood.berkeley.edu/article/item/can_schools_ helpstudent s_find_flow

Szeto, A., Nation, D. A., Mendez, A. J., Dominguez-Bendala, J., Brooks, L. G., Schneiderman, N. and McCabe, P. M. (2008), 'Oxytocin attenuates NADPH-dependent superoxide activity and IL-6 secretion in macrophages and vascular cells', *American Journal of Physiology, Endocrinology and Metabolism*, 295, (6), E1495–1501.

Tallis, H., Bratman, G. N., Samhouri, J. F. and Fargione, J. (2018), 'Are California elementary school test scores more strongly associated with urban trees than poverty?', *Frontiers in Psychology*, 9, 2074.

Tamir, M., Schwartz, S. H., Oishi, S. and Kim, M. Y. (2017), 'The secret to happiness: Feeling good or feeling right?' Journal of Experimental Psychology, 146, (10), 1448–1459.

Teacher Tapp (October 2022) 'Teacher poll, sample size: 8001'.

The Children's Society (2021a), 'The Good Childhood Report 2021', www.childrenssoci ety.org.uk/info rmation/professionals/resources/good-childhood-rep ort-2021

The Children's Society (2021b), 'The state of children's wellbeing in 2020', www.childrenssociety.org.uk/info rmation/professionals/resources/good-childhood-rep ort-2020#state

The Children's Society (2022), 'The Good Childhood Report 2022', www. child renssociety.org.uk/sites/defa ult/files/2022-09/GCR-2022-Full-Report.pdf

The Daily Mile (2018), 'Health and wellbeing', https://thedailymile.co.uk/category/research-articles/

UCL Institute of Education (IOE) (2020), 'Research shows "a sense of belonging" is important for pupils' learning and behaviour', www.ucl.ac.uk/ioe/news/2020/nov/resea rch-shows-sense-belong ingimportant-pupils-learn ing-and-behaviour

UK Government (2017), 'Childhood obesity: A plan for action', www. gov.uk/gov ernm ent/publi cati ons/childh ood-obes ity-a-plan-foract ion/childh ood-obes ity-a-plan-for-action Ulrich, R. S. (1984), 'View through a window may influence recovery from surgery', Science, 224, 420–421.

United Nations (UN) (2018), '68% of the world population projected to live in urban areas by 2050, says UN', Department of Economic and Social Affairs, www.un.org/deve lopment/desa/en/news/population/2018-revis ion-of-world-urbanization-prospects.html

University of Cambridge Research (2022), 'One in three young people say they felt happier during lockdown', www.cam.ac.uk/resea rch/news/one-in-three-young-people-say-they-felt-happier-duringlockdown?utm_campaign=research&utm medium=social&utm_source=twitter

Vickery, C. E. and Dorjee, D. (2016), 'Mindfulness training in primary schools decreases negative affect and increases meta-cognition in children', *Frontiers in Psychology*, 6, (10), 2025.

Waters, E., Wippman, J. and Sroufe, L. A. (1979), 'Attachment, positive affect, and competence in the peer group: Two studies in construct validation', *Child Development*, 50, (3), 821–829.

Way, B. M., Creswell, J. D., Eisenberger, N. I. and Lieberman, M. D. (2010), 'Dispositional mindfulness and depressive symptomatology: Correlations with limbic and self-referential neural activity during rest', Emotion, 10, (1), 12–24.

Weng, H. Y., Fox, A. S., Shackman, A. J., Stodola, D. E., Caldwell, J. Z. K., Olson, M. C., Rogers, G. M. and Davidson, R. J. (2013), 'Compassion training alters altruism and neural responses to suffering', *Psychological Science*, 24, (7), 1171–1180.

What Works Centre for Wellbeing (2017), 'Sport, dance and young people', https://whatworkswellbeing.files.wordpress.com/2017/06/dance-sport-wellbeing-briefing-22june.pdf

Wiking, M. (2019), *The Key to Happiness: How to Find Purpose by Unlocking the Secrets of the World's Happiest People.* London: Penguin Life.

Williams, M. and Penman, D. (2011), *Mindfulness: A Practical Guide to Finding Peace in a Frantic World.* London: Piatkus.

Wilson, E. O. (1984), *Biophilia.* Cambridge, MA: Harvard University Press.

Winnicott, D. W. (1962), *The Child and the Family: First Relationships.* London: Tavistock.

Winston, R. (2014), *What Goes On In My Head? How Your Brain Works and Why You Do What You Do.* London: DK Children.

Wolke, D., Lee, K. and Guy, A. (2017), 'Cyberbullying: A storm in a teacup?', *European Child and Adolescent Psychiatry*, 26, (8), 899–908.

World Meteorological Organization (2022), 'United in Science 2022', https://public.wmo.int/en/resources/united in_ science

Wu, P.-C., Chen, C.-T., Chang, L.-C., Niu, Y.-Z., Chen, M.-L., Liao, L.-L., Rose, K. and Morgan, I. G. (2020), 'Increased time outdoors is followed by reversal of the long-term trend to reduced visual acuity in Taiwan primary school students', *Opthalmology*, 127, (11), 1462–1469.

Youth Sport Trust (2021), 'Wellbeing survey March 2021', www.wellschool.org/t/well-school-evidence/78/4

Youth Sport Trust (2022), 'PE & school sport: The annual report2022', www.yout hsporttrust.org/news-insight/research/pe-school-sport-the-annual-report-2022

각 장의 주제와 관련된 웹사이트와 동영상을 수록한다. 본문에서 큐알코드를 직접 소개한 것은 별도의 설명 없이 인터넷 주소와 큐알코드 표기번호만 넣었다. 원서에 수록된 추천 웹사이트와 강의, 참고도서는 간략한 설명과 함께 수록했다. 한국어 번역판이 출간된 참고도서는 번역서 제목을 원서명 앞에 표기했다.

1장
- Team GB 동영상 | www.youtube.com/watch?v=ySOiSnVx-Xc&t=1s | QR 1-01
- 루이스 코졸리노(Louis Cozolino), 『교육에서의 사회신경과학: 올바른 배움과 애착기반의 학급 만들기(The Social Neuroscience of Education: Optimizing Attachment and Learning in the Classroom)』 | 학습 과학에 대한 친절한 설명과 함께 자신만의 개성을 살려 부족교실을 운영한 교사들의 예가 다양하게 수록되어 있다.
- 앨리슨 고프닉(Alison Gopnik), 『정원사 부모와 목수 부모: 양육에서 벗어나 세상을 탐색할 기회를 주는 부모 되기(The Gardener and the Carpenter: What the New Science of Child Development Tells Us About the Relationship Between Parents and Children)』 | 어린이의 성장과 놀이, 그리고 행복한 삶을 위해 가장 필요한 것들을 소개하고 있어 교사들에게 유용한 책이다.

2장
- 온라인 마음챙김 과정 | www.bemindful.co.uk | QR 2-01
- 마크 윌리엄스(Mark Williams)와 데니 펜맨(Danny Penman), 『8주, 나를 비우는 시간(Mindfulness: A Practical Guide to Finding Peace in a Frantic World)』 | 마음의 평화를 찾는 데 도움이 되는 유익한 책이다. 마음의 평정이 무엇이며 어떻게 일상생활의 스트레스를 극복하는 데 도움이 될 수 있는지 명확히 설명하며, 부록 CD로 8주간의 마음을 다스리는 명상수업과 가이드를 제공한다.
- 엘린 스넬(Eline Snel), 『Sitting Still Like a Frog: Mindfulness Exercises for Kids (and Their Parents)』 | 짧고 쉬운 이야기로 아이들이 이해하기 쉽도록 마음을 차분하게 하는 방법을 설명한다. 교실에서 시도해 볼 만한 재미있는 운동과 명상 방법들도 소개한다.
- 케리 리 맥린(Kerry Lee MacLean), 『Peaceful Piggy Meditation』, 『Moody Cow Meditates』 | 어린이 대상의 그림책 두 권이다. 일상생활에서 발생하는 다양한 감정을 다루는 데 명상이 도움이 되는 방법을 보여주며, 책 뒷부분에 명상을 지도하는 가이드가 수록되어 있다.
- 탬미 프린스(Tammie Prince), 『100 Ideas for Primary Teachers: Mindfulness in the Classroom』 | 교실에서 시도해 볼 만한 마음챙김 실천 아이디어와 다양한 방법을 수록하고 있다.

3장
- 좋았던 일 말하기 게시판 배너 | www.teachappy.co.uk/resources-and-downloads | QR 3-01
- BBC의 <행복찾기(Happiness Challenge)> 시리즈 | https://www.youtube.com/watch?v=WEiOjXyKp7k | QR 3-02
- 감사엽서(Gratitude Postcard) | www.teachappy.co.uk/resources-and-downloads | QR 3-03
- 릭 핸슨(Rick Hanson), 『행복 뇌 접속(Hardwiring Happiness: How to Reshape Your Brain and Your Life)』 | 뇌에 긍정적 경험을 영구히 뿌리내리는 훈련 및 행복을 키우는 데 도움이 되는 명상과 운동 방법을

수록하고 있다. 행복에 관한 많은 책 중에서도 특히 여러 번 반복해서 참고한 책이다.

- 로버트 에몬스(Robert Emmons), 『Thanks! How Practicing Gratitude Can Make You Happier』| 감사와 고마움을 표현하는 것의 숭요성과, 감사 표현을 통해 우리가 행복해지는 이유를 과학적으로 설명하고 실천에 옮길 수 있는 방법들을 다양하게 제안한다.

4장

- 뇌에 대해 알아보기 | www.bbc.co.uk/programmes/p005m333 | QR 4-01
- 스트레스 관리 | www.bbc.co.uk/programmes/p00hylmg | QR 4-02
- 브레인 파워 게시판 배너 | www.teachappy.co.uk/resources-and-downloads | QR 4-03
- 뇌 돌보기 영상 | www.bbc.co.uk/programmes/p0074vst | QR 4-04
- 청소년을 위한 건강 식단 | www.foodafactoflife.org.uk | QR 4-05
- 존 레이티(John Ratey), 『뇌, 1.4킬로그램의 사용법(A User's Guide to the Brain)』| 뇌의 작동 원리에 관심이 있다면 꼭 읽어야 할 책으로 특히 이 분야의 초보자에게 유용한 입문서다. 뇌과학과 심리학을 포괄적으로 소개하고 있으며 뇌가 근육과 같이 훈련을 통해 발달시킬 수 있다는 관점을 취하고 있다.
- 릭 핸슨(Rick Hanson), 『붓다 브레인-행복, 사랑, 지혜를 계발하는 뇌과학(Buddha's Brain: The Practical Neuroscience of Happiness, Love and Wisdom)』| 마음 훈련을 통한 뇌의 변화 가능성에 대해 이야기하면서 연민, 공감 등 일상에서의 마음 변화에 따라 실제 뇌가 어떻게 변하는지 과학적인 근거를 기반으로 설명한다. 특히 고대의 명상 수행법을 현대 뇌과학적 원리로 설명하면서 매우 통찰력 있는 접근을 취하고 있다.
- 리처드 데이비슨(Richard Davidson), 샤론 베글리(Sharon Begley), 『너무 다른 사람들 - 인간의 차이를 만드는 정서 유형의 6가지 차원(The Emotional Life of Your Brain: How its Unique Patterns Affect the Way You Think, Feel, and Live and How You Can Change Them)』| 어떻게 우리가 각자 고유한 정서 유형을 갖게 되는지를 설명하는 책이다. 저자가 실제로 인도에서 명상을 체험하고 여러 명상 수행자들을 연구한 후, 마음챙김 명상이 뇌에 특별한 변화를 가져온다는 것을 보여주고 있다. 또한 정신훈련을 통해 정서 유형의 6가지 차원을 바꿔 인생을 변화시키는 방법도 소개한다.
- 조앤 딕(JoAnn Deak), 『나의 판타스틱 브레인(Your Fantastic Elastic Brain: Stretch it, Shape it)』| 어린이 눈높이에 맞춘 훌륭한 그림책으로, 신경가소성을 이해하고 실패가 뇌에 좋은 이유를 이해하는 데 도움이 될 것이다.
- 로버트 윈스턴(Robert Winston), 『뇌를 소개합니다(What Goes On In My Head? How Your Brain Works and Why You Do What You Do)』| 어린이와 청소년이 이해하기 쉽도록 흥미로운 사례들과 함께 풀어 쓴 뇌과학 책이다. 풍부한 사진 자료와 일러스트, 알아보기 편한 도표가 제시되어 있다.

5장

- 도전지대 게시판 배너 | www.teachappy.co.uk/resources-and-downloads | QR 5-01
- 안드레아의 인터뷰 | www.teachappy.co.uk/post/interview-with-andrea-spendolini-sirieix | QR 5-02 | 블로그 내에 텍스트와 함께 동영상이 들어 있다.
- BBC의 <얼어붙은 행성(Frozen Planet)> 시리즈 | www.bbc.co.uk/programmes/p00l4qkz | QR 5-03

- 유큐브드(Youcubed.org) | www.youcubed.org | QR 5-04
- 캐롤 드웩(Carol Dweck), 『마인드셋(Mindset: Changing the Way You Think to Fulfill Your Potential)』 | 교육 분야의 가장 뜨거운 주제 중 하나인 성장관점에 대해 알고 싶다면 가장 먼저 참고해야 할 필독서 중 하나다.
- 탈 벤 샤하르(Tal Ben-Shahar), 『해피어(Happier: Can You Learn to be Happy?)』 | 행복도 훈련을 하면 내 것이 될 수 있다고 말하고, 행복한 삶을 만드는 구체적인 실천방법을 제시한다.

6장
- 영감을 주는 수학 | www.youcubed.org/week-of-inspirational-math | QR 6-01
- 제임스 다이슨 재단 | www.jamesdysonfoundation.co.uk/resources/other-engineering-resources/challenge-cards.html | QR 6-02
- The Science of Character | www.letitripple.org/films/science-of-character | QR 6-03
- VIA Character Strengths | www.viacharacter.org/Character-Strengths | QR 6-04
- VIA survey | https://viacharacter.org/survey/account/register | QR 6-05
- 슈퍼히어로 템플릿 | www.teachappy.co.uk/resources-and-downloads | QR 6-06
- 만화 템플릿 | www.teachappy.co.uk/resources-and-downloads | QR 6-07
- 미하이 칙센트미하이(Mihaly Csikszentmihalyi), 『Flow: The Psychology of Happiness』 | 몰입에 관한 대가이자 전문가인 저자가 몰입이란 무엇이며 그것이 어떻게 행복의 핵심 요소가 되는지 설명한다.
- 마틴 셀리그먼(Martin Seligman), 『마틴 셀리그먼의 플로리시(Flourish: A New Understanding of Happiness and Wellbeing and How to Achieve Them)』 | 긍정심리학의 창시자이자 권위자인 저자가 단순히 이론에 그치지 않고 실천을 위한 실험적 연구와 데이터를 바탕으로 웰빙의 방안을 소개한다. 그것이 바로 삶을 변화시키는 플로리시 웰빙 이론이다.

7장
- 버나데트 러셀(Bernadette Russell), 『Do Nice, Be Kind, Spread Happy: Acts of Kindness for Kids』 | 어린이들이 할 수 있는 친절한 행동에 대한 많은 아이디어를 제공한다. '친절한 닌자'와 '행복한 영웅'이 되는 방법을 소개하는 책이다.
- 댄 골먼(Dan Goleman), 『A Force For Good: The Dalai Lama's Vision for Our World』 | 저자는 이 따뜻하고 영감을 주는 책에서 달라이 라마의 인류에 대한 비전을 공유하고 있다. 인류에 대한 믿음을 회복하는 데 도움이 되는 좋은 책이다.
- 뤼트허르 브레흐만(Rutger Bregman), 『휴먼카인드(Humankind)』 | 인간이 본질적으로 친절하다는 것을 보여주는 뛰어난 책이다. 경쟁하는 대신 협력하고, 불신하는 대신 신뢰하는 본능이 인간 종족의 시작부터 진화적 기반을 가지고 있다는 것을 보여준다.

8장
- 차일드넷(Childnet) | www.childnet.com | QR 8-01
- BBC 디지털 리터러시(BBC Bitesize Digital Literacy) | www.bbc.co.uk/bitesize/topics/zymykqt/

articles/zym3b9q | QR 8-02
- 패밀리 미디어플랜 | www.healthychildren.org/English/fmp/Pages/MediaPlan.aspx | QR 8-03
- 키즈앤클릭(KidsnClicks) | https://kidsnclicks.com/resources | QR 8-04
- 루시 폴크스(Lucy Foulkes), 『What Mental Illness Really Is (and what it isn't)』 | 정신 건강을 다루는 책으로, 어린이들의 기술(technique) 사용과 그들의 정서적 웰빙에 대한 연구와 검토의견을 담고 있다. 기술과 정신 건강에 관한 많은 오해를 해소하고 균형 잡힌 긍정적인 시각을 제공한다.

9장

- 폴 돌란(Paul Dolan), 『행복은 어떻게 설계되는가(Happiness by Design: Finding Pleasure and Purpose in Everyday Life)』 | 긍정적인 마음가짐, 행동습관, 환경 조성 등 일상에서 자연스럽게 행복을 찾는 방법을 조언한다. 또한 행복의 전염 효과를 과학적 데이터로 설명하며, 개인의 행복과 집단의 행복이 밀접하게 맞닿아 있음을 보여준다.

10장

- 23시간 30분 강의 | ed.ted.com/featured/Mot8KdLT | QR 10-01
- 거리 계산 온라인 지도 | freemaptools.com/radius-around-point.htm | QR 10-02
- 고누들 | www.gonoodle.com | QR 10-03
- 존 레이티(John Ratey), 『Spark! How Exercise Will Improve the Performance of Your Brain』 | 뇌에 미치는 운동의 영향을 알게 해 준 책이다. 저자는 뇌, 건강, 행복과 관련된 운동의 강력하고 중요한 영향에 관해 최신 연구 성과를 충실하게 공유한다.

11장

- 칭 리(Qing Li), 『Into The Forest』 | 삼림욕으로 알려진 자연 친화 개념을 둘러싼 다양한 연구를 공유한다. 이 책을 읽고 나면 교실과 집에 더 많은 식물을 가꾸고 싶어질 것이다.

12장

- 에이드리언 베튠(Adrian Bethune)과 엠마 켈(Emma Kell), 『A Little Guide for Teachers: Teacher Wellbeing and Self-Care』 | 둘이 합쳐 교직생활 30년인 두 저자가 자신들의 경험을 토대로 교직에서 즐거움과 목적을 찾는 방법을 제시한다. 수시로 꺼내서 참고할 수 있으며 자신의 아이디어를 자유롭게 기록할 수 있는 공간까지 들어 있는 실용적인 가이드이다.

학생과 교사의 행복한 성장을 돕는 최신 안내서

마음건강수업

2024년 4월 20일 초판 1쇄

지은이   에이드리언 베튠
옮긴이   장현주·송수정

펴낸이   이찬승
펴낸곳   교육을바꾸는책

편집 마케팅   장현주 송수정
디자인   FOLIO DESIGN

출판등록   2012년 4월 10일 | 제313-2012-114호
주소   서울시 마포구 양화로 7길 76, 평화빌딩 3층
전화   02-320-3600(경영) 02-320-3604(편집)
팩스   02-320-3611

홈페이지   http://21erick.org
이메일   gyobasa@21erick.org
유튜브   youtube.com/user/gyobasa
포스트   post.naver.com/gyobasa_book
트위터   twitter.com/GyobasaNPO
인스타그램   instagram.com/gyobasa

ISBN 978-89-97724-31-4 (03370)

• 책값은 표지 뒤쪽에 적혀 있습니다.
• 잘못 만든 책은 구입하신 서점에서 바꾸어 드립니다.